Das Buch:

Mit Positiver Intelligenz das Leben meistern: Management-Berater Shirzad Chamine zeigt, wie wir mit einer Steigerung des persönlichen PQ das Beste aus uns herausholen. Stress reduzieren und zufriedener werden. Mit dem PQ-Konzept können wir unsere inneren Saboteure wie den »inneren Richter« oder den »Kontrolleur« zum Schweigen bringen, denn sie blockieren unser wahres Potenzial. Der »innere Weise«, der unser Selbstvertrauen zum Vorschein bringt, wird mit dem Verstummen der Saboteure aktiviert und leitet zu persönlichem Erfolg und Zufriedenheit.

Der Autor:

Shirzad Chamine ist CEO von Positive Intelligence. Als Berater des Topmanagements hat er bereits Hunderte von Geschäftsführern und ihre Teams geschult. Zuvor war er Geschäftsführer eines Software-Unternehmens und Vorsitzender von CTI, der größten Coachingagentur der Welt und. Seine Studienabschlüsse umfassen einen Bachelor in Psychologie, einen Master of Science in Elektrotechnik sowie einen MBA in Stanford, wo er auch lehrt.

PQ-
Positive Intelligenz

Warum nur 20% der Menschen ihr wahres Potenzial erreichen und wie
Sie Ihr volles Potenzial verwirklichen können.

Entwaffnen Sie Ihre Inneren Saboteure!

Aus dem Amerikanischen
von Manfred Mahrle und Imke Brodersen

Zur 2. Auflage

Seit Erscheinen der ersten deutschsprachigen Auflage des Buches „Positive Intelligenz" von Shirzad Chamine im Jahr 2014 erlebte das Konzept und die Systematik der positiven Intelligenz einen wahrhaften Siegeszug weltweit und einen erstaunlichen Zuspruch in Deutschland, Österreich und der deutschsprachigen Schweiz. Das Ökosystem der Positiven Intelligenz besteht aus dem vorliegenden Buch, der Website www.positiveintelligence.com, der mobilen Applikation und dem Kurs über sieben Wochen zur Transformation der mentalen Fitness. Dieser wird nun weltweit von mittlerweile tausenden LebensberaterInnen, PsychologInnen und Coaches bei der Arbeit mit ihren KlientInnen erfolgreich verwendet. Positive Intelligenz ist die wirkungsvollste Werkzeugkiste im Bereich der mentalen Fitness und bietet als „Betriebssystem des Denkens" die Schlüssel für ein gelungenes Leben und die volle Verwirklichung von Potenzialen.

Derzeit ist die mobile Applikation mit all ihren Inhalten noch nicht in deutscher Sprache verfügbar und die deutsche Erstauflage des Buches war kurz nach Erscheinen im Jahr 2014 vergriffen. Mit dieser 2. Auflage, die nun auch als elektronische Version und als E-Book im Amazon Kindle Store verfügbar ist, schließen wir diese Lücke. Diese 2. Auflage beinhaltet geringfügig sprachliche Anpassungen und Adaptierungen, hält sich jedoch weitgehend an die hervorragende Originalübersetzung aus dem Jahr 2013. Als zertifizierter Positive Intelligence Coach (CPQC) freut es mich besonders, die Realisierung dieser 2. Auflage initiiert und unterstützt zu haben, um die Botschaft der positiven Intelligenz von Shirzad Chamine weiter zu verbreiten.

Wien, im September 2024
Manfred Mahrle

Mag. Manfred Mahrle, CPQC, YPO CFF, CEO Actymind GmbH – Enabling Achievement, www.actymind.com

Meiner Tochter Teesa
Meinem Sohn Kian
Ihr habt mich mehr gelehrt,
als ich Euch jemals beibringen könnte.
Ich wünsche Euch,
dass Euch auf Eurer langen Reise
zur verborgenen Quelle des großen Stroms
ein stiller See begegnet,
dessen Wasser so rein ist,
dass Ihr jenes wundersame Wesen,
Euch selbst, wahrhaft sehen könnt.
Und wenn das Leben Euch umwirft,
auf seinem gewundenen Pfad,
wünsche ich Euch,
dass Ihr Euch im schimmernden Staub
beglückt auf Spurensuche begebt,
auf dass sich das große Mysterium
Eures Selbst enthüllt.
Und wenn Ihr Euch verirrt,
bei Sturm in mondloser Nacht,
dann vertraut aus tiefster Seele

Inhalt

Einleitung

Mit zwölf Jahren las ich ein Buch über Sisyphos, den König, der in Ungnade fiel und bestraft wurde. Die Illustrationen gingen mir wochenlang durch den Kopf. Immer wieder musste der einstige König einen dicken Felsblock mühsam einen steilen Berg hinaufrollen, nur um kurz vor dem Ende zu erleben, dass alle Mühe vergebens war. Was für eine Marter, dachte ich. Allein der Gedanke daran machte mir schwer zu schaffen.

Ich musste mich und andere erst viele Jahre beobachten, bis mir klar wurde, dass es uns im Leben in vielerlei Hinsicht kaum besser ergeht als Sisyphos. Viele unserer Bemühungen um mehr Erfolg oder Glück führen so sicher zu nichts, wie der Felsblock wieder nach unten rollt.

Denken Sie darüber nach. Warum werden die meisten Neujahrsvorsätze Jahr für Jahr gebrochen? Warum fallen die meisten Diäten dem Jo-Jo-Effekt zum Opfer? Warum bringt uns jene nörgelnde, angstbesetzte Stimme in unserem Kopf immer wieder um den Schlaf? Warum macht das Erreichen dessen, wovon wir uns dauerhaftes Glück erhofft haben, nur vorübergehend glücklich? Und warum weichen die neu erlernten Management-Künste aus den letzten Workshops so bald wieder alten Gewohnheiten? Warum lassen kostspielige Seminare zur Teambildung den Zusammenhalt und die Leistung des Teams nur kurzfristig in die Höhe schnellen?

Wir werden wirklich so gepeinigt wie Sisyphos. Der Haken daran ist allerdings: Diese Marter haben wir selbst uns auferlegt. Der Grund dafür, dass so viele Versuche, erfolgreicher oder glücklicher zu werden, im Sande verlaufen, ist unsere Selbstsabotage, genauer gesagt, die Sabotage durch unsere Gedanken.

Ihr Geist ist Ihr bester Freund. Gleichzeitig ist er aber auch Ihr schlimmster Feind. Ohne dass uns dies vollständig bewusst ist, lassen sich die meisten persönlichen Rückschläge auf versteckte geistige

»Saboteure« zurückführen. Die Folgen haben ungeahnte Ausmaße. Nur 20 Prozent aller Menschen oder Teams erreichen ihr volles Potenzial. Der Rest von uns vergeudet viel Zeit und kostbare Energie damit, Sisyphos zu spielen.

Mit Positiver Intelligenz können Sie den zeitlichen Anteil, in dem Ihr Geist Ihnen dient, anstatt Sie zu sabotieren, nicht nur messen, sondern vielmehr erheblich steigern. Damit lässt sich das innere Gleichgewicht der geistigen Kräfte dauerhaft zu Ihren Gunsten wenden. Auf diese Weise können Sie Ihr weitgehend ungenutztes Potenzial besser ausschöpfen und auch anderen dazu verhelfen. Bei Positiver Intelligenz geht es letztlich um Handlungsfähigkeit und Resultate. Die Hilfsmittel und Methoden sind eine Synthese aus bewährten Vorgehensweisen in Neurowissenschaft, Organisationswissenschaft, Positiver Psychologie und Co-Active®-Coaching. Ich habe diese Techniken über Jahre hinweg verfeinert, erst im Zuge meiner eigenen Erfahrung als Vorstandsvorsitzender von zwei Unternehmen, später durch das Coachen von einigen Hundert Personen in vergleichbaren Positionen, von deren Führungsgremien und manchmal auch deren Familien. Diese Verfahren mussten bei knappem Zeitbudget eine durchschlagende Wirkung erzielen, sonst wären sie in einem arbeitsreichen Leben mit hohen Anforderungen nicht brauchbar gewesen. Einige davon bewirken bereits nach zehn Sekunden erste Veränderungen.

Ich möchte Sie ermuntern, von diesem Buch wirklich viel zu erwarten. Alle Geschichten in diesem Buch sind zwar gekürzt und vereinfacht, um die jeweilige Botschaft klarer zu vermitteln, beruhen jedoch stets auf echten Erfahrungen meiner Klienten. Falls die Erfahrungen Ihrer Vorgänger als Anhaltspunkt dienen dürfen, kann das Material in diesem Buch Ihr Leben verändern und für Ihr Team oder Ihre Organisation einen Wendepunkt bedeuten. Mit weniger geben Sie sich bitte nicht zufrieden.

Teil I

Was sind Positive Intelligenz und der PQ?

Kapitel 1

Positive Intelligenz und PQ

Frank leitete eine Aktiengesellschaft. Als die Aktien seines Unternehmens während der Rezession 2008 zwei Drittel an Wert einbüßten, schien er vor den Scherben seiner bis dato glänzenden Laufbahn zu stehen. Diese Niederlage machte ihm derart zu schaffen, dass er in Tränen ausbrach, als seine zehnjährige Tochter ihn schließlich fragte, weshalb er so traurig aussehe. Er gab sich die Schuld an den Problemen seines Unternehmens und schreckte häufig mitten in der Nacht hoch, weil sein Geist verzweifelt nach einem Weg suchte, die Firma wieder aus dem Sumpf zu ziehen.

Franks Führungsgremium stand ebenfalls stark unter Stress, da es einerseits Schuldgefühle entwickelte und sich andererseits in Schuldzuweisungen für das, was schiefgelaufen war, verlor. Zu der Sorge um die eigene Existenz kam die Sorge um Tausende von Mitarbeitern und deren Familien. Trotz zahlloser Überstunden war es ihnen nicht gelungen, das Ruder dauerhaft herumzureißen. Das war der Zeitpunkt, an dem Frank mit mir Kontakt aufnahm.

Schon beim ersten Termin legte ich Frank nahe, dass es für eine nachhaltige Wende am besten sei, seine eigene Positive Intelligenz und die seines Teams auf ein neues Niveau anzuheben. Anhand der Prinzipien der Positiven Intelligenz formulierten wir eine Kernfrage, die dem Team eine neue Perspektive geben und seine Bemühungen neu ausrichten sollte: »Was müssen wir tun, um in drei Jahren sagen zu können, dass die aktuelle Krise das Beste war, was unserem Unternehmen passieren konnte?«

Franks Leitungsteam reagierte skeptisch, als er auf einer der wöchentlichen Besprechungen diese Frage stellte. Als er jedoch dazu überging, jede Folgebesprechung mit genau dieser Frage zu eröffnen, legte sich die Skepsis allmählich, und die anderen zeigten sich zunehmend begeistert. Indem das Team über diese Frage nachdachte und diverse Ressourcen der Positiven Intelligenz nutzte, war ein gründliches Umdenken möglich. Angst, Enttäuschung, Schuldgefühle und Schuldzuweisungen wichen Neugier, Kreativität, Begeisterung und Tatkraft. Ich hatte prophezeit, dass sie innerhalb eines Jahres herausfinden würden, wie sie ihr gemeinsames Versagen in eine große Chance verwandeln könnten. Sie brauchten nicht einmal sechs Monate.

In den nächsten eineinhalb Jahren konsolidierte sich das Unternehmen und überarbeitete seine Produktpalette. Man setzte konsequent auf das ursprüngliche Wertversprechen der Firma, das während der Jagd nach verführerischen, aber zusammenhangslosen Wachstumschancen über die Jahre in den Hintergrund geraten war. In dieser Zeit erholte sich allmählich auch die Bewertung am Aktienmarkt. Monat für Monat wurden Frank und sein Team in ihrer Überzeugung bestärkt, dass die »neue« Firma weitaus einflussreicher und erfolgreicher sein würde, als sie es zu ihren besten Zeiten jemals gewesen war.

Als ich mich bei Frank vor einiger Zeit erkundigte, teilte er mir mit, dass ihm sein gewachsener Sinn für Frieden und Glück inzwischen sogar noch mehr wert sei als sein beeindruckender beruflicher und finanzieller Fortschritt. Das ist eine sehr verbreitete Reaktion, denn eine Stärkung der Positiven Intelligenz beeinflusst beide Ebenen. Am faszinierendsten war für Frank die Erkenntnis, dass seine neue Erfolgssträhne mit der Einsicht begonnen hatte, dass sein Glück keineswegs von seinem Erfolg abhing.

Was sind Positive Intelligenz und der PQ?

Wie bereits erwähnt, ist der Geist unser bester Freund, aber auch unser schlimmster Feind. Der PQ - der Positive Intelligenz-Quotient - misst die relative Stärke dieser zwei Gegenspieler. Eine hohe Positive Intelligenz bedeutet, dass Ihr Geist weit häufiger für Sie arbeitet als gegen Sie. Bei geringer Positiver Intelligenz ist es umgekehrt. Die Positive Intelligenz zeigt daher an, wie gut Sie Ihre Gedanken im Griff haben und ob diese tatsächlich zu Ihrem Besten arbeiten. Was die Höhe Ihrer Positiven Intelligenz über die Verwirklichung Ihres wahren Potenzials aussagt, liegt auf der Hand.

Wenn Sie sich beispielsweise rechtzeitig daran erinnern, dass Sie die anstehende wichtige Besprechung gründlich vorbereiten sollten, zeigt sich Ihr Geist von seiner freundlichen Seite. Wenn Sie hingegen um drei Uhr nachts aus dem Schlaf aufschrecken, über die Besprechung nachgrübeln und Ihnen zum x-ten Mal alle erdenklichen Folgen Ihres potenziellen Versagens durch den Kopf gehen, sind derartige Gedanken Ihr Feind: Sie erzeugen Angst und Unruhe, ohne dass etwas dabei herauskommt. Ein Freund würde sich niemals so verhalten.

Der PQ beschreibt die Ausprägung der Positiven Intelligenz als prozentualen Wert auf einer Skala von 0 bis 100. Dieser Wert drückt aus, wie viel Zeit des Tages die eigenen Gedanken uns unterstützen oder sabotieren, also wie oft der eigene Geist sich als Freund oder als Feind erweist. Ein PQ von 75 bedeutet beispielsweise, dass Ihr Geist Sie in 75 Prozent der Zeit unterstützt und in 25 Prozent der Zeit sabotiert. Die Zeitabschnitte, in denen das Denken sich auf neutralem Gebiet bewegt, werden dabei nicht berücksichtigt.

Wie der PQ für den Einzelnen oder für Teams ermittelt wird, erläutere ich in Teil V. Außerdem werde ich auf aktuelle Forschungsergebnisse eingehen, die darauf schließen lassen, dass ein PQ-Ergebnis von 75 einen kritischen Schwellenwert darstellt. Jenseits dieses Werts zieht einen die innere geistige Dynamik für gewöhnlich nach oben. Bleibt der PQ darunter, wird man von dieser Dynamik ständig nach unten gezogen. 80 Prozent aller Menschen und Teams liegen unterhalb des kritischen PQ-Werts und schöpfen daher ihr Glücks- und Erfolgspotenzial bei Weitem nicht aus. Ihren persönlichen PQ oder den Ihres Teams können Sie auf der englischsprachigen Website www.PositiveIntelligence.com ermitteln.

Zahlen und Fakten

Die Prinzipien der Positiven Intelligenz und der Zusammenhang zwischen PQ und Leistung sowie Glück werden durch bahnbrechende aktuelle Erkenntnisse in Neurowissenschaft, Organisationswissenschaft und Positiver Psychologie bestätigt. Der PQ misst, wie schon erwähnt, den prozentualen Zeitanteil, in dem Ihr Gehirn positiv arbeitet (also Ihnen dient) anstatt negativ (indem es Sie sabotiert). Trotz der unterschiedlichen Methoden zur Bestimmung der Positivität und des Positiv-Negativ-Verhältnisses sind die Ergebnisse erstaunlich konsistent. Zur besseren Verständlichkeit habe ich die Ergebnisse verschiedener Wissenschaftler der Einfachheit halber in die Begrifflichkeit des PQ übertragen:

- Eine Analyse von über 200 wissenschaftlichen Studien, für die insgesamt über 275 000 Menschen getestet wurden, kam zu dem Ergebnis, dass ein höherer PQ sich in Form eines höheren Gehalts, aber auch in Form von mehr Erfolg in den Bereichen Beruf, Ehe, Gesundheit, Sozialleben, Freundschaften und Kreativität auswirkt.[1]
- Vertreter mit höherem PQ verkaufen 37 Prozent mehr als ihre Kollegen mit niedrigerem PQ.[2]
- Persönlichkeiten mit höherem PQ erreichen bei Verhandlungen leichter Zugeständnisse, schließen eher einen Handel ab und bauen im Rahmen der ausgehandelten Verträge mit größerer Wahrscheinlichkeit wichtige künftige Geschäftsbeziehungen auf.[3]
- Angestellte mit höherem PQ lassen sich weniger häufig krankschreiben, neigen weniger zu Burn-out und kündigen seltener.[4]
- Ärzte, die ihren PQ angehoben haben, stellen die korrekte Diagnose 19 Prozent schneller.[5]
- Studenten, die ihren PQ angehoben haben, schneiden bei Mathematiktests signifikant besser ab.[6]
- Geschäftsführer mit einem höheren PQ leiten mit höherer Wahrscheinlichkeit glückliche Führungsgremien, die das Betriebsklima als leistungsfördernd einstufen.[7]
- Projektteams, deren Manager einen hohen PQ aufweisen, erbringen unter sonst gleichen Rahmenbedingungen im Durchschnitt eine 31 Prozent bessere Leistung.[8]
- Manager mit hohem PQ treffen ihre Entscheidungen achtsamer und gezielter und reduzieren ihren Arbeitsaufwand.[9]
- Ein Vergleich von 60 Teams ergab, dass deren Leistung am besten durch den Team-PQ vorhergesagt werden konnte.[10]

- In der US-amerikanischen Navy erhielten die Geschwader von Offizieren mit höherem PQ weit mehr Auszeichnungen für Effizienz und Bereitschaft, während Geschwader von Offizieren mit niedrigem PQ die schwächste Leistung zeigten.[11]

- Jüngste Erkenntnisse aus Psychologie und Neurowissenschaft stellen die landläufige Auffassung, dass wir einfach hart arbeiten müssen, um Erfolg zu haben und dann auch glücklich zu sein, auf den Kopf. Tatsächlich macht die Erhöhung des PQ glücklicher, begünstigt gute Leistungen und führt damit zu mehr Erfolg. Erfolg ohne Glücklichsein ist auch mit niedrigem PQ möglich. Doch der einzige Weg zu mehr Erfolg und anhaltendem Glück ist ein hoher PQ.

- Neben Leistung und Glück beeinflusst ein höherer PQ aber auch die Gesundheit und die Lebenserwartung:

- Untersuchungen ergaben, dass ein höheres PQ-Ergebnis nicht nur die Funktionen des Immunsystems verbessert, sondern auch Stresshormone, Blutdruck und Schmerzempfindlichkeit senkt, besser vor Erkältungen schützt, den Schlaf verbessert und das Risiko für Bluthochdruck, Diabetes und Schlaganfall reduziert.[12]

- Katholische Nonnen, deren private Tagebücher im Alter von Anfang 20 einen höheren PQ verrieten, lebten fast zehn Jahre länger als andere Nonnen ihrer Altersgruppe. Ein höherer PQ kann also tatsächlich das Leben verlängern.[13]

Die Darstellung und Analyse der Forschungsergebnisse zu diesem Thema könnten ein ganzes Buch füllen. Und es gibt auch bereits ausgezeichnete Bücher dazu. Pionierarbeit auf diesem Gebiet haben Barbara Fredrickson, Martin Seligman, Shawn Achor und Tal Ben-Shahar geleistet, die in ihren Büchern aufschlussreiche Analysen der intensiven Forschungsleistungen der letzten Jahre liefern.[14] Im vorliegenden Buch konzentriere ich mich ganz darauf, Ihnen das nötige Werkzeug an die Hand zu geben, mit dem Sie Ihre Positive Intelligenz schärfen und selbst inmitten eines dichten Berufs- und Privatlebens Ihre PQ-Punktzahl anheben können.

Die Geburtsstunde von Positiver Intelligenz und PQ

Dem Sprichwort zufolge macht Not erfinderisch, und das gilt zweifellos auch für die Entstehung des Konzepts der Positiven Intelligenz. Den notwendigen Rahmen habe ich aus dem Bemühen heraus entwickelt, in meinem eigenen Leben erfolgreicher, aber auch zufriedener und glücklicher zu sein. Daher habe ich alle Hilfsmittel und Techniken für Positive Intelligenz zunächst an mir selbst ausprobiert, lange bevor mir klar wurde, dass davon auch unzählige andere Menschen profitieren könnten.

Ich hatte keine leichte Kindheit. Meine Familie war sehr arm, und ich war ein sensibles Kind, das unter widrigen Bedingungen aufwuchs. Schon bald nach meiner Geburt ging der frisch gegründete Lebensmittelladen meines Vaters bankrott. Mein Vater musste sich vor Kredithaien verstecken, die uns Tag für Tag zusetzten. Meine Familie war so abergläubisch, dass sie auf die Idee kamen, ich hätte dem Geschäft meines Vaters Unglück gebracht. Weil es zu spät war, mich loszuwerden, beschlossen sie, zumindest meinen Namen zu ändern. Ab diesem Zeitpunkt rief mich niemand in der Familie mehr bei meinem eigentlichen Namen, Shirzad. Dieses Ereignis erwies sich als bezeichnendes Omen für zahllose Erfahrungen meiner Kindheit. Da viele meiner körperlichen und seelischen Bedürfnisse unerfüllt blieben, entwickelte ich einen schützenden Kokon aus depressiven Gedanken. Bis weit ins Erwachsenenalter hinein wurde ich von verbittertem Groll und Ärger heimgesucht.

Ich war jedoch sehr ehrgeizig, und als ich älter wurde, merkte ich, dass ich einen Weg finden musste, diese Gefühle von ständiger Unzulänglichkeit und schwelender Wut und Angst loszuwerden. Nur so konnte ich etwas aus mir machen. Also studierte ich Psychologie, um mehr über den Geist und die Seele zu erfahren. Meinem Abschluss mit summa cum laude folgte ein Promotionsstudium der Neurobiologie, das mir jedoch noch immer nicht die ersehnten Antworten lieferte. Daher beschloss ich, mein Glück lieber im beruflichen Erfolg zu suchen, was so vielen anderen schließlich auch zu gelingen schien.

Vier Jahre später hielt ich einen Master für Elektroingenieurwesen von einer Eliteuniversität in der Hand und arbeitete an einem führenden Forschungslabor für Telekommunikation als Systemingenieur. Ich konzentrierte mich voll auf das Studium und auf meine Arbeit und erzielte erstklassige Beurteilungen, die mich nun endlich glücklich machen sollten. Doch das Glück blieb aus, und so hoffte ich, mit einem MBA schneller voranzukommen.

Der alles entscheidende Wendepunkt, der dazu führte, dass ich schließlich das Konzept der Positiven Intelligenz entwickelte, trat ein, als ich mit elf Kommilitonen in Stanford an dem MBA-Kurs »Interpersonelle Dynamik« teilnahm.[15] Die Vorgabe für die Interaktion in unserer Gruppe war absolute Ehrlichkeit - wir sollten alles offenlegen, was wir tatsächlich aktuell fühlten und dachten. Irgendwann wandte sich einer der Teilnehmer etwas zögerlich an mich und sagte, er hätte oft das Gefühl, von mir beurteilt zu werden, und das würde ihn stören. Ich hörte zu und dankte ihm höflich für sein hilfreiches Feedback, wobei ich allerdings im Hinterkopf dachte: Natürlich fühlst du dich von mir beurteilt, du Idiot! Du bist der schlimmste Trottel von allen hier. Was sonst sollte ich von dir halten?

Die Gruppe wollte schon weitermachen, als sich plötzlich eine zweite Person meldete und etwas ganz Ähnliches sagte. Wieder nickte ich und bedankte mich höflich, dachte dabei jedoch, dass sie nun einmal die Zweitdümmste aus der Gruppe sei. Es folgten eine dritte und eine vierte Meldung, und alle wiederholten dasselbe. Allmählich wurde mir das unangenehm, und ich merkte, dass ich mich etwas ärgerte. Dennoch gab ich nach wie vor wenig auf diese Rückmeldungen. Schließlich kam das alles von einem Haufen Versager, dachte ich.

Da stand der Mann links von mir auf, den ich sehr bewunderte, und trat angewidert auf die andere Seite des Kreises. Er hatte durchschaut, wie unehrlich ich bei der Anerkennung des Feedbacks gewesen war, und sagte, meine mangelnde Bereitschaft, die Rückmeldungen zu meinen ständigen Urteilen ernsthaft anzunehmen, würde ihn so frustrieren, dass er es nicht mehr ertragen könne, neben mir zu sitzen. Auch er hätte sich von mir beurteilt gefühlt, wenn auch positiv. Das ärgere ihn, weil er das Gefühl hätte, dass ich ihn auf ein Podest stelle und ihn nicht so sah, wie er wirklich war.

Diese nachdrückliche und ehrliche Äußerung durchbrach nun doch endlich die Schutzmauern meines inneren »Richters«. Auf einmal begriff ich, dass ich mein Leben lang alles mit den Augen dieses Richters betrachtet hatte. Alles war für mich entweder »gut« oder »schlecht« und gehörte damit in die eine oder die andere Schublade. Ebenso plötzlich ging mir auf, dass dies ein Schutzmechanismus aus meiner Kindheit war, der mir geholfen hatte, mein Leben vorhersehbarer und kontrollierbarer zu gestalten. An jenem Tag wurde mir im Kreis meiner elf Kommilitonen bewusst, welch eine destruktive Gewalt dieser Richter-Saboteur ausübte, der sich ohne mein Wissen in meinem Kopf breitgemacht hatte.

Diese Entdeckung veränderte alles, und ich nahm meine Suche nach den geistig-seelischen Mechanismen, die über Glück oder Unglück, Erfolg oder Misserfolg entscheiden, wieder auf. Schließlich konzentrierte ich mich auf zwei Dynamiken, die eng miteinander Zusammenhängen:

1.   Unser Geist kann unser schlimmster Feind sein. Er beherbergt Charaktere, die unser Glück und unseren Erfolg aktiv sabotieren. Diese Saboteure lassen sich leicht identifizieren und schwächen.

2.   Die »Gehirnmuskeln«, die uns Zugang zu wahrer Weisheit und Einsicht verschaffen, sind durch jahrelange Untätigkeit erschlafft. Diese »Muskulatur« lässt sich jedoch leicht trainieren, sodass wir auf unsere Weisheit besser zugreifen und ungeahnte mentale Kräfte entwickeln können.

Übungen, die eine dieser Dynamiken oder gar beide gleichzeitig ansprechen, können den persönlichen PQ in relativ kurzer Zeit erheblich steigern. Das Ergebnis ist eine drastische Verbesserung in Bezug auf Leistung und Glück, sowohl beruflich als auch privat.

PQ in Aktion

Ich bin Vorstand und Geschäftsführer des Coaches Training Institute (CTI) und damit der weltgrößten Ausbildungsorganisation für Coaches. Wir haben unsere Kenntnisse an Tausende von Coaches auf der ganzen Welt, aber auch an Führungskräfte der umsatzstärksten Unternehmen der Welt und den Lehrkörper der Business Schools von Stanford und Yale weitergegeben. Ich persönlich habe zahllose Geschäftsführer und Vorstände beraten, häufig auch deren Führungsriege und manchmal auch ihre Partner oder Familien.

Viele der Geschäftsleiter, die ich im Laufe der Jahre gecoacht habe, waren ehrgeizige Typ-A-Persönlichkeiten, die an tiefenpsychologischen Erkundungen wenig Interesse hatten und/oder sich dabei unwohl fühlten. Vor diesem Hintergrund wurden die Hilfsmittel und Techniken der Positiven Intelligenz so konzipiert, dass sie Ergebnisse zeigen, ohne dass die Klienten zuvor ein tiefes psychologisches Bewusstsein entwickeln müssen. Diese Techniken nutzen einen direkten Ansatz, der buchstäblich neue Verbindungen im Gehirn herstellt, neuronale Pfade, die ihre Positive Intelligenz stärken. Mit dem Ausbau dieser Pfade geht normalerweise eine größere Einsicht einher, die der Ausbildung neuer »Hirnmuskeln« entspricht.

Das vorliegende Buch besteht aus sechs Teilen. Teil I, den Sie bereits zur Hälfte gelesen haben, bietet eine allgemeine Einführung in das PQ-Konzept, die im folgenden Kapitel fortgesetzt wird. Zur Erhöhung des PQ eignen sich drei verschiedene Strategien, die jeweils in den Teilen II, III und IV vorgestellt werden. In Teil V lernen Sie, wie der individuelle PQ und der Team-PQ ermittelt werden, damit Sie Ihre Fortschritte messen können. Teil VI behandelt den Einsatz von PQ bei zahlreichen beruflichen und privaten Herausforderungen und illustriert diese anhand dreier detaillierter Fallstudien. Am Ende jedes Kapitels wird Ihnen eine Frage gestellt, mit deren Hilfe Sie das Gelesene leichter mit Ihrer eigenen beruflichen und privaten Welt in Verbindung bringen können.

Ihr persönliches Potenzial setzt sich aus verschiedenen Faktoren wie der kognitiven Intelligenz (IQ), der emotionalen Intelligenz (EQ) sowie Ihren persönlichen Kenntnissen, Fähigkeiten, Erfahrungen und sozialen Kontakten zusammen. Die Positive Intelligenz entscheidet, wie viel Prozent von Ihrem enormen Potenzial Sie tatsächlich ausschöpfen.

PQ wird im Folgenden analog zum IQ und zum EQ verwendet, das heißt nicht nur als konkreter mathematischer Wert, sondern auch als zusammenfassender Begriff für das inhaltliche Konzept der Positiven Intelligenz.

Durch Hebung meines PQ konnte ich die beträchtlichen Schwierigkeiten und Herausforderungen meines eigenen Lebens in Geschenke und Chancen verwandeln, die mir zu mehr Erfolg, Glück und Seelenfrieden verhülfen haben. Dieses Buch schreibe ich aus dem Glauben heraus, dass Sie definitiv das Zeug dazu haben, dies ebenfalls zu lernen.

Frage

Wenn Sie nach dem Lesen dieses Buches einen wichtigen Aspekt entscheidend verbessern könnten, ob privat oder beruflich, welcher wäre das? Behalten Sie dieses Ziel beim Lesen im Hinterkopf.

Kapitel 2

Drei Strategien zur Erhöhung des PQ

Bei meinen Vorträgen zum Thema nachhaltiger Veränderungen an der Universität Stanford lade ich die teilnehmenden Führungskräfte gern zu einer Wette ein. Ich erzähle ihnen von meinem hypothetischen Nachbarn, der sich selbst und anderen gern mit immer neuen Ansätzen zu mehr Glück und Erfolg verhelfen wolle. Einer seiner Neujahrsvorsätze lautete, abzunehmen und das neue Gewicht zu halten. Außerdem hätte er für sein Team ein kostspieliges Teambildungsseminar zur Förderung des Zusammenhalts und der Effektivität gebucht. Er selbst hätte einen zweitägigen Workshop zur Verbesserung seiner emotionalen Intelligenz und seiner Führungsfähigkeiten besucht. Das alles sei vor einem Jahr gewesen, behaupte ich. Und dann sollen die Teilnehmer ihr ganzes Geld darauf verwetten, ob die Veränderungen, die mein Nachbar unternommen hat, wirklich von Dauer gewesen seien oder sich in Luft aufgelöst hätten.

Worauf würden Sie Ihr Geld verwetten? Die Stanford Teilnehmer gehen jedenfalls zu rund 90 Prozent davon aus, dass die Veränderungen im Sand verlaufen. Denen, die anderer Meinung sind, muss ich leider eröffnen, dass sie mit ihrem Optimismus auf das falsche Pferd gesetzt haben: Die Chancen, dass erhebliche Verbesserungen von Leistung oder Glück von Dauer sind, beträgt nur 1 zu 5.[16]

Die Glücksforschung bestätigt, dass Menschen in der Regel schon kurz nach Ereignissen oder Erfolgen, die sie besonders glücklich machen, auf das Niveau zurückfallen, das Sozialwissenschaftler als die »Grundzufriedenheit« bezeichnen. Das gilt sogar für Gewinner großer Lotto-Jackpots.[17]

Viele Manager klagen über dasselbe Phänomen in Bezug auf ihre Bemühungen, die Leistungen von Einzelnen oder ganzen Teams zu verbessern, sei es durch Coaching, Leistungsevaluation, Konfliktlösungsstrategien oder durch Workshops zum Ausbau bestimmter Fähigkeiten und Teambildungsmaßnahmen. Menschen sind veränderungsresistent, selbst wenn sie die Veränderung scheinbar selbst wollen.

Denken Sie nach: Wie lange waren Sie glücklicher, nachdem Sie das hatten, wovon Sie dachten, dass es Sie glücklich machen würde? Denken Sie an die vielen Bücher, die Sie gelesen haben, die vielen Kurse, die Sie besucht haben, um Ihre Leistung zu verbessern oder glücklicher zu werden. Wie viel Prozent der Verbesserung waren von Dauer? Sehr oft bestätigt die eigene Erfahrung, dass anfängliche Fortschritte bald verpuffen oder mit der Zeit zumindest deutlich zurückgehen. Die Frage lautet: Warum?

Die Antwort auf diese Frage besteht in einem einzigen Begriff: Sabotage. Solange wir uns nicht gegen unsere inneren Feinde wehren - die wir hier als Saboteure bezeichnen wollen - und diesen den Nährboden entziehen, werden sie sich nach Kräften bemühen, uns aller Verbesserungen, die wir anstreben, wieder zu berauben. Wenn wir also die Saboteure ignorieren, ist das so, als ob wir einen schönen neuen Garten anlegen und die gefräßigen Schnecken gleichzeitig darin gewähren lassen. Hier kann Positive Intelligenz helfen.

Positive Intelligenz befördert Sie direkt an die Front des unablässigen Kriegs in Ihrem Gehirn. Auf der einen Seite des Schauplatzes stehen die Saboteure, die jeden Versuch, glücklicher oder leistungsfähiger zu werden, konsequent torpedieren. Auf der anderen Seite steht Ihr innerer Weiser, der Zugang zu Ihrer ureigenen Erkenntnisfähigkeit, zu tiefgründigen Einsichten und zu ungenutzten mentalen Kräften hat. Ihre Saboteure und Ihr Weiser beziehen ihre Energie aus unterschiedlichen Regionen des Gehirns und gedeihen, sobald Sie die jeweilige Region aktivieren. Der Dauerzwist zwischen den Saboteuren und dem Weisen entspricht damit dem Ringen verschiedener Hirnregionen um die Vorherrschaft. Die Kraft der Saboteure im Vergleich zur Kraft des Weisen bestimmt wiederum den persönlichen PQ und beeinflusst, wie viel Sie von Ihrem eigentlichen Potenzial verwirklichen können.

Die zehn Saboteure

Die Saboteure sind unsere inneren Feinde. Sie verkörpern das Zusammenspiel automatischer, gewohnheitsmäßiger Gedankenmuster, die jeweils mit einer eigenen Stimme und eigenen Überzeugungen das boykottieren, was das Beste für uns wäre.

Saboteure sind ein universelles Phänomen. Daher stellt sich nicht die Frage, ob wir diese haben, sondern welche wir haben und wie ausgeprägt sie bei uns sind. Sie sind, unabhängig von Kultur, Geschlecht oder Altersgruppe, immer gleich, weil sie mit Gehirnfunktionen verbunden sind, die unser Überleben sichern sollen. Jeder Mensch entwickelt sie schon als Kind, um das, was uns körperlich und seelisch bedrohlich erscheint, zu überstehen. Als Erwachsene bräuchten wir diese unsichtbaren Saboteure eigentlich nicht mehr, doch dann haben sie sich längst in unserer Denkweise eingenistet, oftmals sogar ohne unser Wissen.

Jeder, der sich mit dem Zweiten Weltkrieg auseinandergesetzt hat, weiß, dass die gefährlichsten Saboteure diejenigen waren, die sich den inneren Kreisen der Gegenseite angedient haben und von diesen als Freunde und Verbündete akzeptiert wurden. Für die inneren Saboteure gilt dasselbe. Am schädlichsten sind diejenigen, die uns einreden, dass sie für uns arbeiten, nicht gegen uns. Wir haben sie akzeptiert und zählen sie zu unseren engsten Freunden, anstatt sie als Eindringlinge zu betrachten.

Ich möchte Ihnen die zehn Saboteure nun kurz vorstellen, damit Sie ein Gefühl für deren Taktiken entwickeln. Sie brauchen sich momentan weder alle einzuprägen noch zu überlegen, welche bei Ihnen am stärksten sind. Die eigenen Top-Saboteure werden wir später identifizieren.

Der Richter

Der Richter ist der Saboteur, unter dem jeder zu leiden hat. Er zwingt uns, ständig das Haar in der Suppe zu suchen, ob bei uns selbst, bei anderen oder in den persönlichen Lebensumständen. Damit erzeugt er jede Menge Angst, Stress, Ärger, Enttäuschung, Scham und Schuldgefühle. Seine Existenz rechtfertigt er mit der Lüge, dass wir uns ohne ihn in antriebslose Faulpelze verwandeln würden, die nie auf einen grünen Zweig kommen. Deshalb verwechselt man die Stimme dieses destruktiven Saboteurs leicht mit der liebevoll mahnenden Stimme der Vernunft.

Der Perfektionist

Der Perfektionist ist das übertriebene Bedürfnis nach Genauigkeit, Ordnung und Organisation. Er sorgt bei uns und anderen in unserem Umfeld für Angst und Anspannung und verschwendet Energie an übertriebene Sorgfalt. Er verleitet auch zu Enttäuschung über Dinge, die nicht perfekt genug sind. Seine Lüge lautet, dass Perfektionismus immer gut und der Preis dafür keineswegs zu hoch ist.

Der Schmeichler

Der Schmeichler zwingt uns, uns Akzeptanz und Zuneigung zu verschaffen, indem wir anderen unablässig schmeicheln, gefallen, helfen oder sie retten. Weil man bei so viel Entgegenkommen leicht die eigenen Bedürfnisse aus dem Blick verliert, fühlt man sich von anderen oftmals übergangen oder ausgenutzt. Der Schmeichler hat es gern, wenn andere übermäßig von ihm abhängig sind. Seine Lüge ist, dass er einfach nur nett zu anderen ist, während er sich eigentlich Zuneigung und Akzeptanz davon erhofft.

Das Arbeitstier

Das Arbeitstier macht Selbstrespekt und Selbstachtung von ständiger Leistung abhängig. Es sorgt dafür, dass man sich hauptsächlich auf äußerliche Erfolge konzentriert, nicht auf innere Glückskriterien. Seine übertriebene Hinwendung zur Arbeit lässt uns den Kontakt zu tieferen emotionalen Bedürfnissen und dem Wunsch nach bedeutsamen Beziehungen verlieren. Seine Lüge lautet, dass Selbstachtung auf Leistung und äußerer Anerkennung beruht.

Das Opfer

Das Opfer verlangt, dass Sie emotional reagieren und aus der Fassung geraten, um sich so Aufmerksamkeit und Zuwendung zu sichern. Das führt zu einer extremen Konzentration auf innere Gefühle, insbesondere die unangenehmen, und in der Folge oft zu Märtyrergehabe. Das Opfer verschwendet auf diese Weise geistige und emotionale Energie, und andere fühlen sich frustriert, hilflos oder schuldig, dass sie es nie lange glücklich machen können. Die Lüge des Opfers ist, dass die Opferrolle die beste Methode ist, sich Liebe und Aufmerksamkeit zu sichern.

Der Rationalist

Der Rationalist konzentriert sich ausschließlich auf rationale Abläufe, auch in persönlichen Beziehungen. Er sorgt dafür, dass die Gefühle anderer uns ungeduldig machen, denn er hält Gefühle eher für Zeitverschwendung. Wer vom Rationalisten beherrscht wird, wird oft als kalt, distanziert oder intellektuell arrogant wahrgenommen. Der Rationalist wünscht starre, eher oberflächliche Beziehungen bei der Arbeit oder im Privatleben und kann weniger analytisch orientierte Menschen einschüchtern. Seine Lüge ist, dass der rationale Verstand die wichtigste und hilfreichste Form unserer Intelligenz ist.

Der Angsthase

Der Angsthase warnt uns unablässig vor allen erdenklichen Gefahren und vor allem, was schiefgehen könnte. Er ist immer auf der Hut und kommt nie zur Ruhe. Damit setzt er uns und andere unter Dauerstress. Er bauscht Gefahren unnötig auf und lügt uns vor, dass wir ihnen nur durch permanente Wachsamkeit entgehen können.

Der Rastlose

Der Rastlose ist unablässig auf der Suche nach noch mehr Aufregung bei der nächsten Aktivität, oder er ist rund um die Uhr beschäftigt. Er gestattet einem kaum einmal, mit dem aktuellen Tun zufrieden und glücklich zu sein. Mit seinem nie enden wollenden Strom an Ablenkungen lässt er uns aus dem Blick verlieren, wer oder was wirklich zählt.

Andere Menschen können mit jemandem, der vom Rastlosen beherrscht wird, kaum Schritt halten und fühlen sich von diesem oft abgehängt. Die Lüge des Rastlosen ist, dass wir das Leben nur durch ständige Aktivität bis zur Neige auskosten können. Er verschweigt, dass jemand, der ständig auf Achse ist, das eigene Leben verpasst.

Der Kontrolleur

Der Kontrolleur nährt sich aus dem ängstlichen Bedürfnis, die Führung zu übernehmen, Situationen zu kontrollieren und das Handeln der anderen dem eigenen Willen zu unterwerfen. Wenn das nicht möglich ist, erzeugt der Aufseher starke Angst und Ungeduld. Aus der Sicht des Kontrolleurs hat man entweder das Ruder in der Hand oder treibt führerlos über das Meer. Der Kontrolleur verhilft zwar kurzfristig zu Ergebnissen, erzeugt bei anderen auf die Dauer jedoch Widerstand und hindert sie daran, ihre Fähigkeiten voll zu entwickeln. Seine Lüge ist, dass wir ihn brauchen, damit die Menschen um uns herum möglichst gut funktionieren.

Der Vermeider

Der Vermeidet konzentriert sich in extremer Weise auf das Positive und das Angenehme. Er meidet schwierige, unangenehme Aufgaben ebenso wie Konflikte und verleitet damit zu gewohnheitsmäßigem Aufschieben und konfliktscheuem Verhalten. Das führt dazu, dass schwelende Konflikte, denen man aus dem Weg gegangen ist, in zerstörerischer Weise eskalieren und Dinge, die zu erledigen sind, unnötig verzögert werden. Seine Lüge ist, dass er den Problemen keineswegs ausweicht, sondern nur alles positiv betrachtet.

Der Weise

Während die Saboteure die inneren Gegenspieler repräsentieren, steht der Weise für unsere tiefere Weisheit - den Teil in uns, der sich über das Getümmel erheben kann, ohne sich von dramatischen, spannungsgeladenen Situationen mitreißen zu lassen oder den Lügen der Saboteure auf den Leim zu gehen. Er sieht jede Herausforderung, die sich uns stellt, als Geschenk und Chance an und fragt sich stets, wie man die Situation zum Positiven wenden kann. Der Weise hat Zugang zu fünf wichtigen

Stärken, auf die er zugreifen kann, sobald es knifflig wird. Diese Stärken sind in anderen Hirnregionen angesiedelt als diejenigen, die unsere Saboteure speisen.

Die fünf großen Stärken des Weisen sind:

1. Forschergeist: Der Weise kann etwas Neues unvoreingenommen untersuchen.
2. Empathie: Der Weise kann sich jederzeit in uns und andere hineinversetzen und Verständnis für die Situation aufbringen.
3. Kreativität: Der Weise denkt innovativ, findet neue Perspektiven und unkonventionelle Lösungen.
4. Innerer Kompass: Der Weise wählt zielsicher den Weg, der den zentralen Werten und der eigenen Aufgabe am besten gerecht wird.
5. Tatkraft: Der Weise schreitet entschlossen zur Tat, jedoch ohne die unangenehmen Gefühle, die Einmischung oder die Ablenkungen der Saboteure.

In den folgenden Kapiteln werde ich zeigen, dass auch in Ihnen große Kraftreserven schlummern, die aber häufig übersehen werden. Außerdem möchte ich Ihnen zeigen, wie Sie mit Hilfe des Weisen, seiner Sichtweise und seiner fünf Stärken ausnahmslos jede persönliche und berufliche Herausforderung meistern können. Wer zur Bewältigung solcher Prüfungen den Weisen einsetzt, findet auch unter widrigen Umständen Zugang zu Gefühlen wie Neugier, Mitgefühl, Kreativität, Freude, Frieden und ruhiger Entschlossenheit. So werden Sie bald erkennen, dass die Saboteure bei der Bewältigung von Herausforderungen überflüssig sind, obwohl sie Ihnen Ihr Leben lang eingeredet haben, dass es ohne sie nicht geht.

Drei Strategien zur Hebung des PQ

Es besteht eine direkte Verbindung zwischen unseren verschiedenen Hirnregionen und -funktionen und der Aktivität der Saboteure beziehungsweise dem Weg des Weisen. Die Reaktionen der Saboteure speisen sich in erster Linie aus Regionen, die für unser körperliches oder emotionales Überleben zuständig sind. Diese Regionen bezeichnen wir in diesem Konzept als das Überlebenszentrum oder Überlebenshirn. Der

Weise hingegen ist in ganz anderen Gehirnregionen angesiedelt, die wir das PQ-'Zentrum oder auch PQ-Hirn nennen. Durch die Zusammenhänge zwischen den Saboteuren und dem Weisem im Gehirn ergeben sich drei verschiedene, aber ineinandergreifende Strategien zur Hebung des persönlichen PQ:

1. Schwächung der Saboteure
2. Stärkung des Weisen
3. Unterstützung der PQ-Funktionen

Strategie 1: Die Saboteure schwächen

Zur Schwächung der Saboteure gehört, dass wir ihre Denkmuster und Gefühlsreaktionen identifizieren und klar erkennen, dass sie uns nicht weiterhelfen. In der Regel rechtfertigen sich die Saboteure und geben sich als unsere Freunde aus - schlimmstenfalls behaupten sie sogar, wir selbst zu sein. In Teil II reißen wir ihnen die Maske vom Gesicht und enttarnen ihre Tricks, um ihnen so die Glaubwürdigkeit und die Macht über uns zu nehmen. Zur Schwächung der Saboteure brauchen Sie nur genau hinzusehen und die Gedanken oder Gefühle der Saboteure zu benennen, sobald sie sich zeigen. Zum Beispiel können Sie sich sagen: »Oh, der Richter ist wieder da und meint, dass ich versagen werde«, oder: »Der Kontrolleur wird schon wieder nervös.«

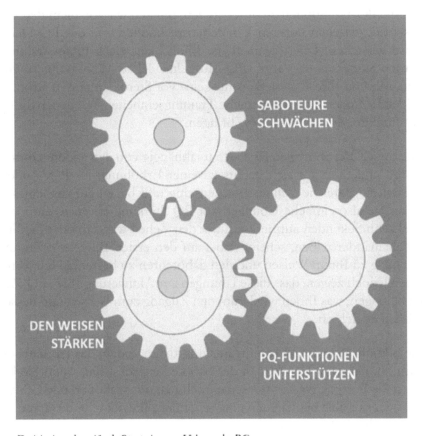

Drei ineinandergreifende Strategien zur Hebung des PQ

Strategie 2: Den Weisen stärken

Um den Weisen zu stärken, müssen wir seine Perspektive einnehmen und uns Zugang zu den fünf Stärken verschaffen, mit denen er jede Herausforderung meistert. Sie werden feststellen, dass auch Sie diesen Charakter in sich haben und dass der Weise Ihnen angesichts einer Herausforderung immer weit bessere Methoden anzubieten hat als die Saboteure. In Teil III lernen Sie die Perspektive des Weisen kennen, und wir zeigen Ihnen einige unterhaltsame »Kraftspiele«, die Ihnen bei Bedarf den Zugang zu den fünf Stärken des Weisen erleichtern.

Strategie 3: Die PQ-Funktionen unterstützen

Um die PQ-Funktionen zu unterstützen, müssen wir vor allem den Unterschied zwischen unseren Überlebensreaktionen und der PQ-Denkweise verstehen. Übertragen in die Bildlichkeit eines Fitnesstrainings werden Sie sehen, dass Ihre »PQ-Muskeln« viel zu wenig trainiert wurden, während Ihre »Überlebensmuskeln« vor Steroiden nur zu strotzen. In Teil IV finden Sie ganz einfache Trainingseinheiten, mit denen Sie die PQ-Funktionen rasch auf Trab bringen.

Jede dieser drei Strategien lässt sich unabhängig von den anderen durchführen und führt für sich bereits zu einer Erhöhung des PQ. Zudem stärken die Bereiche sich auch gegenseitig und bauen aufeinander auf. Wenn Sie also einfache Übungen zur PQ-Stärkung erlernen, zum Beispiel zehn Sekunden aufmerksam mit den Zehen wackeln oder die Finger aneinander reiben, scheint dabei auf den ersten Blick kein Zusammenhang zu Ihrem Weisen und den Saboteuren zu bestehen. Ich werde Ihnen jedoch zeigen, dass diese Übungen zur Aktivierung Ihrer PQ-Zellen beitragen, was Ihnen wiederum den Zugang zum Weisen und dessen Stärken erleichtert.

Die Stimulierung des PQ-Zentrums deaktiviert zudem das Überlebenszentrum, also den Nährboden der Saboteure. Jedes Mal, wenn Sie bewusst die Perspektive des Weisen einnehmen oder sabotierende Gedanken oder Gefühle beobachten und benennen, aktivieren und stärken Sie zugleich Ihr PQ-Zentrum.

Die Techniken für jede dieser drei Strategien - Schwächung der Saboteure, Stärkung des Weisen, Kräftigung der PQ-Funktionen - erfordern vielfach nur zehn Sekunden Zeitaufwand. Sie wurden so entwickelt, dass sie sich problemlos auch in einen straffen Arbeitsalltag und ein erfülltes Privatleben einfügen. Die persönliche Lieblingsstrategie ist individuell unterschiedlich. Sie werden selbst herausfinden, was bei Ihnen am besten und schnellsten hilft. Sobald Sie Ihre Hauptstrategie eingeführt haben, werden die beiden anderen ganz automatisch folgen.

Fallstudie: David

David ist einer jener seltenen Unternehmer, die eine Firma gründen und das Ruder noch fest in der Hand halten, wenn die erste Milliarde längst überschritten ist. Doch bald nach dem Börsengang sah David sich ungeahntem Stress ausgesetzt. Nach jahrelangem explosivem und profitablem Wachstum schien seine Truppe plötzlich zum ersten Mal Verluste zu machen. Für ein frisch börsennotiertes Unternehmen waren das vernichtende Aussichten. David musste den Kurs neu ausrichten, und zwar schnell. Er bat mich, mit seinem Team zu arbeiten.

Nach einem kurzen PQ-Test erklärte ich David, dass sich die Leistung am schnellsten und effektivsten durch eine PQ-Erhöhung bei ihm und seinem Team verbessern würde. Davids PQ lag damals bei 48, der seines Teams bei 52. Das bedeutete, dass viel Energie ins Leere lief oder nur der Selbstsabotage diente. Natürlich konnten sie ihre Leistung auch durch genauer ausgerichtete Strategien und Taktiken und gezielte Weiterbildung erhöhen. Langfristiger und umfassender würden sie jedoch profitieren, wenn sie aufhörten, sich selbst zu sabotieren, und stattdessen die Stärken des Weisen nutzten.

Meine Vorschläge irritierten David zunächst einmal. Er und seine Leute waren stolz darauf, dass sie gezielt Techniken des Positiven Denkens einsetzten. Sie gingen davon aus, dass sie daher automatisch auch einen hohen PQ haben müssten. Schließlich hatte das Unternehmen sich bis zum Börsengang glänzend geschlagen. Die Frage lautete für sie also: Warum kamen sie plötzlich ins Rudern? Ich führte an, dass alle Techniken des Positiven Denkens der Macht der heimlichen Saboteure und ihren Störmanövern nicht gewachsen seien. Offenbar hatten die Saboteure durch den Börsengang zu viel Nahrung erhalten. Das war durchaus verständlich, denn Stress speist die Saboteure und treibt sie an. Zudem ist es etwas anderes, eine Aktiengesellschaft zu führen als ein privates Unternehmen. Die Saboteure der Teammitglieder erschwerten es ihnen, bestimmte überholte Managementmethoden zu ändern.

Zunächst konzentrierten wir uns auf David, da der PQ des Chefs einen starken Einfluss auf den PQ des Teams hat. Ich schlug vor, zur Erhöhung seines PQ zuallererst seinen Meistersaboteur, den Richter, zu entlarven und zu schwächen.

Davids erste Reaktion war, dass er abstritt, einen starken Richter zu haben, weil er generell nicht viel urteile. Ich erklärte ihm, dass der Richter gern in Verkleidung auftritt und dass wir daher häufig gar nicht merken, wann wir urteilen. Die meisten Ausprägungen von Stress, Angst, Frustration, Enttäuschung, Reue und Schuld resultieren direkt aus Urteilen über uns selbst, andere, Situationen oder Ergebnisse. Der starke Stress und die Anspannung, unter denen David litt, waren für mich ein Hinweis dafür, dass er einen starken Richter in sich trug, der sich als sein Freund ausgab.

Um David die Macht seines Richters zu demonstrieren, nahmen wir uns das Gedankenkarussell vor, das David um drei Uhr nachts keinen Schlaf mehr finden ließ. Er schrieb 20 Gedanken auf. Ich bat ihn, diese Gedanken jeweils als neutral, nützlich oder schädlich zu kategorisieren. Drei Gedanken hielt David für nützlich: dass er sich daran erinnerte, ein Gespräch mit einem Lieferanten anzusetzen, mit der Personalabteilung über die Vergütung eines Angestellten zu sprechen und seine Assistentin zu bitten, die Reise zu einer Konferenz zu organisieren. Auch ich fand diese Gedanken hilfreich, wollte aber wissen, was wohl geschehen wäre, wenn sie ihn nicht um drei Uhr nachts aus dem Schlaf gerissen hätten. Er räumte ein, dass ihm all das sicher auch im Laufe des Tages noch eingefallen wäre und das völlig ausgereicht hätte.

Fünf Gedanken stufte David als neutral ein. Hierzu gehörten die Erinnerungen an seinen letzten Tag an der High School, die erste Reise nach Afrika und seinen ersten Winter in New York. Wir kamen überein, diese als neutrale Zufallsgedanken zu betrachten, auch wenn ein Psychoanalytiker sich das sicher gern genauer vorgenommen hätte.

Als Nächstes untersuchten wir die Punkte, die David korrekt, wenn auch zögernd, als schädlich klassifiziert hatte, beispielsweise die Vorstellung, vom Aufsichtsrat entlassen zu werden, wenn die Firma sich nicht rasch wieder erholte. Diese zog eine ganze Flut von Gedanken nach sich - was das für seinen Ruf bedeutete, ob er das große Haus und die schicken Autos behalten könnte und so weiter. Zu den angsteinflößenden Gedanken zählten auch die Sorge, womöglich einen großen Kunden zu verlieren, der unzufrieden erschien, und die Befürchtung, eine bevorstehende Präsentation vor Investoren könne schieflaufen. Ein paar Gedanken waren reuevoll. Warum hatte er auf die veränderte Marktdynamik nicht schneller reagiert? Warum hatte er für die Geschäftsentwicklung den falschen Berater angeheuert und neun Monate verstreichen lassen, ehe er sich von ihm trennte?

Der Grund, weshalb David solche Gedanken nur zögernd als schädlich einstufte, war seiner Aussage nach, dass sie ihn auf Trab hielten und ihn drängten, hart zu arbeiten, um die Dinge in die richtige Bahn zu lenken. Ich fragte ihn, ob sich diese Gedanken zum ersten Mal meldeten. Da gab David zu, dass sie immer wiederkamen und er sie bestimmt schon zehnfach oder gar hundertfach erlebt hätte.

Natürlich war es gut für David, wenn sein Kopf ihn ein Mal an die Wichtigkeit eines bevorstehenden Gesprächs erinnerte. Auf diese Weise konnte er sich rechtzeitig darauf vorbereiten. Er hatte jedoch nichts davon, wenn sein Richter ihn wiederholt nachts um drei deswegen nervös machte, zu einer Zeit, wo David sich allenfalls schlaflos herumwälzen konnte. Dasselbe gilt für die Fehler der Vergangenheit. Es ist hilfreich, einen Fehler ein Mal durchzugehen - so kann man daraus lernen und wiederholt ihn nicht noch einmal. Ihn wie ein Kainsmal auf der Stirn zu tragen ist jedoch nicht zielführend. Es raubt einem die Energie, macht unruhig und sorgt unablässig für Angst, Stress, Enttäuschung, Schuldgefühle und Reue.

Allmählich dämmerte David die Erkenntnis, dass sein Richter keineswegs der Freund war, für den er ihn gehalten hatte. Da der Richter sein Meistersaboteur war, einigten wir uns darauf, erst ihn anzugehen und uns so lange nicht von anderen Saboteuren ablenken zu lassen.

Normalerweise hätte die Schwächung des Richters als Aufgabe für die nächste Woche ausgereicht. David wollte jedoch möglichst schnelle Fortschritte verbuchen, weshalb wir eine zusätzliche Strategie zur Stärkung seiner PQ-Funktionen besprachen. Wir erarbeiteten ein klares Schema, das die beiden Strategien miteinander verband und Davids hartnäckigen Richter als persönlichen PQ-Fitnesstrainer einsetzte: Wann immer der Richter auftauchte, sollte David ihn als Erinnerung nutzen, seine PQ-Funktionen zu aktivieren und zu stärken. Die PQ-Übung dauerte nur zehn Sekunden und ließ sich in einer Besprechung ebenso leicht durchführen wie beim Autofahren oder beim Sport. Das Bestechende daran war, dass der Richter so seine eigene Selbstzerstörung einleiten würde, denn mit dem Erstarken der PQ-Funktionen verlieren die Saboteure an Kraft.

Wenn David also dachte: »Was machst du denn da bloß, David? Warum hast du das vermasselt?«, sollte er sich sagen: »Oh, da ist ja der Richter«, und danach zehn Sekunden seine PQ-Übung machen. Wir gingen auch verschiedene Methoden zur Aktivierung des PQ-Zentrums durch. Davids Lieblingsmethoden waren drei etwas tiefere Atemzüge, das aufmerksame Bewegen und Wahrnehmen aller Zehen und das Aneinanderreiben der Fingerspitzen, sodass er jede einzelne Fingerkuppe spürte.

David hegte gewisse Zweifel, dass so einfache Übungen wirklich eine so starke Wirkung entfalten konnten, wie ich behauptete. Ich erläuterte, dass der Spruch »Ohne Fleiß kein Preis« eine der vielen selbsterfüllenden Prophezeiungen des Richters sei und dass etwas keineswegs kompliziert ein müsse, um etwas zu bewirken. Die Übungen, die wir auswählten, hatten nicht nur definitiv eine positive PQ-Wirkung, sondern sie machten David Spaß, entspannten ihn und gaben ihm neue Energie.

Als ich David nach einer Woche wiedersah, staunte er, wie allgegenwärtig sein Richter gewesen war. Seit er ihn entlarvt hatte, entdeckte er dessen hässliche Fingerabdrücke überall. Es war, als würde der Richter alles, was er tat, kommentieren und ihm ständig etwas zuflüstern (oder auch zubrüllen).

David sagte, diese Arbeit würde ihn gleichzeitig ermutigen wie entmutigen. Die Hartnäckigkeit, Macht und Allgegenwart seines inneren Feindes sei erschütternd. Andererseits beobachtete er eine sofortige Veränderung nur durch die Umstellung der Aussage »Ich glaube nicht, dass wir das schaffen können« zu: »Mein Richter sagt, dass er nicht glaubt, dass wir das schaffen können.« Nachdem David seinen Richter als Feind entlarvt hatte und dessen destruktive Gedanken wahrnehmen und benennen konnte, verlor der Richter für ihn an Glaubwürdigkeit und Macht.

In den ersten Wochen konzentrierten wir uns ganz auf den Richter und die Stärkung der PQ-Funktionen. Danach nahmen wir uns als Hauptkomplizen den Kontrolleur vor.

Vermehrter Stress stärkt die Saboteure und macht sie aktiver. Der starke Stress, unter dem David in den letzten Monaten gestanden hatte und der von seinem Richter kräftig genährt wurde, hatte auch seinen Kontrolleur erstarken lassen. Je mehr Dinge nicht nach Plan liefen, desto starrer wurde der Griff des Kontrolleurs. Das schlug sich zwar in kurzfristigen Ergebnissen nieder, die seine Angst eine Zeit lang dämpfen konnten. Es hielt ihn und sein Team jedoch auch davon ab, Gelegenheiten zu erkennen und beim Schopf zu packen, welche die entscheidende Wende bringen konnten. Davids Team reagierte auf seinen Kontrolleur zwar wie gewünscht, brachte sich jedoch weniger ein, weil er ihnen kaum noch Spielraum ließ.

Als ich diesen Punkt erwähnte, räumte David ein, dass sein Kontrolleur den Teammitgliedern möglicherweise keinen Zugang zu ihrer eigenen Kreativität und Entscheidungsfreiheit gestattete. Auch aus diesem Grund hatte er das Gefühl, die Last des ganzen Unternehmens allein stemmen zu müssen. Er hatte aber auch Angst davor, den Kontrolleur zu entlassen, der ihm zuraunte: »Ich bin es, der dich so weit gebracht hat. Wenn ich mich zurückhalte, läuft bald gar nichts mehr. Alles versinkt im Chaos. Ich muss den Leuten schließlich sagen, was sie zu tun haben, sonst wissen sie es nicht. Die anderen mögen mich vielleicht nicht, aber sie wissen, dass ich für Erfolg stehe.«

Der Richter und der Kontrolleur erledigten tatsächlich einiges in Davids Sinne und konnten auch kurzfristige Erfolge verbuchen. Insofern konnten wir diese Saboteure nicht in die Wüste schicken, ohne sie zuerst durch den Weisen zu ersetzen. Zum Glück stärkte jede Aktivierung von Davids PQ-Funktionen automatisch die Stimme des Weisen und verschaffte ihm Zugang zu dessen Kräften. Auch ohne die Gängelei durch seinen Richter und seinen Kontrolleur war David ausgesprochen tatkräftig, entscheidungsfreudig und zielstrebig.

Inzwischen erkannte David den Richter und den Kontrolleur auf Anhieb. Er sagte, es wäre, als würde man einen neuen roten Sportwagen kaufen und sähe dieses Auto plötzlich überall. Doch er hatte seinen Spaß daran, sich sofort mit einer Zehn-Sekunden-Übung abzulenken, sobald der Richter oder der Kontrolleur die Bühne betraten. Mit zunehmender Stärke seiner PQ-Funktionen konnte der Weise das Störfeuer der Saboteure immer häufiger durchbrechen. David merkte, dass er mit seinen Schwierigkeiten besser, einfacher, kreativer und erfreulicher umgehen konnte.

Er konnte sich besser entspannen, lernte wieder, auf sich und sein Team zu vertrauen, und ließ die Zügel lockerer, womit die kollektive Weisheit und Tatkraft seines Teams zum Vorschein kommen konnten. Da auch die anderen an ihrem PQ feilten, überstiegen die ebenso kreativen wie intelligenten Lösungen, die ihrer vereinten Weisheit entsprangen, alles, was jeder von ihnen sich allein je erträumt hätte.

Als David mir schließlich mitteilte, dass er sich auf die wöchentlichen Teamsitzungen freute und dort neue Energie tankte, wusste ich, dass der Team-PQ drastisch gestiegen sein musste. Ein neuer Test ergab einen Anstieg von 52 auf 78. Gleichzeitig war Davids PQ von 48 auf 75 geklettert. Nur einer im Team fiel aus dem Rahmen. Er schien nicht bereit dafür zu sein, zur Positiven Intelligenz umzuschwenken, sodass die Kluft zwischen ihm und den anderen immer tiefer wurde. Am Ende kündigte er.

David und sein Team brauchten mehrere Quartale, bis sie die Negativdynamik aufhalten und umkehren konnten. Die Aktien der Gesellschaft büßten erheblich an Wert ein, erholten sich jedoch langsam wieder. Neulich begegnete mir David am Flughafen, vom Jetlag gezeichnet, aber strahlend, nach der Rückkehr von einem Familienurlaub in Europa. Auf dem Rückflug hatte er seinem elfjährigen Sohn vom Richter erzählt. Sein Sohn hatte nachdenklich zugehört und gesagt: »Dann nenne ich meinen den Mistmacher. Er bringt in meinem Kopf immer alles durcheinander.« Diese Beschreibung für den Richter fanden wir beide passend.

Frage

Inwiefern inspiriert Sie das Konzept der Positiven Intelligenz? Was finden Sie spannend, was erfüllt Sie mit Hoffnung? Worauf reagieren Sie skeptisch? Wie können Sie erkennen, ob Ihre Skepsis womöglich von einem Saboteur stammt, der sich seinen Einfluss nicht nehmen lassen möchte?

Teil II

Strategie Nummer 1: Die Saboteure schwächen

In Teil II erlernen Sie die erste der drei Strategien zur Erhöhung des PQ: die Schwächung der Saboteure.

Erst widmen wir uns dem Meister aller Saboteure - dem Richter - und seinen neun Komplizen. Anhand eines Selbsttests ermitteln Sie, welcher der neun Komplizen bei Ihnen am stärksten ist, und lernen Techniken, um ihm gezielt das Wasser abzugraben.

Dann beschäftigen wir uns näher mit dem Richter, damit Sie ihn entlarven und schwächen können.

Kapitel 3

Selbsttest für die zehn Saboteure

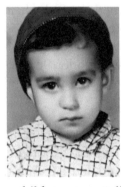 Ich besitze ein Bild von mir, auf dem ich ungefähr zwei Jahre alt bin. Es zeigt ein mutloses Kind mit gesenktem Kopf und hängenden Schultern, dessen trauriger Blick zu fragen scheint, was es in dieser Welt nur mache und wie lange es das wohl noch aushalten könne. Heute weiß ich, dass ich mich schon damals vor meinen Ängsten und Schmerzen zurückzog. Dieser Prozess, durch den sich bei mir schließlich sehr starke Saboteure in der Gestalt des Richters und des Rationalisten herausbildeten, ermöglichte es mir, meine Kindheit zu überleben. Denn das ist die ursprüngliche Aufgabe aller Saboteure: unser Überleben sichern.

Da diese Saboteure die Brille darstellten, durch die ich die Welt sah und mit ihr Kontakt aufnahm, brauchte ich fast dreißig Jahre, bis mir auch nur ihre bloße Existenz klar wurde. Als ich sie entdeckt hatte, erkannte ich auch, dass ich sie als Erwachsener zwar nicht mehr benötigte, sie aber dennoch weiterhin einen starken negativen Einfluss auf meine Denkweise ausübten.

Vierzig Jahre nach diesem Foto war ich bei der Geburt meines Sohnes anwesend, der in jeder Hinsicht ein Schatz ist. Meine Frau und ich bemühen uns von ganzem Herzen, gute Eltern für Kian zu sein. Er ist ein

Glückskind, denn er ist gesund, hat eine weit verzweigte, liebevolle Familie, besucht eine gute Schule und wächst im schönen San Francisco auf. Doch als er zehn war, bemerkte ich, wie sich bei ihm der Richter zu Wort meldete und in seinem Fall auch der Vermeider. Die Herausbildung von Saboteuren ist etwas ganz Normales und gehört wegen der mit ihnen verbundenen Überlebensstrategien zu den frühen Stufen der geistigen Entwicklung. Vor diesem inneren Drama können uns auch die besten Erziehungsmethoden nicht bewahren.

Wenn man bedenkt, dass es in den ersten fünfzehn bis zwanzig Jahren unseres Lebens vor allem darum geht, lange genug zu überleben, um die eigenen Gene weiterzugeben, hat die Entstehung der Saboteure durchaus ihren Sinn. In dieser Hinsicht gleichen wir frisch geschlüpften Schildkröten, die sich schnurstracks auf den Weg in den sicheren Ozean machen, sobald sie aus dem Ei gekrochen sind. Für ein Menschenkind geht es beim Überleben allerdings nicht nur um körperliche Sicherheit. Wir müssen auch emotional überleben. Das menschliche Gehirn ist so angelegt, dass es sich in den ersten Lebensjahren stark auf die Umgebung ausrichtet und sich daran anpasst, damit wir die emotionalen Belastungen, mit denen sich jeder auseinandersetzen muss, ertragen und das vermehrungsfähige Alter erreichen können.

Auch unter normalen Bedingungen hält das Leben diverse Herausforderungen bereit. Um diese zu bewältigen, entwickeln wir die Saboteure. Vielleicht muss die Mutter ins Krankenhaus, und das Kind hat Angst, weil es nicht weiß, wann sie wiederkommt. Oder es gibt ein Geschwisterkind, das die Eltern anscheinend lieber mögen. Und natürlich gibt es immer Kinder in der Schule, die größer, schlauer, schneller oder witziger sind als wir selbst, und andere, die uns anscheinend nicht leiden können. Es gibt Zeiten, in denen wir schreckliche Angst vor dem Tod haben oder vor Hunger oder vor einer der zahllosen anderen Gefahren in dieser chaotischen Welt. Irgendwann nimmt ein Kind sich dann vor (auch wenn es sich selten bewusst daran erinnert), besser auf sich aufzupassen, damit die schlimmen Dinge im Leben weniger oft passieren.

Die Saboteure sind diejenigen Gestalten, die uns im Kindesalter helfen, dieses Versprechen an uns selbst zu halten. Die Kindheit ist ein emotionales Minenfeld, selbst wenn die Eltern sich die größte Mühe geben.

Saboteure sind ein universelles Phänomen. Dass sie uns nicht bewusst sind, heißt nicht, dass sie nicht existieren. Wer glaubt, keine zu haben, ist sogar besonders gefährdet, denn seine Saboteure tarnen sich offenbar sehr geschickt.

Die Schattenseite der Saboteure

Um unsere Kindheit körperlich zu überleben, greifen wir vorübergehend auf ganz unterschiedliche Methoden zurück. Anfangs benötigen wir eine Nabelschnur. In den ersten Lebensmonaten trinken wir Muttermilch, bis das Verdauungssystem besser ausgereift ist. Uns wachsen Milchzähne, die später den größeren, bleibenden Zähnen weichen. Im Rahmen der körperlichen Reifung ersetzen wir also das, was am Anfang sinnvoll war, durch etwas Neues, das dem erwachsenen Menschen besser dient. Im Idealfall gilt dies auf vergleichbare Weise auch für seelische Überlebensstrategien: Wir lösen uns von den Strategien der Kindheit, mit denen wir uns auf die Dauer selbst sabotieren, und gehen zu reiferen Methoden über, die zu einem weniger hilflosen Erwachsenen besser passen. Dummerweise nehmen die Saboteure nicht freiwillig den Hut und ziehen ihrer Wege, sondern setzen sich dauerhaft fest, notfalls auch im Untergrund.

Stellen Sie sich vor, Sie wären noch als Erwachsener über eine Nabelschnur mit Ihrer Mutter verbunden, müssten immer noch gestillt werden oder hätten noch Ihre Milchzähne. Stellen Sie sich vor, Sie hätten mit fünf Jahren einen schützenden Gips angelegt bekommen - und nie wieder abgenommen. Das mag Ihnen bizarr erscheinen, entspricht jedoch dem, was die Saboteure mit unserem Geist und unserer Gefühlswelt anstellen. Anfangs waren die Saboteure wie der Gipsverband, der uns schützen sollte, doch wenn wir uns als Erwachsene nicht von ihnen lösen, begrenzen wir damit unsere persönliche geistige und emotionale Freiheit.

Der Meistersaboteur: Der Richter

Der Richter ist der Saboteur, den jeder in sich trägt. Die Neigung, das Negative zu übertreiben und vom Schlimmsten auszugehen, ist eine wichtige Überlebensstrategie. Wer im Urwald unterwegs ist und sieht, dass die Blätter sich zu bewegen beginnen, hat bessere Überlebenschancen, wenn er davon ausgeht, dass er in Lebensgefahr ist, auch wenn es dafür kaum Anhaltspunkte gibt. Die logische Schlussfolgerung lautet: *»Da lauert bestimmt ein Tiger, der mich fressen will, also sollte ich wegrennen oder mich verstecken.«* In 99 von 100 Fällen dürfte diese übertrieben negative Einschätzung sich für einen unserer Ahnen zwar als falsch erwiesen haben, aber bei der einen Gelegenheit, als sie richtig war, hat sie diesem das Leben gerettet. Jene Urmenschen, deren Urteilsvermögen nicht vom Schlimmsten ausging und die daher gewartet haben, um zunächst bessere, unvoreingenommene Informationen zu sammeln, haben nicht lange genug überlebt, um ihre Gene weiterzugeben.

Der persönliche Richter entwickelt sich stets gemäß den Kriterien, die während der individuellen Entwicklung des Einzelnen überlebenswichtig waren. Wir haben ein starkes psychisches Verlangen nach einem mentalen Rahmen, der unseren vielen verschiedenen Lebenserfahrungen einen Sinn gibt, und der Richter hilft uns, all diese Einzelteile zusammenzusetzen. Die Interpretation des Richters ist stets fehlerhaft und auf negative Weise voreingenommen, aber zu Beginn unseres Lebens trägt sie dennoch dazu bei, dass wir die Welt um uns herum als überschaubar empfinden können.

Ich persönlich hatte als Kind das Gefühl, wenig Liebe und Aufmerksamkeit zu bekommen. Das hätte ich auf zweierlei Weise deuten können. Ich hätte die Situation korrekt erfassen und mir eingestehen können, dass ich bei unzulänglichen Eltern aufwuchs, die nicht wussten, wie sie mir die Aufmerksamkeit zukommen lassen konnten, die ich brauchte und verdient gehabt hätte. Das allerdings wäre eine erschütternde Erkenntnis gewesen, die mein emotionales Überleben noch mehr erschwert hätte. Schließlich hing von meinen Eltern mein Leben ab. Sie als unzulänglich zu betrachten wäre so erschreckend gewesen, als ob ein Tiefseetaucher erkennt, dass seine Sauerstoffversorgung gleich versagen wird. Also legte mir der Richter nahe, dass ich selbst von Grund auf unzulänglich sei und es gar nicht verdient hätte, dass meine perfekten Eltern Zeit für mich hätten. Warum sollten sie jemanden, der es so wenig verdient hatte, schon mögen?

Der Richter trug nicht nur dazu bei, dass ich ein sehr wackliges

Selbstwertgefühl entwickelte, sondern musste mein Überleben auch dadurch unterstützen, dass wir beide begannen, alle anderen als völlig unzulänglich zu beurteilen. Schließlich wäre es ein furchtbares Gefühl gewesen, in einer Welt, wo alle anderen so toll waren, der einzige Versager zu sein. So wurden diese beiden Überlebensstrategien des Richters - über mich selbst urteilen und über andere urteilen - schon in einem sehr zarten Alter ein fester Teil von mir.

Natürlich war mir das nicht wirklich bewusst. Saboteure entstehen nur selten durch einen bewussten Entschluss. Erst durch mein aufrüttelndes Erlebnis in dem MBA-Seminar in Stanford wurde mir klar, wie umfassend dieser unsichtbare Mechanismus die Art und Weise prägte, wie ich alles in meinem Leben interpretierte und darauf reagierte.

Die folgende Tabelle fasst die typischen Eigenschaften des Richters zusammen. Auf der Skala unten können Sie die Stärke dieses Saboteurs bei sich selbst einschätzen. Wenn Sie Ihren Richter für sehr schwach halten, sollten Sie im Hinterkopf behalten, dass dies auch daran liegen kann, dass er sich unter Umständen besonders gut tarnt (so wie meiner).

Der Richter	
Beschreibung	Sucht Fehler bei uns selbst, bei anderen und bei den Umständen. Hat entscheidend Anteil an Gefühlen wie Enttäuschung, Ärger, Reue, Schuld, Scham und Angst. Aktiviert seine Komplizen.
Eigenschaften	Selbst: Tadelt uns für die Fehler der Vergangenheit oder der Gegenwart. Andere: Konzentriert sich auf das, was an anderen schlecht ist, nicht auf das Gute an ihnen. Vergleicht nach dem Schema überlegen/unterlegen. Umstände: Wertet die Umstände oder Resultate lieber als »schlecht«, nicht als Chance oder Geschenk.
Gedanken	Was ist verkehrt an mir? Was ist verkehrt an dir? Was ist verkehrt an meinem Leben oder an diesem Ergebnis?
Gefühle	Schuld, Reue, Scham und Enttäuschung stammen immer vom Richter.
Rechtfertigende Lügen	Wenn ich dich nicht antreibe, wirst du faul und selbstgefällig. Wenn ich dich nicht für Fehler bestrafe, lernst du nicht daraus, und dann wiederholst du sie. Wenn ich dir keine Angst vor einem schlechten Ergebnis mache, gibst du dir nicht genug Mühe, es besser zu machen. Wenn ich die anderen nicht beurteile, bist du nicht mehr objektiv und kannst deine Interessen nicht verteidigen. Wenn ich nicht dafür sorge, dass du dich für schlechte Ergebnisse schämst, tust du nichts, um sie zu ändern.
Wirkung auf Sie und andere	Der Richter ist der Meistersaboteur und die Hauptursache für Angst, Verzweiflung und Leid. Er verursacht auch viele Beziehungsprobleme.
Stärke	0 1 2 3 4 5 6 7 8 9 10

Die neun Komplizen

Der Richter greift auf mindestens einen Komplizen zurück, um in der Kindheit das körperliche und seelische Überleben zu sichern. In meinem Fall war sein Komplize der Rationalist. Ich bin ein sensibler Mensch und war von klein auf zu tiefen Empfindungen fähig. Doch die Mehrheit meiner Gefühle war entweder schmerzlich oder beängstigend. Deshalb war es für mich hilfreich, einfach alle Gefühle abzuwehren. So flüchtete ich mich in eine absolut rationale, analytische Welt, in der ich mit Ideen und Logik herumspielen konnte und das Gefühl hatte, alles im Griff zu haben. Noch wichtiger war, dass mir diese Rationalität auf die Dauer jede Menge Aufmerksamkeit und Anerkennung meiner Lehrer einbrachte, die auf ihren Musterschüler stolz waren. So entwickelte ich unwissentlich den Saboteur des »Rationalisten«, der mir eine gewisse Zuneigung und Respekt verschaffte. Auch hier brauchte ich rund dreißig Jahre, bis mir klar wurde, dass ich meine Gefühle aktiv unterdrückt und dadurch verhindert hatte, tiefe Beziehungen einzugehen oder die wahren emotionalen Freuden des Lebens zu genießen.

Während der Richter als oberster Saboteur in jedem aktiv ist, variiert sein Komplize von Mensch zu Mensch. Ich zum Beispiel hatte vier Geschwister. Aber nur ich entwickelte als Saboteur den Rationalisten. Ein Bruder griff auf das »Opfer« zurück, einer auf den »Kontrolleur«, einer auf den »Vermeider« und einer auf den »Perfektionisten«. Wir alle hatten als Kinder mit ähnlichen Problemen zu kämpfen, wählten aber völlig unterschiedliche Überlebensstrategien.

Bei der Frage, welchen Lieblingskomplizen ein Mensch entwickelt, kommt es nicht nur auf die Erziehung, sondern auch auf die Veranlagung an. Eltern mit mehreren Kindern staunen immer wieder, wie sehr diese sich von Geburt an hinsichtlich ihres Temperaments unterscheiden. Als Vater eines stark introvertierten Sohnes und einer sehr extrovertierten Tochter kann ich bestätigen, dass solche Unterschiede bereits in den ersten Lebensmonaten deutlich werden, obwohl meine Frau und ich uns große Mühe gaben, unsere beiden Kinder gleich großzuziehen.

Am Ende bestimmt die einzigartige, individuelle Persönlichkeit, welchen Komplizen wir entwickeln. Dabei spielen besonders zwei Dimensionen der Persönlichkeit eine Rolle: unsere Motivationen und die persönliche Art und Weise, mit Herausforderungen umzugehen. Diesen beiden Bereichen wollen wir uns nun näher zuwenden, um herauszufinden, wie sie die Ausbildung bestimmter Saboteure beeinflussen.

Motivation

Unser emotionales Überleben orientiert sich an drei Grundmotiven. Welches davon einem Menschen besonders wichtig ist, ist individuell verschieden:

1. Unabhängigkeit: Ein Bedürfnis, sich von anderen abzugrenzen und unabhängig zu bleiben.

2. Akzeptanz: Ein Bedürfnis, in den Augen anderer gut dazustehen, von ihnen angenommen zu werden und Zuneigung zu erhalten.

3. Sicherheit: Ein Bedürfnis, alles Beängstigende im Leben zu kontrollieren, es wegzuschieben oder zu verkleinern.

Jeder Mensch wird in gewissem Ausmaß von diesen drei Motiven angetrieben. Was ist nun Ihre Grundmotivation? Da sich die Saboteure weitgehend unbewusst entwickeln, können Sie sich diesbezüglich nicht unbedingt auf Ihre bewusste Einstufung verlassen. Im Augenblick dürfen Sie die Antwort auf diese Frage jedoch gern noch aufschieben.

Vorgehensweise

Um unser Grundbedürfnis nach Unabhängigkeit, Akzeptanz oder Sicherheit zu stillen, greifen wir auf eine von drei verschiedenen Vorgehensweisen zurück:

1. Durchsetzen: Das ist die aktivste und druckvollste Vorgehensweise. Man fordert von anderen bestimmte Dinge, die das eigene Bedürfnis nach Unabhängigkeit, Akzeptanz oder Sicherheit stillen.

2. Verdienen: Man ist bereit, für die Erfüllung des eigenen Bedürfnisses nach Unabhängigkeit, Akzeptanz oder Sicherheit hart zu arbeiten. Das ist etwas anderes als das fordernde Durchsetzen.

3. Vermeiden: Man wendet sich oder die eigene Aufmerksamkeit von bestimmten Aktivitäten, Gedanken, Gefühlen oder anderen Menschen ab, um das eigene Bedürfnis nach Unabhängigkeit, Akzeptanz oder Sicherheit zu stillen.

Auch an dieser Stelle brauchen Sie sich im Moment nicht zu überlegen, welche Vorgehensweise bei Ihnen im Vordergrund steht.

Identifizieren Sie Ihren Hauptkomplizen

Aus der Verbindung zwischen Ihrer Grundmotivation und Ihrer hauptsächlichen Vorgehensweise ergibt sich Ihr wahrscheinlichster Komplize unter den Saboteuren. Es fließen allerdings auch die Erziehung und die äußeren Umstände ein. Traumata oder besonders schmerzliche Gefühle, insbesondere in der frühen Kindheit, können die Entwicklung der Saboteure ebenso beeinflussen wie die jeweiligen Saboteure der Eltern. Manche Kinder imitieren ihre Eltern und bilden ähnliche Saboteure aus. Andere entwickeln die entgegengesetzten Saboteure. Zum Beispiel könnte das Kind einer Mutter mit starken Kontrolleur-Tendenzen den Schmeichler entwickeln, um den heimischen Frieden zu wahren.

Die nachfolgende Tabelle zeigt, welcher Saboteur optimal zur jeweiligen Grundmotivation und Hauptvorgehensweise passt. Weitere Erläuterungen, wie jeder Saboteur die entsprechende Motivation und Vorgehensweise zeigt, sprengen den Rahmen dieses Buches und sind in englischer Sprache auf www.PositiveIntelligence.com zu finden.

Die neun Komplizen			
Vorgehensweise	Motivation		
	Unabhängigkeit	**Akzeptanz**	**Sicherheit**
Durchsetzen	Kontrolleur	Arbeitstier	Rastloser
Verdienen	Perfektionist	Schmeichler	Angsthase
Vermeiden	Vermeider	Opfer	Rationalist

Wir beschäftigen uns nicht mit der tiefenpsychologischen Frage, wie und warum die Saboteure bei uns entstanden sind. Im Mittelpunkt stehen vielmehr die Gedanken und Gefühle, die sie gegenwärtig bei uns auslösen, und die Frage, wie sie uns gerade sabotieren. Dabei verlassen wir uns auf das, was wir bewusst an uns selbst beobachten. Dieses Vorgehen wird automatisch dazu führen, dass wir beizeiten die tieferen und unbewussten Wurzeln unserer Saboteure entdecken. (Mehr über die Rolle des Unterbewusstseins erfahren Sie im Anhang.)

Für jeden der neun Saboteure erhalten Sie nachfolgend eine kurze Beschreibung seiner typischen Gedanken, Gefühle, Eigenschaften, Rechtfertigungslügen und der Wirkung auf uns und andere. Diese Steckbriefe sind keineswegs erschöpfend, sondern sollen Ihnen jeweils einen Grundeindruck von den einzelnen Saboteuren vermitteln. Sie werden feststellen, dass Ihre eigenen Erfahrungen mit einigen, aber nicht allen Eigenschaften des jeweiligen Saboteurs übereinstimmen. Konzentrieren Sie sich beim Lesen bitte darauf, eine Grundvorstellung für die Tendenzen und die Persönlichkeit der verschiedenen Saboteure zu entwickeln, und verlieren Sie sich dabei nicht in Einzelheiten. Sobald Sie ein Gefühl für die einzelnen Charaktere haben, werden Sie feststellen, welcher höchstwahrscheinlich der Hauptkomplize Ihres Richters ist.

Wahrscheinlich zeigen sich bei Ihnen mitunter auch Eigenschaften oder Verhaltensweisen der anderen neun Saboteure. Das sollte Sie nicht entmutigen oder verwirren. Konzentrieren Sie sich auf Ihren Richter und dessen Top Komplizen. Damit können Sie Ihre PQ-Muskeln bereits beträchtlich aktivieren und somit allen Saboteuren die Luft zum Atmen nehmen. Da der Richter als Meistersaboteur gern auch die anderen ins Spiel bringt, wirkt sich seine Schwächung auch auf die Komplizen aus. Sobald der Richter und sein Hauptkomplize in Ihrem Kopf an Einfluss verlieren, zerbröseln die anderen automatisch.

Bei der Beschäftigung mit den folgenden Steckbriefen ist es mitunter hilfreich, sich Menschen aus dem Bekanntenkreis vorzustellen, bei denen bestimmte Saboteure besonders ausgeprägt in Erscheinung treten. So können Sie sich die verschiedenen Typen leichter einprägen - wenn es passt, natürlich auch in der entsprechenden weiblichen Form. Sie können auch ruhig vorab raten, welche Saboteure bei Ihrem Chef, den

Kollegen, Ihrem Partner oder Ihrer Partnerin oder Ihren Kindern am Werk sind.

Wenn Sie beurteilen, wie stark der Einfluss des jeweiligen Saboteurs bei Ihnen ist, gehen Sie am besten spontan vor. Der erste Eindruck ist wahrscheinlich zutreffender als alles, was Sie nach reiflicher Überlegung ermitteln. Beurteilen Sie die Ausprägung jedes einzelnen Saboteurs bei sich selbst am besten in einem zehnminütigen Schnelldurchlauf - rund eine Minute pro Saboteur. Anschließend kehren Sie zu den am stärksten ausgeprägten Vertretern zurück und vergleichen diese, um Ihren Hauptkomplizen zu ermitteln. Manche Menschen berichten, dass sie beruflich und privat unterschiedliche Saboteure haben. Wenn das auf Sie ebenfalls zutrifft, dürfen Sie natürlich gern für jeden Lebensbereich unterschiedliche Komplizen festlegen. Alternativ können Sie Ihre Saboteure auch auf www.PositiveIntelligence.com beurteilen.

Der Perfektionist

Beschreibung	Perfektionismus und übertriebenes Ordnungs- und Organisationsbedürfnis
Eigenschaften	Pünktlich, methodisch, pedantisch. Mitunter reizbar, angespannt, rechthaberisch, sarkastisch Überaus kritisch sich selbst und anderen gegenüber. Starkes Bedürfnis nach Selbstkontrolle und Selbstbeherrschung. Macht Überstunden, um die Nachlässigkeit und Faulheit anderer auszugleichen. Sehr kritikempfindlich.
Gedanken	Richtig ist richtig, und falsch ist falsch. Ich weiß, was richtig ist. Wenn man es nicht perfekt macht, sollte man es ganz lassen. Andere haben häufig zu lasche Maßstäbe. Ich muss besser organisiert und methodischer vorgehen als andere, damit die Dinge erledigt werden. Ich hasse Fehler.
Gefühle	Ständig von sich und anderen enttäuscht, die weniger hohe Maßstäbe für sich ansetzen. Hat Angst, dass andere das Gleichmaß und die Ord-nung durcheinanderbringen, die er geschaffen hat. Sarkastischer oder selbstgerechter Unterton. Unterdrückter Ärger, unterdrückter Frust.
Rechtfertigende Lügen	Das ist eine persönliche Verpflichtung. Wenn es kompliziert wird, muss ich schon selbst damit fertigwerden. Perfektionismus ist gut, und ich fühle mich besser damit. Normalerweise gibt es eine richtige und eine falsche Weise, etwas zu erledigen. Ich weiß, wie das geht, und ich muss es richtig machen.
Wirkung auf Sie und andere	Macht Sie stur und wenig flexibel im Umgang mit Veränderungen und abweichenden Verhaltensmustern anderer Menschen. Ist eine anhaltende Quelle von Angst und Enttäuschung Erzeugt bei anderen Trotz. Angst, Selbstzweifel und Resignation. Die anderen fühlen sich ständig kritisiert und kommen irgendwann zu dem Schluss, dass sie es dem Perfektionisten nie recht machen können, egal wie sehr sie sich auch bemühen. Ich weiß, wie das geht, und ich muss es richtig machen.
Stärke	0 1 2 3 4 5 6 7 8 9 10

Der Schmeichler

Beschreibung	Indirekter Versuch, akzeptiert und gemocht zu werden, indem man hilft, Gefallen erweist, andere rettet oder ihnen schmeichelt. Verliert die eigenen Bedürfnisse aus den Augen und reagiert dann trotzig.
Eigenschaften	Will unbedingt gemocht werden und versucht, dieses Bedürfnis durch Helfen, Gefälligkeiten, Retten oder Schmeicheln zu stillen. Braucht von anderen regelmäßig Zeichen ihrer Anerkennung und Akzeptanz. Kann eigene Bedürfnisse nicht offen und direkt äußern
Gedanken	Um ein guter Mensch zu sein, sollte ich die Bedürfnisse anderer über meine eigenen stellen. Es stört mich, wenn andere nicht bemerken, was ich für sie tue, oder es nicht zu schätzen wissen. Sie können so selbstsüchtig und undankbar sein. Ich gebe zu viel und denke nicht genug an mich selbst. Ich kann mich überall beliebt machen. Wenn ich die anderen nicht rette, wer dann?
Gefühle	Die eigenen Bedürfnisse direkt auszusprechen fühlt sich selbstsüchtig an. Sorgt sich, dass das Beharren auf den eigenen Bedürfnissen die anderen vertreiben könnte. Ärgert sich, für selbstverständlich gehalten zu werden, kann dies jedoch nur schwer ausdrücken.
Rechtfertigende Lügen	Ich mache das nicht für mich. Ich helfe den anderen selbstlos und erwarte keine Gegenleistung. Wenn jeder so handeln würde, hätten wir eine bessere Welt.
Wirkung auf Sie und andere	Kann einen davon abhalten, sich um die eigenen emotionalen, körperlichen und finanziellen Bedürfnis-se zu kümmern. Kann Trotz und Burn-out auslösen. Andere werden leicht abhängig, lernen nicht, selbst für sich zu sorgen, und fühlen sich verpflichtet, schuldig oder manipuliert.
Stärke	0 1 2 3 4 5 6 7 8 9 10

Das Arbeitstier

Beschreibung	Selbstachtung und Selbstwertgefühl beruhen auf ständiger Leistung. Die starke Ausrichtung auf äußeren Erfolg führt zu ungesunden Workaholic - Tendenzen. Der Kontakt zu tieferen Gefühlen und zum persönlichen Bedürfnis nach Beziehungen gehen dabei leicht verloren.
Eigenschaften	Wettbewerbsorientiert, image- und statusbewusst. Kann Unsicherheiten gut überspielen und ein positives Image vermitteln. Zeigt sich stets von seiner besten Seite, um andere zu beeindrucken. Zielstrebig und leistungsorientiert. Die Perfektionierung des Images ist wichtiger als das eigene Innenleben. Hang zur Selbstdarstellung. Hält andere lieber auf Abstand.
Gedanken	Bei dem, was ich mache, muss ich der oder die Beste sein. Wenn ich etwas nicht sehr gut kann, interessiert es mich nicht. Ich muss tüchtig und erfolgreich sein. Gefühle stören nur. Ich konzentriere mich lieber auf das Denken und Handeln. Ich kann alles sein, was ich sein möchte. Ich bin wertvoll, solange ich erfolgreich bin und die anderen eine hohe Meinung von mir haben.
Gefühle	Nicht besonders gefühlsselig - Gefühle lenken von der Verfolgung der eigenen Ziele ab. Fühlt sich manchmal leer und bedrückt, verweilt aber nicht dabei. Möchte sich erfolgreich fühlen. Darum geht es schließlich. Leitet seinen Selbstwert aus dem Erreichten ab. Mitunter Angst vor Intimität und Verletzlichkeit. Wenn andere ihm zu nahe kommen, könnten sie erkennen, wo er nicht perfekt ist.
Rechtfertigende Lügen	Es geht im Leben um Leistung und Ergebnisse. Ein gutes Image hilft mir, Ergebnisse zu erzielen. Gefühle lenken nur ab und helfen nicht weiter.
Wirkung auf Sie und andere	Frieden und Glück sind flüchtige, kurzlebige Episoden, wenn man seine Erfolge feiert. Die Selbstachtung bemisst sich immer am nächsten Erfolg. Verliert den Kontakt zu seinen tieferen Gefühlen, dem eigentlichen Selbst und der Fähigkeit, enge Kontakte zu anderen zu knüpfen. Andere lassen sich mitunter in den Leistungsanspruch des Arbeitstiers hineinziehen und konzentrieren sich dann ähnlich einseitig auf äußerliche Ergebnisse.
Stärke	0 1 2 3 4 5 6 7 8 9 10

Das Opfer	
Beschreibung	Verschafft sich Aufmerksamkeit und Zuneigung durch emotionales, launisches Verhalten. Konzentriert sich extrem auf das eigene Innenleben, besonders auf schmerzliche Gefühle. Hang zum Märtyrertum
Eigenschaften	Wenn das Opfer kritisiert oder missverstanden wird, zieht es sich schmollend zurück. Neigt zu dramatischem, launenhaftem Verhalten. Wenn es hart auf hart kommt, bricht das Opfer zusammen und gibt auf. Unterdrückte Wut führt zu Niedergeschlagenheit, Apathie und ständiger Müdigkeit. Verwickelt sich unbewusst gern in Schwierigkeiten. Bekommt Aufmerksamkeit, weil es Probleme hat oder weil es sich launisch und mürrisch verhält.
Gedanken	Keiner versteht mich. Ich Arme(r). Mir passieren immer so schlimme Dinge. Ich bin ein schrecklicher Pechvogel. Ich bin, was ich fühle. Ich wünschte, jemand würde mich aus diesem furchtbaren Schlamassel retten.
Gefühle	Brütet oft lange über negativen Gefühlen. Fühlt sich auch in der Familie oder unter engen Freunden einsam und allein. Kennt Gefühle wie Melancholie und Verlassenheit. Verliert sich in Neid und negativen Vergleichen.
Rechtfertigende Lügen	Wenn ich mich so verhalte, bekomme ich wenigstens ein bisschen von der Liebe und Aufmerksamkeit, die mir zustehen. Traurigkeit ist etwas Edles und Kompliziertes, das von besonderer Tiefe, Einsicht und Sensibilität zeugt.
Wirkung auf Sie und andere	Durch die Konzentration auf innere Prozesse und seine Grübelei geht viel Vitalität verloren. Das Verhalten hat einen umgekehrten Effekt, denn es vertreibt andere Menschen.
Stärke	0 1 2 3 4 5 6 7 8 9 10

Der Rationalist

Beschreibung	Konzentriert sich intensiv darauf, alles - auch Beziehungen - ausschließlich rational zu verarbeiten. Wird teilweise als kalt, distanziert und eingebildet wahrgenommen.
Eigenschaften	Starker, aktiver Verstand, der einen arroganten oder geheimniskrämerischen Eindruck machen kann. Behält vieles für sich; gewährt nur ausgewählten Menschen Einblick in seine Gefühle. Kann sich insbesondere für Ideen und Gedankengebilde begeistern. Zieht es vor, die verrückte Welt, die ihn umgibt, zu beobachten und mit etwas Abstand zu analysieren. Kann bei intensiver Konzentration jegliches Zeitgefühl verlieren. Starker Hang zu Skepsis und zum Debattieren.
Gedanken	Worauf es ankommt, ist der rationale Verstand. Gefühle lenken ab und sind irrelevant. Viele Menschen sind so irrational und denken so un-präzise. Die Gefühle und Bedürfnisse anderer lenken mich von meinen Vorhaben ab. Ich muss mich vor solchen Einflüssen abschirmen. Am wichtigsten sind mir Wissen, Begreifen und Erkenntnis.
Gefühle	Frustriert, wenn andere sich emotional und irrational verhalten. Schirmt Zeit für sich, Energie und Ressourcen sorgsam vor Fremdeinflüssen ab Fühlt sich anders, allein und missverstanden. Ist häufig skeptisch oder zynisch.
Rechtfertigende Lügen	Der rationale Verstand ist das Wichtigste. Man muss ihn vor dem überflüssigen Eindringen chaotischer Gefühle und Bedürfnisse anderer schützen, damit er vernünftig arbeiten kann.
Wirkung auf Sie und andere	Begrenzt die Tiefe und Flexibilität beruflicher und persönlicher Beziehungen, indem er Gefühle lieber analysiert als erlebt. Schüchtert weniger analytisch denkende Menschen ein.
Stärke	0 1 2 3 4 5 6 7 8 9 10

Der Angsthase	
Beschreibung	Ängstigt sich ständig vor allen erdenklichen Gefahren und konzentriert sich in erster Linie auf das, was schiefgehen könnte. Immer auf der Hut
Eigenschaften	Immer ängstlich, zweifelt stets an sich und anderen Extrem empfänglich für Gefahrensignale. Erwartet überall Gefahren oder Missgeschicke. Argwöhnisch in Bezug auf andere Erwartet, dass andere Menschen Probleme machen. Erhofft sich Sicherheit und Anleitung über festgelegte Prozesse, Regeln, Behörden oder Institutionen.
Gedanken	Wann geht wieder etwas schief? Wenn ich einen Fehler mache, wetzen bestimmt schon alle das Messer. Ich möchte den Menschen trauen, weiß aber nie, was sie im Schilde führen. Ich muss die Regeln kennen, auch wenn ich sie vielleicht nicht immer befolge.
Gefühle	Skeptisch, mitunter zynisch. Häufig ängstlich und übermäßig auf der Hut.
Rechtfertigende Lügen	Das Leben ist voller Gefahren. Wenn ich nicht nach ihnen Ausschau halte, wer dann? Die ständige Schwarzmalerei schadet der eigenen Glaubwürdigkeit. Mit der Zeit meiden andere den Angsthasen, weil seine starke Nervosität sie auslaugt.
Wirkung auf Sie und andere	Das Leben des Angsthasen ist ein hartes Leben Die Dauerangst verbraucht viel vitale Energie, die Sie sinnvoller einsetzen könnten.
Stärke	0 1 2 3 4 5 6 7 8 9 10

Der Rastlose

Beschreibung	Ruhelos. Immer auf der Suche nach noch mehr Auf-regung beim nächsten Vorhaben oder ständig beschäf-tigt. Selten zufrieden mit dem, was er gerade tut.
Eigenschaften	Leicht ablenkbar und mitunter zerstreut. Hat immer etwas zu tun, jongliert mit vielen verschiedenen Aufgaben und Plänen. Sucht Aufregung und Abwechslung, nicht Bequem-lichkeit und Sicherheit. Weicht (fluchtartig) unangenehmen Gefühlen aus. Braucht ständig neue Stimulation.
Gedanken	Das hier erfüllt mich nicht. Das Nächste muss auf-regender sein Diese negativen Gefühle nerven. Ich muss mich auf etwas konzentrieren, das mich faszinieren kann. Warum kann keiner mit mir Schritt halten?
Gefühle	Ungeduldig mit dem, was aktuell geschieht. Fragt sich, was als Nächstes kommt. Hat Angst, bessere Erlebnisse zu verpassen. Fühlt sich unruhig und will immer mehr Optionen. Sorgt sich, dass die Beschäftigung mit einem unan-genehmen Gefühl dieses anwachsen lässt, bis es ihn überwältigt.
Rechtfertigende Lügen	Das Leben ist zu kurz. Man muss es voll auskosten Ich will nichts verpassen
Wirkung auf Sie und andere	Der oberflächliche Spaß und die Spannung verbergen beim Rastlosen seine angsterfüllte Flucht vor einem bewussten Leben im Hier und Jetzt-wozu auch die Auseinandersetzung mit unangenehmen Dingen gehören würde. Der Rastlose konzentriert sich nur ungern länger auf Themen und Beziehungen, die wirklich wichtig sind. Anderen fällt es schwer, mit der Hektik und dem Chaos mitzuhalten, die der Rastlose erzeugt, und daraufeine nachhaltige Beziehung aufzubauen.
Stärke	0 1 2 3 4 5 6 7 8 9 10

Der Kontrolleur

Beschreibung	Aus Angst erwachsenes Bedürfnis, das Kommando zu übernehmen und die jeweilige Situation im Griff zu haben, indem man das Handeln anderer dem eigenen Willen unterwirft. Wenn dies nicht möglich ist, reagiert der Kontrolleur hochgradig ängstlich und ungeduldig.
Eigenschaften	Starkes Bedürfnis, das Ruder in der Hand zu halten. Verbindet sich mit anderen lieber über Wettbewerb, Herausforderung, Körperkontakt oder Konflikte als durch sanftere Emotionen. Eigensinnig, provokant, direkt im Ausdruck. Bringt andere dazu, mehr zu tun, als sie von sich aus tun würden. Läuft zu Hochform auf, wenn es darum geht, das Unmögliche zu bewältigen. Wird durch Konflikte angeregt und verbindet sich dadurch mit anderen. Ist überrascht, wenn andere sich verletzt fühlen. Schüchtert andere ein. Seine oder ihre direkte Aus-drucksweise wird von anderen als Ärger oder Kritik empfunden.
Gedanken	Entweder habe ich das Steuer in der Hand, oder ich bin machtlos. Wenn ich hart genug arbeite, kann und sollte ich die Situation in den Griff bekommen, damit alles nach meinen Vorstellungen abläuft. Die anderen wollen, dass ich die Führung überneh-me. Sie brauchen
Gefühle	Bekommt große Angst, wenn es nicht so läuft, wie er oder sie will. Reagiert wütend und einschüchternd, wenn andere nicht mitmachen. Ungeduld gegenüber den Gefühlen und Vorgehensweisen anderer.
Rechtfertigende Lügen	Ohne mich würde hier kaum etwas funktionieren. Man muss die Leute antreiben. Wenn ich nicht bestimme, bestimmen andere über mich, und damit kann ich nicht leben.
Wirkung auf Sie und andere	Der Kontrolleur erzielt kurzfristige Resultate, doch die anderen fühlen sich dabei überwacht, reagieren widerspenstig und bekommen keine Gelegenheit, ihre eigenen Fähigkeiten auszuloten. Der Kontrolleur erzeugt zudem relativ viel Angst, denn viele Dinge im Beruf wie im Leben sind letztlich nicht kontrollierbar.
Stärke	0 1 2 3 4 5 6 7 8 9 10

Der Vermeider	
Beschreibung	Konzentriert sich extrem auf das Positive und das Angenehme. Meidet schwierige oder unangenehme Aufgaben und Konflikte
Eigenschaften	Konfliktscheu. Sagt Ja zu Dingen, die ihm oder ihr nicht wirklich gefallen. Spielt die Bedeutung realer Probleme gern herunter und versucht, andere abzulenken. Kann schlecht Nein sagen. Widersetzt sich anderen lieber auf passiv-aggressive Weise als direkt. Verliert sich in beruhigenden Gewohnheiten oder Routinearbeiten, schiebt lästige Aufgaben lieber auf.
Gedanken	Das ist einfach zu unangenehm. Wenn ich loslasse, erledigt es sich vielleicht von selbst. Wenn ich mich jetzt darum kümmere, werde ich jemanden verletzen. Das möchte ich lieber nicht. Wenn ich mit anderen streite, könnte meine Verbindung zu ihnen Schaden nehmen Ich bin so schön im Gleichgewicht, das will ich mir lieber nicht verderben. Lieber gebe ich nach, als eine Szene zu provozieren.
Gefühle	Versucht, ausgeglichen zu bleiben. Angst vor dem, was aufgeschoben oder vermieden wurde. Fürchtet eine Störung des hart errungenen inneren Friedens. Unterdrückt Ärger und Trotz.
Rechtfertigende Lügen	Als guter Mensch möchte ich andere nicht verletzen. Konflikte helfen nicht weiter. Es ist gut, flexibel zu sein. Jemand muss doch den Friedensstifter spielen.
Wirkung auf Sie und andere	Da bestehende Konflikte und negative Dinge geleugnet werden, hält sich der Vermeiden davon ab, diese ernsthaft zu bearbeiten und in ein Geschenk zu verwandeln. Gegenüber dem Schmerz taub zu sein ist etwas anderes, als zu wissen, wie man den Schmerz durchsteht und daraus Weisheit und Kraft schöpft. Was man vermeidet, geht nicht weg, sondern gärt weiter. Konfliktvermeidung macht Beziehungen oberflächlich. Die anderen vertrauen einem weniger, weil sie nicht sicher sind, wann man ihnen negative Informationen vorenthält.
Stärke	0 1 2 3 4 5 6 7 8 9 10

Die Lüge aufdecken

Die häufigste skeptische Bemerkung, die ich von ehrgeizigen Führungskräften höre, lautet: »Ich habe so viel erreicht, indem ich auf meinen
Richter gehört habe oder mich als Kontrolleur oder Perfektionist gezeigt
habe. So erziele ich nun einmal meine Ergebnisse. Warum sollte ich das
aufgeben?«

Den größten Schaden richtet ein Saboteur an, wenn er Sie überzeugt hat,
dass er Ihr Freund ist, und wenn Sie ihn daher zu Ihren engsten Vertrauten zählen. Jeder Saboteur kann sein Verhalten sehr vernünftig
rechtfertigen - er flüstert uns zu, auf welche Weise er uns unterstützt
und warum dies gut für uns ist -, aber seine Rechtfertigungen sind nichts
als gut maskierte Lügen. Zum Beispiel reden Richter, Kontrolleur, Arbeitstier und Perfektionist uns ein, dass wir uns ohne sie in faule, antriebslose Stubenhocker verwandeln würden, die alles mit sich machen
lassen. Es ist keine Lüge, dass sie uns und andere tatsächlich antreiben,
damit wir Erfolg haben und weiterkommen. Gelogen ist jedoch, dass
unser größter Erfolg nur auf ihrem Tun beruht. Diese Lüge sollten wir
genauer unter die Lupe nehmen.

Stellen Sie sich vor, Sie hätten gerade in einer wichtigen Angelegenheit
einen kostspieligen Fehler begangen. Ihr Richter macht Ihnen Vorwürfe
und erzeugt Gefühle wie Schuld, Ärger oder Reue. Seine unangenehmen
Urteile machen Ihnen zu schaffen und bescheren Ihnen vor Sorge über
das Geschehene und seine Folgen schlaflose Nächte. Vor lauter Schreck
arbeiten Sie doppelt so hart, damit dieser Fehler nicht noch einmal vorkommt. Beim nächsten Mal werden Sie also große Angst haben, bloß
nichts falsch zu machen. Vielleicht läuft es besser, aber emotional zahlen
Sie einen hohen Preis dafür. Zudem kann Ihre Anspannung dazu führen, dass Sie sich zwar ängstlich darauf konzentrieren, den ursprünglichen Fehler nicht zu wiederholen, dabei aber nun leichter neue Fehler
begehen.

Der Weise geht ganz anders vor. Er verhält sich zunächst einfühlsam
und redet Ihnen gut zu. Sie haben einen Fehler gemacht, sind aber trotzdem ein wunderbarer Mensch. Er gesteht Ihnen auch zu, sich selbst zu
bedauern - alle Menschen sind fehlbar. Er sagt uns, dass wir alles, selbst

unsere Fehler, durch die Art, wie wir damit umgehen, in ein Geschenk und eine neue Chance verwandeln können. Weil wir uns daraufhin besser fühlen anstatt getadelt, brauchen wir uns nicht so stark zu verteidigen und sind eher bereit, unseren Fehler genauer zu betrachten. Nur so können wir herausfinden, was wirklich los war und an welcher Stelle der Fehler passiert ist. Daraufhin zeigt uns der Weise vielleicht eine neue kreative Lösung dafür, wie wir es nächstes Mal besser machen und noch schlimmere Fehler verhindern können. Aus der Perspektive des Weisen heraus können wir leichter kreativ werden, weil sie die PQ-Regionen im Gehirn aktiviert und diese Hirnregionen viel fantasievoller als das Überlebenszentrum sind, in dem der Richter angesiedelt ist. Wenn wir den gesamten Prozess durchlaufen haben - Empathie entwickeln, sich ansehen, was geschehen ist, und kreative Lösungen finden -, haben wir mehr Energie, entschlossen zur Tat zu schreiten und es das nächste Mal besser zu machen. So werden weder Vitalität noch Energie auf Selbstvorwürfe oder persönliche Dramen verschwendet.

Sowohl die Saboteure als auch der Weise können zum Erfolg führen. Allerdings gehen sie dabei unterschiedlich vor. Die Saboteure drängen uns durch Gefühle wie Ärger, Reue, Angst, Furcht, Scham, Verpflichtung und so weiter zum Handeln. Der Weise hingegen aktiviert uns über Gefühle wie Empathie, Neugier, Kreativität, Freude am

Selbstausdruck, den Wunsch, etwas beizutragen, und die Begeisterung für die Handlung selbst. Möchten Sie lieber geschoben oder angezogen werden? Nur der Weise lässt Sie Erfolge erzielen, ohne dass Sie dafür Ihr Glück und Ihren Seelenfrieden opfern müssen.

Wie wichtig dieser Punkt ist, kann ich gar nicht genug betonen: Man kann sich einem Feind nicht stellen, solange man nicht sicher ist, dass er ein Feind ist. Solange also in meinem Kopf noch eine Stimme flüstert, dass ich ohne meinen Richter, Kontrolleur, Perfektionisten, ohne mein Arbeitstier oder einen anderen Saboteur nicht erfolgreich oder glücklich sein kann, kaufe ich ihnen ihre Lügen weiter ab. Der Weise ist weitaus scharfsichtiger, bewusster, agiler, wachsamer, kreativer, entschlossener und handlungsorientierter als jeder Saboteur. Achten Sie beim Weiterlesen darauf, ob das stimmt. Fragen Sie sich bei jeder beruflichen oder privaten Herausforderung, ob diese mit den Ressourcen Ihres Weisen nicht ausgezeichnet zu bewältigen wäre. Fallen Sie nicht länger auf die verführerischen Lügen der Saboteure herein. Das sind keine Freunde, und Sie brauchen sie auch nicht. Der Weise hat immer etwas Besseres zu bieten.

Die Saboteure schwächen

Das Geheimnis zur Schwächung Ihrer Saboteure liegt darin, sie nicht zu bekämpfen, jedenfalls nicht auf die übliche Weise. Was glauben Sie, was passiert, wenn Sie sich ärgern oder es Ihnen peinlich ist, dass Ihr Opfer, der Schmeichler oder der Rastlose mal wieder auftauchen? Sie verurteilen Ihren Saboteur und aktivieren und stärken damit den unangefochtenen Meistersaboteur, den Richter.

Die wirkungsvollste Vorgehensweise zur Schwächung der Saboteure besteht darin, ihre Gedanken und Gefühle, wann immer sie sich zu Wort melden, einfach nur zu beobachten und einzuordnen. Eckhart Tolle verwendet für dieses Phänomen eine passende Metapher. Er sagt, der »Egogeist« - Tolles Oberbegriff für alle Saboteure - sei wie ein Riesenschneemann, der unter dem Licht des Bewusstseins dahinschmilzt[18]. Zur Schwächung der Saboteure kommt es also darauf an, sie ins Flutlicht des Bewusstseins zu rücken, indem man sie schlichtweg beobachtet und benennt, sobald sie sich zeigen.

Die Beobachtung und Benennung der Saboteure fällt vielen Menschen leichter, wenn sie ihnen persönlichere Beschreibungen oder Namen zuordnen. Ich selbst bezeichne meinen Richter gern als den »Henker« und meinen Rationalisten als den »Roboter«. Andere nennen ihren Richter »Darth Vader«, ihren Perfektionisten »Meckerliese«, ihren Kontrolleur den »Sklaventreiber«, ihr Arbeitstier den »Workaholic« und das Opfer die »Märtyrerin«. Wählen Sie den Begriff, der Ihnen am passendsten erscheint.

Sie könnten beispielsweise feststellen, dass Ihr Hauptkomplize der Kontrolleur ist und ihn den »Sklaventreiber« taufen. Wenn Sie dann in einer Besprechung sitzen, und Ihr alter »Freund«, der Kontrolleur, taucht auf, beobachten Sie seine sabotierenden Gedanken und benennen diese, indem Sie sich sagen: »Der Sklaventreiber besteht darauf, dass es nur so geht und nicht anders.« Oder Sie beobachten und benennen die Gefühle, die daraus erwachsen: »Der Sklaventreiber hat Angst und ärgert sich, dass diese Besprechung nicht nach Wunsch verläuft.« Das alles läuft im Hinterkopf ab und erfordert wenig Zeit und Aufwand. Es geht ganz schnell, fast wie das Abstempeln eines Passes.

Sie fragen sich vielleicht, warum das bloße Beobachten und Benennen eine große Wirkung auf Sie haben soll. Es ist aber so, und dafür gibt es einen Grund: Den größten Schaden richten die Saboteure an, solange sie ihr Werk unbemerkt verrichten, indem sie sich als Freund tarnen oder vorgeben, sie wären das wahre Selbst. Wenn man sie beobachtet und benennt, fliegt die Tarnung auf, und ihre Stimme wird unglaubwürdig. Es besteht ein Unterschied zwischen der Aussage: »Ich glaube nicht, dass ich das kann«, und der Erkenntnis: »Der Richter glaubt nicht, dass ich das kann.« Im Licht des Bewusstseins schmilzt der Schneemann.

In Teil IV lernen Sie die zusätzliche Technik, jede Sichtung eines Saboteurs als Erinnerung für eine Zehn-Sekunden-Übung zur PQ-Aktivierung einzusetzen. Dieses Vorgehen beschleunigt das Verschwinden der Saboteure, weil es den Teil des Gehirns zum Schweigen bringt, der sie erstarken lässt.

Frage

Anfangs dient ein Saboteur einem Zweck. Er soll unser körperliches oder emotionales Überleben sicherstellen. Wie haben Ihr Richter und sein Hauptkomplize Ihnen in Ihrer Kindheit beigestanden?

Kapitel 4

Der Richter als Meistersaboteur

In meiner gesamten Laufbahn als Coach habe ich keinen Klienten erlebt, dem nicht ein beharrlicher Richter zusetzte, auch wenn dieser Umstand vielen anfangs nicht bewusst war. Ihr Richter ist Ihr Intimfeind Nummer eins. Er beeinflusst Gesundheit, Erfolg und Glück weit stärker, als jeder offene Gegner es je tun könnte.

Diese verblüffend destruktive Sabotage gelingt dem Richter, indem er uns durch ständige Fehlersuche an uns, den anderen und den Umständen dazu bringt, negativ zu denken und unglücklich zu sein. Dabei gibt er sich als betont vernünftig aus und behauptet, nur helfen zu wollen. Der Richter weiß, wie man sich am besten versteckt, und kann sich so unsichtbar machen, dass wir von seiner Existenz gar nichts ahnen. Deshalb war die abrupte Enttarnung meines brutalen Richters an jenem Tag in der MBA-Gruppe ein solcher Schlag für mich. Für andere war er offensichtlich, für mich jedoch nicht erkennbar.

In diesem Kapitel lernen Sie, wie man wahrnimmt, welchen Schaden der Richter anrichtet und mit welchen teuflischen, oft bestens getarnten Methoden er uns sabotiert. Sie lernen auch, wie man den Richter an seinem Auftreten und über die von ihm ausgelösten Gefühle besser erkennt, wir werden also sozusagen das Fahndungsfoto entwickeln. Das Wissen, wann der Richter zutage tritt, versetzt Sie in die Lage, ihn bei seinen Sabotageakten zu identifizieren und zu benennen. Das ist der Schlüssel zu seinem Machtverlust und der Steigerung Ihres PQ.

1.Sich selbst verurteilen

Am liebsten sabotiert uns der Richter, indem er uns dazu verleitet, uns selbst zu verurteilen. Wie bei den meisten Menschen hat auch mein Richter sich schon in der frühen Kindheit bei mir eingenistet. Als ich erwachsen war, war er so sehr Teil meiner Denkweise geworden, dass ich seine Stimme für meine eigene hielt. Und was er über mich zu sagen hatte, war nicht besonders schmeichelhaft. Obwohl ich über Jahre fast überall zu den Besten gezählt hatte, diverse Abschlüsse renommierter Universitäten vorweisen konnte und in bedeutenden Organisationen wichtige Positionen erreicht hatte, vernahm ich in mir eine Stimme, die unablässig darauf beharrte, dass ich immer noch nicht ihrem Ideal entsprach. Dieses Urteil hatte sowohl erhabene als auch völlig lächerliche Inhalte. Mal schämte ich mich, dass ich nicht die Welt verändert hatte, mal fragte ich mich, ob angesichts meiner beginnenden Glatze wohl überhaupt noch einmal eine Frau mit mir ausgehen werde. Wo ich auch auftauchte, immer war diese Stimme dabei, die mir weismachte, dass ich »nicht gut genug« war.

Die Konfrontation in besagtem MBA-Kurs hatte mich zwar in Bezug auf meine Urteile über andere nachhaltig wachgerüttelt, aber der Schaden, den mein Richter bei mir selbst anrichtete, war mir noch immer nicht bewusst. Den ersten Einblick in den universellen und zerstörerischen Einfluss, den der Richter auf das eigene Selbst hat, gewann ich im ersten Jahr meines Betriebswirtschaftsstudiums an der Business School. Nachdem ich praktisch mein Leben lang zu den Besten meines Jahrgangs gehört hatte, fand ich mich plötzlich inmitten von 320 anderen wieder, die ähnliche Leistungen vorzuweisen hatten. Die Euphorie über meine Aufnahme an einer erstklassigen Universität wich rasch dem Eindruck, die einzige Fehlentscheidung der Zulassungsstelle gewesen zu sein. Wohin ich auch sah, überall fand ich die Leistungen und Fähigkeiten der anderen viel beeindruckender als meine Eigenen. Meine zahlreichen Schwächen waren mir deutlich bewusst. Das führte natürlich dazu, dass ich mich besonders bemühte, so zu tun, als würde ich ganz selbstverständlich dazugehören.

Mit der Zeit fielen mir dann an vielen Kommilitonen Hinweise auf eine ähnliche Unsicherheit auf. Mit Beginn des zweiten Studienjahres hatten diese Beobachtungen dazu geführt, dass mein Urteil über mich selbst weniger hart ausfiel. Allmählich fragte ich mich, welch hohen Preis ich in Form von überflüssigem Schmerz und Leid im ersten Jahr bezahlt hatte. Als ich die Panik und die Unsicherheit auf den Gesichtern der neuen Erstsemesterstudenten bemerkte, wurde mir klar, dass dieses Phänomen sich gerade wiederholte. Ich beschloss, das Risiko einzugehen, den anderen einen Einblick in meine Gefühle der Unzulänglichkeit zu gewähren, um ihnen zu zeigen, wie verbreitet diese Perspektive ist. Deshalb verfasste ich einen eng beschriebenen, fünfseitigen Brief, machte 320 Kopien davon und steckte an einem Oktoberwochenende jedem Studienanfänger einen solchen Brief ins Postfach. Es folgte eine unruhige Nacht, in der ich mich fragte, mit welchen Reaktionen ich wohl am nächsten Morgen zu rechnen hätte. Wenn ich falschlag, hatte ich mich - da ich den Brief persönlich unterschrieben hatte - als der unsicherste Student der ganzen Fakultät geoutet und würde in dieser verschworenen Gemeinschaft, die für meine Zukunft so wichtig war, viel an Glaubwürdigkeit einbüßen. Doch bald stellte sich heraus, dass die Reaktionen meine kühnsten Hoffnungen überstiegen. Der Brief sprach so viele Menschen an, dass mein eigenes Postfach vor Dankesbriefen überquoll. Die anderen waren erleichtert, dass ihre Zweifel und ihre Selbsteinschätzung nicht gerechtfertigt waren und dass sie damit keineswegs allein dastanden.

Mehr noch: Ein Jahr später wiederholte dieser Jahrgang meine Aktion und steckte wiederum allen Erstsemestern Kopien von meinem Begrüßungsbrief ins Postfach. Anlässlich der Feier meines 20-jährigen Examens erzählte mir schließlich ein Mitglied der Fakultät, dass mein Brief in den letzten 20 Jahren zu einer Tradition geworden war, ein jährliches Geschenk der höheren Semester an die von Selbstzweifeln gebeutelten Anfänger. Das vermittelte mir den ersten Eindruck davon, dass die destruktive Macht des Richters ein weit verbreitetes Phänomen ist, das die meisten Menschen dennoch denken lässt, dass sie alleine betroffen sind.

Danach arbeitete ich viele Jahre als Coach und Seminarleiter und eignete mir in dieser Zeit ein immer tieferes Verständnis dieses Themas an. Auf einem zweitägigen Führungskräftetraining mit rund 100

Geschäftsführern und Vorstandsvorsitzenden teilte ich an einem bestimmten Punkt Karteikarten aus und bat die Teilnehmer, anonym etwas Wichtiges über sich selbst darauf zu notieren, das sie immer für sich behalten hatten, weil sie sonst womöglich nicht mehr glaubwürdig, anerkannt oder respektiert gewesen wären. Nachdem ich die Karten zurückerhalten und gemischt hatte, begann ich, sie laut vorzulesen. Viele Anwesende fühlten sich ihrer Position nicht gewachsen, glaubten, sie nicht verdient zu haben, oder hatten Schuldgefühle gegenüber ihren Mitarbeitern, Kindern oder Partnern. Sie fürchteten, nicht kompetent genug zu sein, und meinten, sie hätten immer nur Glück gehabt. Sie hatten Angst, dass etwas an ihnen grundsätzlich nicht stimmte oder dass das ganze Kartenhaus irgendwann in sich Zusammenstürzen könnte. Nachdem ich alle Karten vorgelesen hatte, herrschte fassungsloses Schweigen. Viele sagten, ihnen wäre eine Last von der Seele genommen worden, weil sie zum ersten Mal begriffen hatten, dass sie mit ihren Selbstzweifeln keineswegs allein waren.

Die meisten erfolgreichen, fleißigen Menschen werden insgeheim von ihren eigenen Richtern gemartert, auch wenn andere das selten mitbekommen. Nach außen präsentieren wir uns gegenseitig eine glückliche, zuversichtliche Fassade.

Diese Erkenntnis verwandelte auch mich von Grund auf. Zum ersten Mal im Leben kam ich mir »normal« vor. Mir wurde bewusst, dass der Richter und die Unsicherheit, die er erzeugt, in jedem Menschen ihr Unwesen treiben. Wenn ich heute mit Menschen zu tun habe, frage ich mich nicht mehr, ob sie einen gemeinen inneren Richter mit sich herumschleppen, sondern eher, wie er sich versteckt und dieser Person schadet.

Während meiner aktiven Zeit als Coach habe ich festgestellt, dass Menschen mit den Unsicherheiten, die ihr Richter erzeugt, unterschiedlich umgehen. Das liegt daran, dass die eigenen Richter auf verschiedene Komplizen zurückgreifen. Larry zum Beispiel, der eine Produktionsanlage im Mittleren Westen leitete, überhäufte sich mit Arbeit, um sich vor diesen quälenden Stimmen abzuschirmen. Er hatte panische Angst davor, einmal nichts zu tun. Mary hingegen, die einer Marketingagentur vorstand, drehte den Spieß um und gab sich arrogant, überlegen und unverwundbar, um jegliche Unsicherheit zu verbergen. Peter, der Chef einer höchst erfolgreichen Telekommunikationsgesellschaft, hatte sich angewöhnt, sich in Selbsturteilen zu suhlen und sich insgeheim zu quälen, obwohl er nach außen hin stets Selbstvertrauen demonstrierte. Dieses Doppelleben war mit viel Stress verbunden, der zu schlaflosen Nächten und immer häufigeren körperlichen Zusammenbrüchen führte. Catherine war für die Geschäftsabläufe einer weltweit agierenden Softwareschmiede zuständig. Sie versuchte, ihre Selbstzweifel in einem inneren Tresor wegzusperren, hatte jedoch ständig Angst, sich und anderen eines Tages eingestehen zu müssen, wie mangelhaft sie tatsächlich war. Daher reagierte sie überaus heftig auf jeden Anflug von Kritik. Wie wir mit dem Richter umgehen, ist also unterschiedlich und nicht immer so klar ersichtlich wie in diesen Beispielen. Dennoch ist er immer da und verrichtet sein zerstörerisches Werk.

Warum liebe ich dich?

Die schädlichste Lüge des Richters ist, dass wir es nicht würdig sind, Liebe und Respekt zu empfangen, einfach nur weil wir sind, wer wir sind. Stattdessen zwingt er uns dazu, uns dafür ständig anzustrengen. Das ist das Konzept der »bedingten Liebe«. Die meisten Menschen wachsen damit auf, dass Liebe Bedingungen unterliegt. Wir bekommen sie, solange wir brav sind oder etwas leisten. So gewöhnen wir uns an, an unsere Selbstliebe dieselben Maßstäbe anzulegen. Aber bedingte Liebe ist keine echte Liebe. Sie ist nur eine Belohnung für gutes Benehmen.

Angesichts des allgegenwärtigen Richterspielchens der bedingten Liebe habe ich mit meinem Sohn ein ganz anderes Spiel eingeübt, mit dem ich verhindern möchte, dass er einen starken Richter entwickelt. Ich fange an, indem ich ihn kitzle und ihm sage, dass ich erst aufhöre, wenn er mir die richtigen Antworten gibt. Diese Antworten hat er im Laufe der Jahre gelernt. Der Dialog beim Kitzeln verläuft folgendermaßen, und ich höre nur so lange auf, dass er durchatmen und antworten kann:

Ich: »Kian, weißt du, warum ich dich so liebe?«

Kian: »Nein, Papa, das weiß ich nicht.«

Ich: »Vielleicht weil du toll aussiehst?« (Er sieht wirklich gut aus!)

Kian: »Nein, Papa, nicht weil ich so toll aussehe.«

Ich: »Vielleicht weil du so schlau bist?«

Kian: »Nein, Papa, nicht weil ich schlau bin.«

Ich: »Vielleicht weil du so schön deine Hausaufgaben machst und gute Noten schreibst?«

Kian: »Nein, Papa, nicht wegen der Hausaufgaben und der Noten.«

Ich gehe die ganze Liste durch - dass er nett und großherzig ist, ein guter Sportler, sensibel und nachdenklich und so weiter. Irgendwann tue ich so, als gäbe ich mich geschlagen.

Ich: »Warum dann, Kian? Warum liebe ich dich so sehr?« Inzwischen kennt Kian die Antwort darauf (und spricht sie voller Selbstsicherheit aus): »Papa, weil ich ich bin.«

Manchmal bitte ich Kian, mir noch einmal zu erklären, was das bedeutet. Er sagt dann, dass meine Liebe für ihn nicht davon abhängt, was er tut. Sie gilt seinem Wesen, dem Kind, das mich am Tag seiner Geburt fragend gemustert hat. Er weiß, dass das, was ihn ausmacht, immer liebenswert ist. Er braucht sich niemals zu sorgen, dass er diese Liebe verlieren könnte, ganz gleich, ob er Erfolge verzeichnen kann oder scheitert, und unabhängig vom Auf und Ab des Lebens.

Selbsterfüllende Prophezeiungen

Dem Richter geht bei solchen Unterhaltungen natürlich der Hut hoch. Er meldet sich mit unheilvollen Wertungen wie: »Auf diese Weise wird dein Kind faul und unverantwortlich. Wenn sein Handeln deine Gefühle nicht beeinflussen kann, warum sollte er sich dann um etwas bemühen?« Kennen Sie solche Gedanken? Können Sie sich selbst bedingungslose Liebe entgegenbringen? Wie gerne haben Sie sich am Ende eines miesen Tages, an dem Sie schreckliche Fehler mit unangenehmen Folgen gemacht haben?

Warnt Ihr Richter Sie, dass Sie sich in einen trägen, antriebslosen, unberechenbaren, duldsamen oder selbstsüchtigen Menschen verwandeln würden, wenn er Ihnen nicht ständig in den Hintern träte? Das ist eines seiner Lieblingsargumente, mit dem er sich seine Macht bewahrt. Aber es ist eine durch und durch zynische Einstellung, dass Sie, oder der Mensch als solcher, nur unter Druck, aus Angst vor Schuld- und Schamgefühlen oder vor negativen Folgen das Richtige tun. Dieser zynische Gedankengang ignoriert das enorme, nicht ausgeschöpfte Reservoir des Weisen in uns und damit den Urgrund unseres Wesens.

Das ist ein weiteres Beispiel für den Unterschied zwischen dem Weisen, der uns anzieht, und den Saboteuren, die uns vorwärtsdrängen. Während der Richter uns mittels Drohungen, Angst, Scham oder Schuldgefühlen zum Handeln bringen will, lockt uns der Weise: durch die Vorfreude auf Entdecker glück, durch das tief verwurzelte menschliche Bedürfnis, einen Sinn im Leben zu finden und selbst etwas zu bedeuten, durch die Freude an Kreativität und Möglichkeiten, durch die Sehnsucht im Herzen, sich mit anderen zu verbinden, Liebe zu geben und zu empfangen, durch Wertschätzung für das Mysterium des Lebens und durch den Wunsch nach einem klaren Vorgehen, um das gewünschte Ziel zu erreichen.

Sowohl der Blickwinkel des Richters als auch der des Weisen sind selbsterfüllende Prophezeiungen. Jeder von uns ist eine bunte Mischung, hat gute und schlechte Eigenschaften, ist Heiliger und Schurke zugleich. Welche unserer Seiten gerade zum Vorschein kommt, wird durch unsere jeweilige Sichtweise bestimmt, die der Saboteure oder die des Weisen. Welche würden Sie für sich wählen? Für die Menschen in Ihrer Firma und in Ihrem Team? Für Ihre Partnerin oder Ihren Partner und die Kinder? Solange Sie Ihren Richter, den Vorkämpfer der Saboteure, nicht beherrschen, trifft er die Entscheidung.

2. Über andere urteilen

Die zweite Sabotagemethode des Richters ist sein Urteil über andere. Bei persönlichen oder beruflichen Konflikten, oder in Gruppenkonflikten im Allgemeinen, spielt der Richter eine zentrale Rolle.

Dieses Phänomen lässt sich am einfachsten anhand einer privaten Beziehung verdeutlichen und dann auf die berufliche Umgebung übertragen. Als Beispiel wähle ich John, einen Manager, der sich von mir beraten ließ, und seine Frau Melody. In der romantischen Phase der ersten Verliebtheit hatten sie in der euphorischen Energie des Weisen geschwelgt, und die Saboteure waren an den Rand gedrängt worden. Daher konnten sich viele Eigenschaften des Weisen zeigen. Sie waren ehrlich neugierig aufeinander, offen für Neues, am Denken und Fühlen des anderen interessiert, und sie vertrauten dabei auf die geheimnisvolle Weisheit der Umstände, welche sie zusammengeführt hatten. Es war eine wunderbare Zeit gewesen, in der Johns Weiser die Weise in Melody sehen konnte und umgekehrt. Wie so häufig hatte die Energie des Weisen beim einen auch die Energie des Weisen im anderen gestärkt und ermuntert. In einer virtuosen Dynamik der gegenseitigen Verstärkung holten sie jeweils das Beste aus dem anderen heraus, indem sie auch sich selbst nur von ihrer besten Seite zeigten. Alles war fantastisch. Es gab nichts, was nicht liebenswert gewesen wäre.

Wie wir jedoch wissen, gefällt es den Saboteuren gar nicht, lange außen vor zu bleiben. Irgendwann begann John zu urteilen und ärgerte sich über Melodys ängstliches Kontrollverhalten (ihre Kontrolleurin). Anfangs reagierte er nur leicht irritiert, dann immer stärker. Das brachte seinen zweiten starken Saboteur ins Spiel (das Opfer), der immer häufiger in Selbstmitleid darüber versank, womit er es als Partner von Melody aushalten musste. Johns Opfer wiederum rief Melodys Richterin auf den Plan, und bald fragte sie sich, ob sie diesen neuen John noch respektieren konnte. Sie griff zu ihrer Lieblingsstrategie gegen unerwünschte Gefühle: Sie aß immer mehr und war ständig beschäftigt (die Rastlose). An diesem Punkt hatten die Richter der beiden die Herrschaft übernommen, reagierten auf die Saboteure des anderen und leugneten ihren eigenen Anteil am Auslösen dieser Saboteure. Der aufzehrende Teufelskreis der Saboteure hatte eingesetzt, und die beiden Partner brachten jeweils das Schlimmste im anderen zum Vorschein. Beide begannen sich zu fragen, was sie eigentlich einmal zu dem anderen hingezogen hatte. Da es für sie unmöglich war, die Saboteure des anderen zu lieben, fragten sich beide, ob der andere sich verändert hatte.

Tatsächlich hatte sich keiner von beiden verändert. John war schon immer eine Mischung aus seinen Saboteuren und dem Weisen gewesen und wird es auch immer bleiben, selbst wenn er mit der Zeit lernt, seine Saboteure besser im Zaum zu halten. Dasselbe gilt für Melody. Und es gilt auch für mich, für Sie und für jeden Menschen auf diesem Planeten. Der Richter macht Ärger, denn er bringt uns dazu, nur noch die Saboteure des anderen zu sehen. Diese einseitige Ausrichtung wird zur selbsterfüllenden Prophezeiung, wenn der eigene Richter die Saboteure des anderen in Gang setzt und verstärkt. Für den eigenen Richter ist das wiederum die Bestätigung, dass er die ganze Zeit Recht hatte. Denn er würde niemals akzeptieren, dass er selbst Verantwortung dafür trägt, dass die Saboteure des anderen aktiviert und gestärkt wurden. Tatsächlich jedoch sind wir mitverantwortlich dafür, welche Seite ein Mensch hervorkehrt, wenn er mit uns zu tun hat.

Natürlich gehen Beziehungen durch Höhen und Tiefen, gute und schlechte Zeiten. Als Faustregel jedoch können Sie davon ausgehen, dass bei einem erschöpfenden, zähen Streit mit Kollegen, Partnern, Mann, Frau oder Kind mit hoher Wahrscheinlichkeit der Richter in Ihnen eifrig damit beschäftigt ist, den anderen zu verurteilen, und umgekehrt. Das gilt selbstverständlich insbesondere dann, wenn Sie zu 100 Prozent sicher sind, dass Sie Recht haben und dass bei der ganzen Geschichte ausschließlich der andere die Schuld trägt.

Bei privaten Beziehungen springt also sofort ins Auge, was der Richter anrichtet, doch auch bei Spannungen und Konflikten am Arbeitsplatz spielt er eine zentrale Rolle. Ich treffe selten Teams an, die sich nicht ständig durch die Urteile der jeweiligen Teammitglieder übereinander selbst sabotieren. In manchen Teams ist das aufgrund massiver Konfrontationen klar ersichtlich, in anderen verlaufen solche Prozesse eher unterschwellig und indirekt. Bis die Teammitglieder ihre Richter wirklich beherrschen, können die zahlreichen Richter im Raum erhebliche, anhaltende Reibung hervorrufen, die viel Vertrauen kostet, Energie verschwendet, den Stress erhöht und die Produktivität einschränkt. Wie hoch würden Sie den Schaden bemessen, den Ihnen das Urteilen über andere am Arbeitsplatz oder privat zufügt?

3. Den Umständen die Schuld geben

Die dritte und letzte Methode, mit der der Richter uns zusetzt, ist die Beurteilung der Umstände und Ereignisse im Leben als mangelhaft. Dies erzeugt eine der größten und destruktivsten Lügen des Richters: »Du wirst glücklich sein, wenn ...«

Viele Chefs, die ich berate, sind Mitte 40 bis Anfang 50 und zeigen Anzeichen einer Midlife-Crisis. Am schlimmsten betroffen sind ironischerweise diejenigen, die viele ihrer ursprünglichen Ziele erreicht haben. Dabei geht es häufig um finanziellen Erfolg oder darum, auf dem Gipfel der eigenen Laufbahn zu stehen. Die Krise erwächst daraus, dass diese lang ersehnten Ziele endlich erreicht werden und einem dann klar wird, dass das Glück, das damit einhergehen müsste, sich nicht einstellt. Im Zentrum der Midlife-Crisis steht die Frage: »Kann mir überhaupt irgendetwas den Frieden und das Glück bringen, denen ich so viele Jahre nachgejagt bin?« Diese Jagd wurde natürlich vom Richter inszeniert, der einem vorgaukelt: »Du wirst glücklich sein, wenn ...«

Wer diese Lüge näher unter die Lupe nimmt, wird sehen, dass sie eigentlich aus zwei Einzellügen besteht. Die erste ist, dass wir unter den gegenwärtigen Umständen nicht glücklich sein können. Auf dieser Lüge beruht bereits ein Großteil unseres Unglücks. Sie setzt ein »Wenn« vor das mögliche Glück: Wenn ich die erste Million auf dem Konto habe, wenn ich befördert werde, wenn ich meinen eigenen Betrieb leite, wenn die Kinder groß sind und ihre Ausbildung beginnen, wenn ich in Rente gehe und so weiter.

Die zweite Lüge besteht darin, dass dieses »Wenn« eher ein bewegliches Ziel ist als ein festes Versprechen. Bei der ersten Million gestattet der Richter uns nämlich nur ein kurzes Atemholen oder eine kleine Feier, ehe er uns davon überzeugt, dass wir nicht wirklich glücklich sein können, ehe wir auch noch ein Ferienhaus haben, so wie unsere beste Freundin von früher. Schließlich sind wir genauso klug wie sie, und es wäre nur fair, hätten wir auch eines! In dem Moment, wo die Bedingung erreicht ist, wird das »Wenn« neu verhandelt. Jahr für Jahr sterben Millionen Menschen, die immer noch darauf warten, ihr letztes »Wenn« zu erreichen. Dieses unbeständige Ziel ist eine Fata Morgana und eine

Schlüsseltechnik des Richters, der damit für ewige Unzufriedenheit sorgt.

Das Faszinierende daran ist, dass jedes derartige »Wenn« nicht auf objektiven Kriterien beruht, sondern auf völlig willkürlichen, relativen Vergleichen. Wie absurd dieses Phänomen ist, erlebte ich in der zweiten Hälfte der 90er Jahre in San Francisco, im Epizentrum des Dotcom-Booms, wo ich mit ansah, wie bestens ausgebildete, sehr erfolgreiche Menschen jegliches Augenmaß verloren und zuließen, dass ihre Richter die »Wenn«-Ziele in absurde Höhen schraubten.

Peter, ein Unternehmer, der einmal angekündigt hatte, sich mit zehn Millionen Dollar gemütlich zur Ruhe zu setzen, wies ein Angebot von 125 Millionen Dollar für seine Firma brüsk zurück. Der Grund? Sein Studienfreund hatte sein Unternehmen für 330 Millionen veräußert und reiste jetzt im Privatjet durch die Welt. Nach kurzem Überschlagen hatte Peter beschlossen, dass der Lebensstil, der jetzt greifbar nahe schien - mit Privatjet und Ferienhäusern auf der ganzen Welt —, mehr als 125 Millionen Dollar erforderte. Deshalb reichte dieses Angebot ihm nicht. Ein Jahr später musste er miterleben, wie der Wert seiner Firma ins Bodenlose stürzte, und schließlich Konkurs anmelden. Da passte sein Richter das »Wenn« wieder an. Nun konnte er froh sein, wenn er seine Schulden los war, mit zehn Millionen davonkam und wieder etwas Ansehen in seinem Arbeitsfeld gewann. Kürzlich begegnete ich Peter auf einer Konferenz. Er ist noch immer auf der Jagd nach seinem neuen »Wenn«-Ziel, den zehn Millionen Dollar. Selbst nach all diesen Jahren mischte sich immer noch das bedauernde Seufzen des Richters in seine Worte, als er von seinem Leben erzählte. Dass er mit seinem Verdienst und der entsprechenden Lebensweise nach wie vor über 99 Prozent seiner Landsleute überflügelt hatte, war ihm nicht bewusst.

Peters Richter saß also nach wie vor am Ruder und jagte das neue »Wenn«.

Ich habe viele solcher Menschen kennengelernt. Jackson war 45 Jahre alt und hatte immer darauf hingearbeitet, sich mit 60 zur Ruhe zu setzen. Plötzlich hatte er das Gefühl, ein Versager zu sein, weil sein Nachbar während des Dotcom-Booms den großen Reibach gemacht hatte und schon mit 42 Jahren nicht mehr arbeiten musste. Und dann war da noch Allison, die Marketing-Leiterin, die ursprünglich damit zufrieden gewesen war, in einer Firma, in der sie gut behandelt wurde, allmählich aufzusteigen. Plötzlich kam sie sich wie eine Versagerin vor, weil sie nicht auf den gleichen Zug aufgesprungen war wie einer ihrer jüngeren Kollegen, der mit einem Startup-Unternehmen reich wurde. Tim hingegen leitete einen überaus renommierten, klassischen Baukonzern, doch mit einem Mal hatte er nicht mehr das Gefühl, ganz oben zu stehen, sondern kam sich vor wie ein veralteter Dinosaurier. Es ist verblüffend, mit welchen Tricks der Richter unser »Wenn« nachverhandelt.

In Teil III werden wir uns näher damit befassen, dass das »Wenn« für Glück und Frieden in der Tat jetzt ist, und zwar unabhängig von den beruflichen und persönlichen Umständen. Jedes andere »Wenn« ist eine Lüge des Richters. Der Weise hilft uns, Glück und Frieden zu empfinden, unabhängig von allem, was in unserem Leben gerade geschieht. Die Saboteure hingegen machen uns unter allen Umständen unzufrieden. Der Weise hat Recht: Es geht nicht um die Umstände. Es geht auch nicht um das »Wenn«. Es geht darum, wer uns seine Interpretation der Umstände ins Ohr flüstert (oder kreischt).

Denken Sie an die »Wenns«, die Sie sich irgendwann einmal gesetzt und dann erreicht haben. Wie lange hat das Glück gehalten, ehe Sie (Ihr Richter) ein neues »Wenn« gesetzt haben? Welchem »Wenn« jagen Sie derzeit nach, um Glück und Frieden zu spüren? Sind Sie bereit, dieses »Wenn« aufzugeben und ernsthaft daran zu glauben, dass Sie genau jetzt echten Frieden und wahres Glück in Beruf und Privatleben empfinden können?

Der Unterschied zwischen Urteilen und Wahrnehmen

Häufig wenden Menschen ein, dass sie ihren Richter benötigen, um keine Fehler zu machen, um Menschen auch einmal zurechtzuweisen oder Angestellten zu kündigen, die ihren Job nicht gut machen. Ohne ihn könnten sie nicht Nein sagen, auch wenn es nötig wäre, würden nicht rechtzeitig eingreifen und so weiter. Wer so etwas sagt, verwechselt kluge Wahrnehmung mit Urteilen.

Wenn jemand die Projektunterlagen zum fünften Mal verspätet vorlegt, können wir dies einfach registrieren und daraus folgern, dass er ohne eine konkrete Veränderung vermutlich auch das nächste Projekt hinauszögert. Das ist Wahrnehmungsvermögen: Ich achte darauf, wie die Dinge wirklich sind. Nach einer derartigen Beobachtung kann man seinen Weisen aktivieren und überlegen, was nun erforderlich ist. Ich kann mich mit dieser Person hinsetzen, die Gründe für ihr Verhalten analysieren und prüfen, ob ich ihr helfen kann. Ich kann auch Alternativpläne erarbeiten, damit die Verspätung kein Problem für mich darstellt. Wenn alle Versuche, auf dieses Verhalten einzuwirken, nicht fruchten und der Mitarbeiter keine Anstalten macht, sich zu ändern, kann ich ihn entlassen. Bei jeder dieser Maßnahmen kann der Weise mir dazu verhelfen, dabei weder Ärger, Verachtung oder Enttäuschung zu empfinden noch Schuldzuweisungen vorzunehmen oder mich verraten zu fühlen.

Das Auftauchen derartiger negativer Gefühle ist ein Hinweis darauf, dass der Richter das Zepter in der Hand hält und wir gerade urteilen, anstatt wahrzunehmen. Achten Sie also immer auf die beteiligten Emotionen. Wenn Sie in aller Ruhe feststellen, was nicht funktioniert oder was schiefgegangen ist, um daraus zu schließen, wie es weitergehen soll, nehmen Sie wahr. Wenn Sie verstimmt, enttäuscht, ängstlich oder trotzig sind, urteilen Sie. Auf diese Weise trägt Ihr Richter viel zu Ihrer misslichen Lage bei. Ihr Leid wird nicht durch das erzeugt, was geschieht, sondern durch die Reaktion des Richters auf das Geschehen.

Den Richter schwächen

Was macht man nun mit einem derart diabolischen, allgegenwärtigen und schädlichen Feind, der seine Eigenschaften so geschickt tarnt? Wie bei jedem anderen Saboteur sollten Sie die Gefühle und Gedanken des Richters in erster Linie entlarven und etikettieren, sobald Sie diese bemerken.

Da der Richter mit seinem Urteil über uns selbst, über andere und die Umstände auf drei völlig unterschiedlichen Ebenen Schaden anrichtet, müssen wir uns unter Umständen für jede dieser Ebenen seine typischen Vorgehensweisen einprägen. Vielleicht wollen Sie Ihrem eigenen Richter auch eine persönliche Bezeichnung geben, die ihn greifbarer macht.

Ich selbst nenne meinen, wie bereits erwähnt, wegen seiner Gnadenlosigkeit den »Henker«. Andere sprechen von ihrem persönlichen »Berserker«, dem »Unersättlichen«, dem »Oberlehrer«, dem »Miststück«, dem »Besserwisser« oder dem »Miesmacher«. Der Name, den Sie wählen, sollte seiner wahren Natur entsprechen und kann natürlich auch weiblich sein. Wenn Sie nichts Passenderes finden, können Sie natürlich gern beim »Richter« bleiben.

Schon das Registrieren und Benennen Ihres Richters wird Ihr Leben nachhaltig verändern. Es liegt ein großer Unterschied zwischen der Aussage: »Ich schaffe das nicht«, und der Aussage: »Mein Richter glaubt, dass ich das nicht schaffe.« Oder zwischen: »Du machst mich absichtlich schlecht«, und: »Mein Richter sagt, du machst mich absichtlich schlecht.« Diese Aussagen haben eine ganz unterschiedliche Wirkung. Der Richter verliert an Glaubwürdigkeit und Macht, sobald Sie ihn als unwillkommenen Eindringling betrachten. Bisher genoss er Hoheitsrecht, galt als moralischer Maßstab, als Inbegriff von Intelligenz, Urteilsvermögen, Ehrgeiz oder Antrieb. Jetzt nicht mehr! Beobachten Sie den Richter und benennen Sie einfach das, was er tut.

Das ist der Anfang vom Ende derjenigen Prozesse, die Ihnen auf dem Weg zu mehr Glück und Erfolg immer wieder ein Bein stellen. Sie werden staunen, was Sie herausfinden, sobald Sie Ihren Richter genauer beobachten.

Frage

Was würde sich beruflich oder privat bei Ihnen ändern, wenn die Stimme des Richters deutlich leiser wäre?

Teil III

Strategie Nummer 2: Den Weisen stärken

In Teil III machen Sie sich mit der zweiten der drei Strategien zur PQ-Erhöhung vertraut: Den Weisen stärken.

Im Folgenden geht es um die Macht und die Weisheit, die in der Perspektive des Weisen verborgen liegen - im Gegensatz zur deutlich stärker verbreiteten Sichtweise des Richters.

Danach lernen Sie die fünf Stärken des Weisen kennen, mit deren Hilfe Sie alle Herausforderungen des Lebens meistern können.

Für jede Stärke wird ein kleines Spiel, eine Art »Weckruf«, vorgestellt, das diese spezielle Kraftquelle intensiviert und bei Bedarf leichter zugänglich macht.

Kapitel 5

Die Perspektive des Weisen

Als Coach bin ich relativ berechenbar und gehe nach einem klaren Schema vor. Wenn mich jemand in großer Not um Hilfe bittet, höre ich erst einmal zu und zeige, dass das Leid meines Gegenübers mich berührt. Bevor wir tiefer in die Diskussion einsteigen, stelle ich folgendes Schlüsselmerkmal der Positiven Intelligenz heraus: Alle unangenehmen Gefühle sind selbsterzeugt. Präziser ausgedrückt: Alle negativen Gefühle wie Angst, Enttäuschung, Stress, Ärger, Scham oder Schuld - also alles, was uns leiden lässt - stammen von unseren persönlichen Saboteuren.

Dieses Alles betone ich so sehr, weil ich festgestellt habe, dass Menschen unter dem Einfluss ihrer Saboteure gern zu verhandeln beginnen. Sie geben zwar zu, dass vielleicht ein großer Teil ihres Leids hausgemacht ist, doch das aktuelle Gefühl sei etwas anderes und angesichts der schwierigen Situation gerechtfertigt. Natürlich geht mir der Verlust meines wichtigsten Kunden an die Nieren! Natürlich ärgere ich mich, wenn ich ein wichtiges Projekt vermasselt habe! Natürlich bin ich immer wieder enttäuscht über meinen unfähigen Geschäftspartner und reagiere dann frustriert! Natürlich fühle ich mich gestresst, wenn ich in der derzeitigen Wirtschaftslage meinen Job und womöglich auch das Haus verlieren könnte! Und natürlich rege ich mich über das widerspenstige Verhalten meiner pubertierenden Kinder auf! Was sonst? Die Antwort lautet immer gleich: Bitten Sie Ihre innere Weisheit - die wir uns in Gestalt des weisen Begleiters oder der weisen Begleiterin vorstellen sich der Situation anzunehmen, und schon geht es Ihnen besser.

Ihr Weiser hat Zugang zu fünf zentralen Stärken: Empathie,

Forschergeist, Kreativität, innerer Kompass und Tatkraft. Mit diesen Stärken kann der Weise jede Feuerprobe nicht nur optimal bewältigen, sondern lässt uns dabei auch größtmögliche Zufriedenheit, Seelenfrieden und Glück empfinden.

Die fünf Stärken des Weisen werden wir im nächsten Kapitel genauer betrachten. An dieser Stelle konzentrieren wir uns ganz auf die Perspektive des Weisen, die dazu beiträgt, seine fünf Stärken zu vertiefen. Wir werden sehen, wie seine Sichtweise - im Gegensatz zur Sichtweise des Richters, der so viele unangenehme Gefühle hervorruft - selbst in der schlimmsten Krise innere Ruhe und gezieltes Handeln ermöglicht.

Zwei Einwände lasse ich gegen die Aussage, dass alle unangenehmen Gefühle von den Saboteuren erzeugt werden, gelten. Zum einen ist Trauern als Verhalten, mit dem der Verlust von etwas oder jemandem gewürdigt wird, ein natürlicher und gesunder Prozess. Zum anderen sind einige Sekunden Ärger, Enttäuschung, Schuld oder Scham als unmittelbare Reaktion auf ein Ereignis in Ordnung und entsprechen dem Schmerz, den wir verspüren, wenn wir an eine heiße Herdplatte fassen. Darauf gehe ich in Teil V näher ein. Ein kurzer körperlicher Schmerz soll uns darauf aufmerksam machen, die Hand wegzunehmen, um Schlimmeres zu verhüten. In ähnlicher Weise sollte auch ein kurzer seelischer Schmerz uns dazu veranlassen, den inneren Weisen zu rufen, damit wir die Situation ohne Gefühlschaos und die schädliche Wirkung der Saboteure bewältigen können. Auf den Weisen zu verzichten wäre dasselbe, wie die Hand auf der Herdplatte zu belassen und weiter den Schmerz zu fühlen, der anfangs hilfreich war.

Eine Frage der Perspektive

Wenn der Weise eine Situation betrachtet, akzeptiert er, was er sieht, anstatt es zu leugnen, zurückzuweisen oder der Situation zu trotzen. Der Weise sieht in jeglichem Ergebnis ein besonderes Geschenk und eine Chance. (Das betone ich so ausdrücklich, um auch das letzte Einfallstor für die Saboteure zu schließen.) Diese Aussage mag radikal klingen. Auf jeden Fall widerspricht sie vielen Überzeugungen des Richters, denen die meisten Menschen über Jahre oder Jahrzehnte anhängen. Der Richter ist der Meinung, dass viele Ergebnisse und Umstände schlecht sind, jedenfalls kein Geschenk, und dass es deshalb gute Gründe gibt, darüber unglücklich zu sein.

Ein chinesisches Gleichnis verdeutlicht den entscheidenden Unterschied zwischen der Sichtweise des Richters und der des Weisen:

Die Geschichte vom Hengst

Es war einmal ein alter Bauer, der mit seinem Sohn einen Hof bewirtschaftete. Der Bauer hatte einen schönen Hengst, den er hegte und pflegte.

Einmal führte der Bauer seinen Hengst auf den alljährlichen Pferdemarkt, und das Tier gewann den ersten Preis. Die Nachbarn kamen, um dem Bauern zu seinem großen Erfolg zu gratulieren. Da sagte er: »Wer weiß, was gut ist und was schlecht?« Die Nachbarn wunderten sich über diese Reaktion und gingen wieder.

Eine Woche später wurde der Hengst von Dieben, die von seinem Wert erfahren hatten, gestohlen. Als die Nachbarn kamen, um dem Bauern ihr Mitgefühl auszusprechen, fanden sie ihn ruhig und gefasst. Er sagte: »Wer weiß, was gut ist und was schlecht?«

Einige Tage später konnte der mutige Hengst den Dieben entwischen und fand zum Hof zurück. Unterwegs hatte er sich mit ein paar wilden Stuten angefreundet, die er gleich mitbrachte. Die Nachbarn liefen begeistert herbei und gratulierten, doch der Bauer sagte wieder: »Wer weiß, was gut ist und was schlecht?«

Ein paar Wochen darauf wurde der Sohn des Bauern von einer der Stuten abgeworfen, als er versuchte, sie zuzureiten, und brach sich das Bein. Als die Nachbarn kamen, um mit dem alten Mann zu klagen, erinnerte er sie erneut: »Wer weiß, was gut ist und was schlecht?«

In der folgenden Woche marschierte die kaiserliche Armee durch das Dorf und rekrutierte alle waffenfähigen jungen Männer für den Krieg, der gerade ausgebrochen war. Der Sohn des alten Bauern blieb wegen seines gebrochenen Beins verschont. Inzwischen wussten die Nachbarn, dass sie dem Mann nicht mehr zu gratulieren brauchten. Denn sie kannten seine Antwort: »Wer weiß, was gut ist und was schlecht?«

Wenn unser Richter etwas als »schlecht« einstuft, müssen wir diese Feststellung immer mit Skepsis aufnehmen - wenn nicht gar empört von uns weisen. Unser Richter redet uns ein, dass wir stets wissen, was gut und was schlecht ist, doch in Wahrheit ist es keineswegs so.

Die Perspektive des Richters ist eng begrenzt, ein echter Tunnelblick. Er reagiert auf die unmittelbare Wirkung von etwas und ignoriert dabei die längerfristigen Möglichkeiten, die leicht das Gegenteil ergeben könnten. Das Leben endet natürlich nicht mit der unmittelbaren Wirkung von etwas. Auch unsere Hengstgeschichte endet nicht dort, wo sie fürs Erste abbricht. Wer weiß, was als Nächstes geschieht? Vielleicht erkrankt der Sohn, den seine Verletzung zur rechten Zeit vor dem Militärdienst bewahrte, einen Monat später an der Pest, die sein Dorf heimsucht. Oder er findet seine Traumfrau, heiratet und zeugt ein Kind. Dieses Kind wird vielleicht ein großer Wissenschaftler, der viel Gutes bewirken kann. Vielleicht erweist es sich aber auch als geisteskrank und brennt das ganze Dorf nieder.

Als der Bauer sich weigerte, wegen des Diebstahls seines preisgekrönten Hengstes schlaflose Nächte zu verbringen, betrachtete er das Leben aus der Perspektive des Weisen, nicht durch den Tunnelblick seines Richters.

Ist der Weise aktiv oder passiv?

Die Geschichte vom Hengst vermittelt ein unvollständiges Bild von der Haltung des Weisen und kann in die Irre führen, wenn man sie wörtlich nimmt. Der Bauer glaubt einfach nur und wartet passiv darauf, dass etwas Schlechtes sich in etwas Gutes verwandelt. Das kann sich als ebenso fatalistisch und unpraktisch erweisen, wie auf der Couch zu sitzen, fernzusehen und zu hoffen, dass alles sich auf magische Weise von selber klären wird. In Wahrheit ist der Weise alles andere als passiv. Er ist der Ansicht, dass alles ein Geschenk und eine Chance ist, doch nicht im Sinne von Passivität und blindem Vertrauen. Vielmehr verwendet der Weise seine fünf großen Stärken, um seine Sichtweise in die Tat umzusetzen und aus einer zunächst widrigen Lage aktiv etwas Gutes zu machen. Wenn eine Handlung erforderlich ist, kann der Weise entschlossen alle nötigen Schritte einleiten. Dabei erzeugt er jedoch nichts von all dem Unbehagen, den Störmanövern oder den Ablenkungen des Richters oder der anderen Saboteure.

Viele spirituelle Traditionen empfehlen im Rahmen ihres Glaubens eine ähnliche Haltung. Sie lehren, dass alles im Leben seinen Grund hat und Teil des großen Geheimnisses unseres Lebens ist. Als jemand, der viele Agnostiker und Atheisten beraten hat, erwarte ich nicht, dass Sie die Sichtweise des Weisen aus spiritueller Überzeugung übernehmen. Doch unabhängig von der eigenen Weltanschauung ist sie die pragmatischste Vorgehensweise, weil sowohl der Weise als auch der Richter selbsterfüllende Prophezeiungen sind.

Angst, Enttäuschung, Frustration, Scham, Schuldzuweisungen und Schuldgefühle - die Lieblingsgefühle des Richters - sind nicht gerade die besten Antriebskräfte. Sie bringen uns zwar voran, erzeugen dabei aber jede Menge »Umweltverschmutzung« und überflüssige Reibung. Sobald Sie sich gestatten, die unangenehmen Gefühle des Richters zu spüren, werten Sie seine Sichtweise auf und verschwenden kostbare Momente Ihres Lebens mit Negativität. In Teil IV werden wir zudem sehen, dass mit dem Umschwenken auf das negative Denken der Tunnelblick einsetzt. Dann konzentriert sich das geplagte Gehirn lieber auf Probleme als auf Chancen. Der Richter und die Saboteure, die das Gehirn in seiner Not aktiviert, setzen diese Dynamik fort und putschen sich gegenseitig auf, sobald sie in Gang gesetzt sind. Damit sorgen sie dafür, dass die »schlechte« Situation tatsächlich schlecht wird.

Der Weise kann eine vergleichbare Dynamik in Gang setzen, allerdings in die Gegenrichtung. Er reagiert nicht auf schlechte Gefühle, sondern handelt aufgrund von Empathie, Inspiration, Entdeckerfreude, dem Wunsch, etwas zu erschaffen, der Hoffnung, etwas beitragen zu können, und dem Drang, noch in der schlimmsten Krise einen Sinn zu entdecken. Aus der Sicht des Weisen gibt es keine negativen Umstände und kein schlechtes Ergebnis. Jedes Ergebnis ist nur ein Hinweis auf den ersten Schritt zum nächsten positiven Ergebnis. Der Weise veranlasst uns zu einem positiven Schritt nach dem anderen, unabhängig davon, was das Leben uns vor die Füße wirft.

Wie ich meinen Weisen entdeckte

Mit Anfang 30, also nicht lange nach meinem Abschluss an der Business School, kam mir die Idee zu einer Software für berufliche Entwicklung und Leistungsmanagement. Mit meinen frisch erworbenen Programmierkünsten erstellte ich einen interaktiven Prototyp und wendete mich dann mutig an die Geschäftsführer etablierter Unternehmen, um sie als Investoren und Vorstandsmitglieder zu gewinnen. Zu meiner Begeisterung sicherten mir etliche der angesprochenen Konzernchefs erhebliche finanzielle Mittel zu. Hewlett-Packard war später die erste Firma, die diese Software für alle ihre Angestellten erwarb. Danach folgten weitere.

Als ich durch die hohen Erwartungen zunehmend unter Stress geriet, erhielten meine Saboteure immer mehr Nahrung und übernahmen schließlich das Kommando. Meine Kollegen - genau die Menschen, die ich mit meiner Vision dazu angeregt hatte, sich mir anzuschließen - erlebten einen immer misstrauischeren Chef, der häufig ins Urteilen verfiel und meist nicht delegierte. Damit verunstaltete und zerstörte ich genau die Idee, die sie in die Firma geführt hatte, doch trotz wiederholter Versuche drangen sie nicht mehr zu mir durch.

Am schmerzlichsten Tag meiner Karriere bot sich mir nach der Mittagspause eine Szene, bei der mir das Herz in die Hose rutschte. Vier der vertrauenswürdigsten und erfahrensten Mitglieder meines Leitungsgremiums erwarteten mich bei meiner Rückkehr im Konferenzraum. Mir kam es vor wie ein berufliches Tribunal.

Sie konfrontierten mich mit unbestreitbaren Belegen für meine Fehlurteile. Ich hatte diese Menschen mit einer Vision erstklassiger Führungseigenschaften in die Firma gelockt, doch ich selbst war ins Mikromanagement verfallen, hatte mich in einen kontrollwütigen Tyrannen verwandelt, der niemandem mehr vertraute und den ich nie in mir vermutet hätte. Mit meinem Verhalten gefährdete ich die Existenz des Unternehmens.

Diese Erkenntnis war so schmerzhaft und demütigend und (in den Augen meiner Saboteure) ein derartiger Verrat, dass ich mich fast eine

Woche lang wie im Nebel bewegte. Anfangs schwang sich mein Richter zum Wortführer auf: *Wie konnten die Menschen, denen ich vertraut hatte, mir so etwas antun? Sahen sie denn nicht, wie sehr ich mich ins Zeug legte und dass ich das alles nur zum Besten der Firma tat? Bestimmt waren sie nur auf ihren eigenen Vorteil bedacht. Wahrscheinlich hatte ich mich geirrt, und sie waren keine integren Leute.* Und so weiter und so fort.

Normalerweise hätte ich mich entweder vehement zur Wehr gesetzt oder das Weite gesucht. Das zumindest hielt mein Richter für angemessen. Diesmal aber stand keine dieser beiden Verhaltensweisen zur Wahl. Viele unserer Investoren und Kunden waren meinetwegen eingestiegen. Ich war es ihnen schuldig zu bleiben und die Sache durchzuziehen. Also saß ich in der Falle. Ich musste weiterhin mit den Leuten arbeiten, von denen ich mich verraten fühlte.

Diese verfahrene Situation sollte sich letztlich aber als das kostbarste Geschenk meiner beruflichen Laufbahn erweisen. Irgendwann waren Schmerz und Stress für mich so unerträglich, dass ich zur Perspektive des Weisen umschwenken musste, obwohl ich das Konzept Weiser-gegen Saboteure damals noch gar nicht kannte. Ich musste meine schlimme Lage in etwas Neues verwandeln, mit dem es mir allmählich besser ging. Ich musste sie als Geschenk betrachten. Mir kamen zwei Vorgehensweisen in den Sinn: Erstens konnte ich die zerrütteten Beziehungen neu aufbauen, bis sie stärker wären als vor dem Tribunal. Zweitens konnte ich die Situation als Herausforderung zur Entwicklung meiner Führungsqualitäten ansehen.

Ich fing an, bei den Menschen, die ich so heftig verurteilt hatte, aktiv auf ihre guten Seiten zu achten, nicht auf die schlechten. Ich begann, stärker auf das zu hören, was sie mir die ganze Zeit vermitteln wollten. Dabei wurde ich immer wieder Zeuge, wie sie sich mit größtem Anstand für das einsetzten, was richtig war - und zwar für unser gemeinsames Ziel, nicht nur für sich selbst. Mit der Zeit begriff ich, dass das, was sich im Konferenzraum abgespielt hatte, ein Zeichen von Mut und Hingabe gewesen war, das nicht nur unserem Traum gegolten hatte, sondern auch mir persönlich. Allmählich konnte ich das gegenseitige Vertrauen, die Fairness und den Respekt aller Beteiligten wieder herstellen, und unser Verhältnis zueinander war belastbarer denn je. Die vier Menschen, die mich an jenem schicksalhaften Tag im Konferenzraum mit mir selbst konfrontierten, zähle ich noch heute zu meinen engsten Freunden und bin ihnen sehr dankbar.

Damit ich an der Situation wachsen konnte, musste ich mich mit vielen Fehleinschätzungen über mich und andere auseinandersetzen. Wieder einmal musste ich mich meinem hässlichen Richter stellen und entdeckte dabei auch seinen Komplizen, einen überheblichen, arroganten Rationalisten. Damals konnte ich diese Rollen in meinem Kopf noch nicht benennen, aber ihr zerstörerisches Werk war deutlich zu erkennen. Außerdem entdeckte ich Schritt für Schritt die Macht des Weisen in mir.

In wie vielen Punkten ich auf die Dauer von dieser tiefsten Demütigung meiner Laufbahn profitierte, lässt sich gar nicht aufzählen. Diese Lektionen waren letztlich mehr wert als alles, was ich je über Psychologie und Betriebswirtschaft gelernt hatte. Ohne diese Erfahrung wären weder meine späteren Erfolge als Geschäftsführer und Coach noch dieses Buch möglich gewesen.

Die Drei-Gaben-Technik

Die Drei-Gaben-Technik habe ich entwickelt, um anderen den Übergang zur Perspektive des Weisen zu erleichtern. Die größte Herausforderung meiner Tätigkeit als Coach besteht darin, Menschen, die gerade beruflich oder privat massiv unter Druck stehen, aus ihrer Richterperspektive aufzurütteln, damit sie den Blickwinkel des Weisen zumindest in Betracht ziehen können.

Wenn Sie mir an jenem schicksalhaften Nachmittag am Konferenztisch gegenübergesessen hätten und mich aufgefordert hätten, der Sicht des Weisen zu vertrauen und diese Konfrontation als Geschenk und Chance anzusehen, hätte ich Sie vermutlich vor die Tür gesetzt. Beziehungsweise mein Richter hätte das getan. An jenem Tag war von meinem Weisen nichts zu sehen, und das geht den meisten Menschen so, die gerade eine Krise durchleben. Wie also können wir uns der Weisheit dieser höheren Perspektive genau dann zuwenden, wenn unser Stress die Saboteure zur Hochform auflaufen lässt?

Als Antwort auf diese Frage wende ich die Drei-Gaben Technik an: Ich bitte meine Klienten, mindestens drei Vorschläge zu machen, auf welche Weise ihre scheinbar so schlimme Situation sich in eine neue Chance verwandeln könnte. Der Zeitrahmen spielt dabei keine Rolle. Es kann sich also um Tage, Monate oder Jahre handeln. Mein Vorschlag wird oft skeptisch aufgenommen, weil die Ratsuchenden für gewöhnlich von der Aussichtslosigkeit ihrer Lage überzeugt sind. Ich setze den Dialog jedoch nicht eher fort, als bis sie mindestens drei Szenarien entwickelt haben.

Einmal bat ich die Vertriebsleiterin eines Unternehmens, sich drei Möglichkeiten auszudenken, wie der kürzliche Verlust ihres wichtigsten Kunden sich letztlich als Segen erweisen könnte. Nach anfänglichem Zögern und Zweifeln schlug sie schließlich Folgendes vor: Erstens könnte dies die ganze Firma auf den Boden der Tatsachen holen und klarmachen, dass ihr Vorsprung auf dem Spiel stand und sie sich daher stärker auf die Entwicklung neuer Produkte konzentrieren mussten, was ihnen langfristig viele neue Kunden bescheren würde. Zweitens könnte ihr Team sich neuen Vertriebsmethoden öffnen. Drittens könnte der Kundendienst sich für besseren Service für die bestehende Kundschaft entscheiden, was wiederum zu Empfehlungskäufen führen würde, mit denen man den verlorenen Kunden ersetzen könnte. Notfalls hätte sich diese Chefin noch zehn weitere Vorschläge ausgedacht.

Für besonders skeptische oder zurückhaltende Zeitgenossen muss ich manchmal einen wichtigen Satz wiederholen: Dass ich ein ungünstiges Ergebnis als Geschenk ansehe, bedeutet nicht, dass ich diese Erfahrung wiederholen möchte oder nichts dagegen unternehme. Beispielsweise bemüht man sich natürlich, ein Glas nicht fallen zu lassen. Wenn es aber doch einmal wegrutscht und zerbricht, bedeuten Ärger, Schuldzuweisungen, Bedauern oder Sorgen nur eine Verschwendung von Zeit und Energie. Mit der Einstellung »Scherben bringen Glück« lässt sich leichter herausfinden, wie und warum das Glas aus der Hand gerutscht ist. Damit kann man künftig vielleicht verhindern, dass ein solches Missgeschick mit einem teureren Glas noch einmal passiert. Vielleicht besteht das Geschenk auch darin, dass dieser Unfall einem die Chance gibt, überzeugender aufzutreten, weil man den Verkäufer auf kreative Weise dazu bringt, es kostenlos zu ersetzen. Oder Sie entwickeln ein neues Hobby und werden Glasbläser, womit Sie auf die Dauer nicht nur das

Glas ersetzen, sondern auch Ihr Leben lang immer etwas Schönes zu tun haben. Sie verstehen, was ich meine - es liegt also ganz in Ihrer Hand.

Natürlich muss man nicht jede unangenehme Situation aktiv in ein Geschenk verwandeln. Die zweite Option ist, das Ereignis einfach loszulassen und ohne langes Bedauern oder gar Verzweiflung zur Tagesordnung überzugehen. Das fällt einem leichter, sobald man ernsthaft an die Einstellung des Weisen glaubt, dass man mit der nötigen Zeit und Energie jederzeit in der Lage wäre, etwas Gutes daraus zu machen. Wenn Sie lernen, darauf zu vertrauen, dass Sie immer die Wahl haben, ist es leichter, bewusst loszulassen.

Interessanterweise erweist sich gerade die bewusste Entscheidung, eine negative Situation ruhen zu lassen, anstatt sie aktiv zu verändern, häufig selbst als Geschenk: So festigen Sie die Einstellung des Weisen, die es Ihnen gestattet, sich von Bedauern, Schuldgefühlen oder Scham zu lösen. Das wiederum schwächt den Richter und stärkt den Weisen für künftige Herausforderungen. Das klingt wie ein Kreisschluss, und genau das ist es auch. Sie entscheiden sich aktiv dafür, entweder den immer stärker werdenden Schneeballeffekt des Weisen anzustoßen oder den Schneeballeffekt des Richters und seiner Genossen. Beides erweist sich als selbsterfüllende Prophezeiung. Wer soll Sie durchs Leben führen?

Und was ist bei echten Problemen?

Wenn ich in meinen Führungs-Seminaren die Perspektive des Weisen vorstelle, folgt häufig die Frage: »Wie kann man alles, was geschieht, als Geschenk und Chance ansehen? Was ist mit einer schweren Erkrankung oder dem Tod eines Angehörigen?«

Ich weise dann gern auf Forschungsergebnisse hin, denen zufolge gesunde Erwachsene, die aufgrund eines Unfalls an allen vier Gliedmaßen gelähmt sind, in relativ kurzer Zeit wieder zu ihrer »Grundzufriedenheit« zurückfinden.[19] Das ist jedoch nur ein Durchschnittswert, der verschleiert, dass manche Menschen sich durch tragische Ereignisse lebenslang zum Opfer machen lassen. Sie leben und sterben voller Bitterkeit. Andererseits können Menschen, die sich für die Sichtweise des Weisen entscheiden, persönliche Tragödien zu lebensbejahenden Ereignissen machen, die ihrem Leben einen tiefen Sinn geben. Christopher Reeve und Michael J. Fox sind zwei prominente Beispiele dafür, wie man seine Erkrankung (eine Rückenmarksverletzung beziehungsweise die Parkinson-Krankheit) in eine Mission verwandeln kann, um Millionen Menschen mit dem gleichen Handicap zu helfen.

Die schlimmste Angst und die wohl schrecklichste Tragödie für Eltern ist der Verlust ihres Kindes. 1980 erlebte Candy Lightner diesen Schicksalsschlag. An einem sonnigen Samstagmorgen in Kalifornien ließ sich ihre 13-jährige Tochter Cari in ihrer orange-weißen Uniform für das Softballteam fotografieren. Danach ging sie zu Fuß mit einer

Freundin zu einem Gemeindefest, auf das sie sich sehr gefreut hatte. Kurz bevor Cari dort ankam, wurde sie von einem betrunkenen Autofahrer angefahren und starb. Der Fahrer war bereits dreimal wegen Trunkenheit am Steuer verurteilt worden.

Viele - vielleicht sogar die meisten - hätten sich an Candy Lightners Stelle als Opfer gefühlt. Sie jedoch aktivierte die Perspektive des Weisen. Vier Tage nach dem Tod ihrer Tochter sagte Candy: »An dem Tag, als Cari starb, habe ich mir geschworen, dafür zu sorgen, dass aus diesem tragischen Tod in den nächsten Jahren etwas Gutes erwächst.« Daraufhin gründete sie die Vereinigung MADD (Mütter gegen Trunkenheit am Steuer). Damit verwandelte sie das vorzeitige Ende ihrer Tochter in eine Agenda, die unzähligen Menschen das Leben retten sollte.[20]

Natürlich braucht man einen unglaublich starken Weisen in sich, um wie Candy Lightner zu handeln. Ich gehe davon aus, dass mein Weiser stark genug wäre, einem solchen Ereignis gewachsen zu sein, aber sicher bin ich mir nicht. Und ich hoffe, es nie herausfinden zu müssen. Wenn ich feststellen würde, dass der weise Anteil meines Gehirns einer solchen Prüfung nicht gewachsen ist und dass meine Saboteure mich überwältigen, würde ich mich daran erinnern, dass man mit einer solchen Erfahrung nur fertig werden kann, indem man weiter auf Weisheit setzt. Bei regelmäßigem Training kann sich der Weise irgendwann wieder erholen und darauf hinarbeiten, dass auch aus einem schweren Verlust wieder etwas Positives erwächst.

Manche Menschen lassen sich von ihren Saboteuren dazu verleiten, sich auf extrem tragische Fälle zu konzentrieren, um das Vorgehen des Weisen anzuzweifeln. Wenn Sie nicht davon überzeugt sind, dass auch echte Schicksalsschläge zu positiven Gelegenheiten werden können, betrachten Sie diesen speziellen Fall als Ausnahme und befassen Sie sich lieber mit den 99 Prozent jener Herausforderungen im Leben, die durch die Perspektive des Weisen nur profitieren können.

Was uns beruflich oder privat widerfährt, können wir nur bis zu einem gewissen Grad steuern oder entscheiden. Wir können aber bestimmen, welche Wirkung diese Ereignisse auf uns haben, indem wir entscheiden, wie wir reagieren wollen. Überlassen Sie diese Entscheidung Ihrem Weisen.

Frage

Wählen Sie ein berufliches oder privates Thema aus Ihrem Leben, das Ihnen gerade besonders zu schaffen macht. Wenden Sie die Drei-Gaben-Technik darauf an: Denken Sie sich mindestens drei Arten aus, wie das Problem sich irgendwann in ein Geschenk und eine Chance verwandeln könnte.

Kapitel 6

Die fünf Stärken des Weisen

Mit seinen fünf Stärken kann der Weise jede noch so große und noch so einschüchternde Herausforderung bewältigen. Seine Vorgehensweise führt zum bestmöglichen Ergebnis, gleichzeitig erzeugt er dabei noch positive Gefühle und minimiert Negativität und Stress.

Wir alle besitzen die fünf Stärken des Weisen. Jeder von uns hat schon Empathie bewiesen, sich fasziniert mit etwas Neuem auseinandergesetzt, kreative Lösungen gefunden, verschiedene Möglichkeiten gegeneinander abgewogen, einen Weg gewählt, der seinen zentralen Werten und Zielen am besten entsprach, und ist dann auch aktiv geworden, um diese Entscheidungen umzusetzen.

Problematisch ist jedoch, dass diese Stärken vielfach durch die ungenierte Einmischung der Saboteure »verunreinigt« sind und damit nicht wirklich zum Zug kommen. In diesem Kapitel zeige ich Ihnen, wie man die eigenen Stärken in Reinform anwenden kann. Außerdem verrate ich Ihnen für jede Stärke eine spezielle Übung, die Sie als »Weckruf« einsetzen können.

Eine Herausforderung erfordert keineswegs immer alle fünf Stärken, und diese müssen auch nicht in einer bestimmten Reihenfolge eingesetzt werden. Wenn das Haus brennt, wird man zuallererst handeln, also ins Freie rennen. Bei einer derart offensichtlichen Lösung besteht kein

Innovationsbedarf. Wenn die verschiedenen Möglichkeiten nicht dauerhaft von Bedeutung sind, brauchen Sie auch nicht verschiedene Wege gegeneinander abzuwägen. Sobald der Weise aktiviert ist, lässt er uns wissen, welche Stärke gerade gefragt ist.

1.Empathie

Empathie bedeutet, dass wir uns selbst und anderen gegenüber Wertschätzung, Mitgefühl und Vergebung empfinden und dies auch zeigen. Dabei sind wir selbst ebenso wichtig wie andere. Wer sich selbst gegenüber Empathie beweist, reagiert in der Regel auch anderen gegenüber einfühlsam. Dabei fällt den meisten Menschen der einfühlsame Umgang mit sich selbst ausgesprochen schwer. Woran liegt das? Sie haben es erraten: Der Grund ist die allgegenwärtige Einmischung des Richters.

Wann ist Empathie erforderlich?

Am besten betrachten Sie die Empathie des Weisen als Gegengift zu den Etiketten, die der Richter verteilt. Nachdem ich über Jahre mich selbst und andere verurteilt hatte, kam ich zu der Überzeugung, dass die meisten Menschen sich nach Kräften bemühen, der beste Mensch zu sein, den sie sich vorstellen können. Kein Mensch ist perfekt. Es gelingt uns fast nie, unseren Idealen zu entsprechen. Und deshalb lassen wir uns von unseren eigenen Richtern und denen der anderen ständig irgendwelche Etiketten aufkleben. Lassen wir uns und anderen doch einmal etwas mehr Luft zum Atmen.

Empathie lädt die inneren Batterien wieder auf und schenkt uns die Vitalität, die sonst unter dem Trommelfeuer des eigenen Richters verloren geht. Sie verbindet dem Krieger die Wunden, ehe sie ihn in den nächsten Kampf entlässt. Empathie ist vor allem dann wichtig, wenn derjenige, in den Sie sich einfühlen - ob nun Sie selbst oder andere -, emotionalen Schmerz verspürt und Schwierigkeiten mit einer Situation hat. Stellen Sie sich Empathie als diejenige Stärke vor, die Sie verwenden sollten, wenn Ihre emotionalen Reserven zu versiegen drohen oder wenn ein Mensch erst einmal wieder aufladen muss, bevor er ein Problem angeht.

Da praktisch kein Tag verstreicht, an dem wir nicht eines unserer Ideale verfehlen und dafür von unserem eigenen Richter oder dem eines anderen getadelt werden, sollten Sie auch an keinem Tag darauf verzichten, bewusst einfühlsam mit sich selbst umzugehen.

Was hält uns davon ab?

Viele Menschen lernen von klein auf, dass unser Richter »Gefühlsduselei« für unproduktiv hält. Man muss streng mit sich sein, verlangt der Richter. Doch Blindheit gegenüber den eigenen Gefühlen und Bedürfnissen ist kein Zeichen von Stärke, auch wenn der Richter uns etwas anderes weismachen will. Sie versetzt einen vielmehr in eine Position, in der man ständig Niederlagen einstecken muss.

Der Richter warnt davor, dass Mitgefühl mit uns oder mit den vermeidbaren Problemen anderer nur dazu ermuntert, dass sich das Verhalten, durch das die Probleme entstanden sind, ewig fortsetzt. Strafen sind besser als Mitgefühl, behauptet er. Die Vorstellung, Mitgefühl bedeute, dass man die Aktion gutheißt, die den Schmerz erzeugt hat, ist ein zentraler Trugschluss an diesem Argument. Wenn ein Kind genau in dem Bereich des Spielplatzes spielt, den wir ihm verboten haben und sich dort das Bein bricht, bekommt es zuerst einen Gips und Mitgefühl für seine Schmerzen. Wenn der Schmerz nachlässt, kann man mit dem Kind darüber sprechen, was es daraus gelernt hat und wie es diesen Fehler künftig vermeiden kann. Der Richter in uns wäre natürlich strikt gegen ein solches Vorgehen und würde auf einer sofortigen Zurechtweisung bestehen.

Weckruf: Das Kind visualisieren

Sobald Sie auf die Perspektive des Weisen umschwenken, haben Sie automatisch Zugang zu dessen fünf Stärken, auch zur Empathie. Um diese Stärke weiter auszubauen, können Sie kurz im Hinterkopf die Übung »Das Kind visualisieren« durchführen. Das dauert nur eine Minute.

Wenn wir auf dem Spielplatz den Fünfjährigen zusehen, geht uns normalerweise spontan das Herz auf. Das liegt unter anderem daran, dass ein Kind in diesem Alter noch viel von der Energie des Weisen ausstrahlt. Die abschreckenden Saboteure, die uns als Erwachsene weniger liebenswert machen, sind noch nicht so sichtbar.

Diesen Umstand können Sie nutzen, um Ihr Gehirn zu Empathie für sich oder andere zu veranlassen. Stellen Sie sich das Kind vor, das Sie waren, in einer Umgebung, in der sich Ihr wahres Wesen zeigen durfte. Vielleicht spielen Sie mit einem jungen Hund, bauen eine Sandburg, jagen ein Kaninchen oder kuscheln mit den Eltern. Malen Sie sich alle Einzelheiten aus, ein lebhaftes Bild, das spontan ein liebevolles Gefühl auslöst. Vielleicht finden Sie sogar noch ein altes Foto aus der Kindheit, auf dem Ihre ursprüngliche Persönlichkeit hervorstrahlt. Stellen Sie sich dieses Bild auf den Schreibtisch, neben das Telefon oder an den Computer, damit Sie es immer wieder sehen können. Es kann Sie daran erinnern, dass Ihr wahres Wesen bedingungslose Liebe verdient hat, sobald Sie sich wieder einmal von Ihrem Richter, anderen Menschen oder den Schwierigkeiten des Lebens geschunden fühlen.

Dasselbe gilt, wenn Sie Empathie für andere aufbringen wollen. Sobald Sie sich über jemanden ärgern, der von seinen Saboteuren übermannt wurde, haben Ihre eigenen Widersacher das Sagen. Damit Ihr Weiser zurückkehrt, können Sie eine oder mehrere seiner fünf Stärken aktivieren. Wenn Sie sich für die Stärke der Empathie entscheiden, dann stellen Sie sich die andere Person als Kind vor, mit ihrem wahren Wesen, noch unbelastet von den Saboteuren. Stellen Sie sich die Augen und das Gesicht Ihres Gegenübers als Kind vor - wie hat dieser Mensch sich verhalten, was hat seine Augen zum Leuchten gebracht? Stellen Sie sich vor, wie das Kind einen Hund streichelt, sich an seine Mutter schmiegt oder einem Schmetterling nachjagt. Vertrauen Sie darauf, dass dieses wahre Wesen immer noch da ist, hinter den Saboteuren. Diese Übung können Sie unauffällig nebenbei ablaufen lassen, sogar mitten in einer Besprechung. Sie wird sofort beeinflussen, wie einfühlsam Sie sich zeigen können.

2.Forschergeist

Jedes Kind kennt wahre Entdeckerfreude, die mit unverfälschter Neugier und Lust am Forschen einhergeht. Das Vorgehen des Weisen gleicht dem eines Kindes, das am Strand spazieren geht und jeden Stein umdreht, um nachzusehen, was sich darunter verbirgt. Die reine Energie und die Gefühle, die durch den Forschergeist freigesetzt werden, basieren auf Neugier, Offenheit, Staunen und Faszination für das, was man gerade erforscht. Ein starker Weiser kann sich die Einstellung des Forschers selbst inmitten großer Krisen bewahren.

Wann ist Forschergeist erforderlich?

Unseren Forschergeist brauchen wir, wenn uns ein tieferes Verständnis für ein Problem oder eine Situation auf einen besseren Weg führen könnte. Die Frage des Weisen lautet:

Was kann ich noch alles entdecken? Die meisten Menschen ziehen ihre Schlüsse, entwickeln Lösungen oder handeln, bevor sie die gegenwärtige Situation gründlich ausgelotet und verstanden haben.

Was hält uns davon ab?

Wie häufig lassen Sie sich von Ihrem Forschergeist inspirieren? Wie oft reagieren Sie angesichts einer Herausforderung mit echter Neugier, Offenheit und Staunen? Vermutlich eher selten, denn hier mischen sich die Saboteure ein.

Bestimmt waren Sie schon einmal frustriert, weil jemand bei einem Streit nicht richtig zugehört hat und nur das herauspickte, was seiner Sichtweise entsprach. Unter dem Einfluss der Saboteure ergeht das jedem so. Wir halten uns für offen, neugierig und aufnahmefähig, doch unser Sichtfeld wird durch die Saboteure stark eingeschränkt.

Wenn wir dem gründlichen Ausloten einer Situation nicht ausreichend Raum und Zeit gewähren, stellt dies eine Einladung für die Saboteure dar. Viel zu oft sind wir in Gedanken bereits beim nächsten Schritt oder wollen unsere Position behaupten. So kann der Weise nicht zum Zug kommen. Der Richter lässt uns nur nach Beweisen Ausschau halten, dass der andere im Unrecht ist. Der Kontrolleur springt auf alles an, was ihn in seiner Vorgehensweise bestärkt. Der Angsthase nimmt nur Gefahrensignale wahr und ignoriert Hinweise auf das Gegenteil. Der Vermeider versucht, alles zu leugnen, was darauf hindeutet, dass man sich einem Problem stellen sollte. Und so weiter.

Eine derartige Einstellung kann uns teuer zu stehen kommen, weil wir damit unsere Fähigkeit torpedieren, tatsächlich alle wichtigen Informationen zusammenzutragen, ehe wir nach einer Lösung suchen oder handeln. So verpassen wir die wirklich bedeutsamen Dinge, die eine Situation vielleicht zum Guten wenden könnten — Dinge, von denen wir leider gar nicht wussten, dass wir sie nicht wissen.

Forschergeist hilft nicht nur beim Betrachten neuer Herausforderungen, sondern ist auch von großer Bedeutung, um aus den Fehlern der Vergangenheit zu lernen. Dass wir uns oft so ungern eingehender mit unseren Fehlern beschäftigen, liegt daran, dass dies in der Gegenwart des Richters zu schmerzhaft oder provokativ ist. Der Weise ist in der Lage, Fehler in Geschenke und Chancen zu verwandeln. Dabei helfen ihm unter anderem die entscheidenden Entdeckungen, die der Forschergeist ermöglicht.

Weckruf: Der faszinierte Anthropologe

In der Rolle des faszinierten Anthropologen werden Sie zum neutralen Beobachter und Entdecker, ohne gleich über die Situation zu urteilen und ohne den Versuch, sie zu ändern oder zu steuern. Reagieren Sie in schwierigen Situationen doch einmal wie ein faszinierter Anthropologe. Er oder sie würde sich bemühen, Informationen nicht selektiv so zu filtern, dass sie den persönlichen Vorurteilen oder dem gewünschten Ergebnis entsprechen. Das Ziel besteht einzig und allein darin, die Dinge genau so wahrzunehmen, wie sie sind. Könnten Sie beispielsweise in einem Konflikt auch nur drei Minuten von Ihren eigenen Schwierigkeiten und Forderungen absehen und sich stattdessen fasziniert damit befassen, warum es der anderen Person so ergeht, wie es ihr gerade ergeht?

3.Kreativität

Während es im Entdeckermodus darum geht, was ist, beschäftigt sich die Kreativität mit der Erfindung dessen, was noch nicht ist. Echte Innovationen setzen sich über das Bestehende hinweg und überwinden die Gewohnheiten und Glaubenssätze, die uns zurückhalten. »Wie könnte man das ganz anders machen?«, ist die zündende Frage für kreatives

Vorgehen.

Wann ist Kreativität erforderlich?

Kreativität wird benötigt, wenn die bisherige Vorgehensweise oder näherliegende Methoden, mit einer Situation umzugehen, nicht ausreichen. Man braucht einen völlig neuen Ansatz.

Was hält uns davon ab?

Wir alle haben Vorurteile, die aus unseren Glaubenssätzen und Grundüberzeugungen erwachsen und uns den Blick verstellen. Viele dieser einschränkenden Überzeugungen - die samt und sonders von unseren Saboteuren stammen - haben wir nie näher untersucht, oder sie sind uns gar nicht bewusst. Wenn wir versuchen, an Innovationen völlig rational und nur mit der linken Gehirnhälfte heranzugehen, kommen dabei allenfalls Abwandlungen von Lösungen heraus, die sich nach wie vor innerhalb unserer Grenzen bewegen. Ohne die Kreativität des Weisen bleiben wir unserem Weltbild verhaftet und stellen uns innerhalb der eigenen Schublade höchstens mal in eine andere Ecke.

Um diese Grenzen zu überwinden und echte Innovationen zu wagen, brauchen Sie Ihr PQ-Hirn und Ihren Weisen. Dabei schützen Sie den Weisen vor den Einmischungen der Saboteure, indem Sie Ihrem Verstand genau eine Anweisung erteilen: Entwickle möglichst viele Ideen. Punkt. Während dieser Phase kommt nichts auf den Prüfstand. Wenn wir während der Kreativitätsphase gleichzeitig unsere Ideen auswerten, ist das ein willkommenes Hintertürchen für die Saboteure.

Es ist leichter, sich dieses Konzept zunächst innerhalb eines Teams auszumalen und die Dynamik anschließend auf die Vorgänge im eigenen Kopf zu übertragen. Stellen Sie sich also vor, Sie befänden sich in einer Sitzung, in der Sie und Ihre Kollegen innovative Ideen für ein neues Produkt entwickeln sollen. Wenn Joan mit einer Idee herausprudelt und John durch Heben der Augenbrauen seine Missbilligung signalisiert, hat sich der Richter eingeschlichen. Danach werden alle Beteiligten vorsichtiger mit dem, was sie sagen, haben Angst vor einer Wertung und davor, dumm dazustehen. Die Energie des Weisen weicht somit der Energie des Richters, dem es nur um Selbsterhaltung und sein eigenes

Ansehen geht. Darunter leidet der Innovationsprozess. Dies geschieht auch, wenn einer der Komplizen Ideen missbilligt, die seinen heimlichen Interessen zuwiderlaufen. Es ist wichtig, dass während der Kreativitätsphase keinerlei Evaluation gestattet ist.

Das gilt auch für Ihren eigenen Kopf. Wenn der Richter oder ein anderer Saboteur Ihre ersten Ideen für dumm oder unpraktisch hält, machen Sie innerlich dicht und können nicht mehr innovativ denken. Ihre inneren Abläufe sollten darauf ausgerichtet sein, so viele Ideen wie möglich hervorzubringen, eine nach der anderen, ohne jegliche Wertung. Solange Sie auf Innovation aus sind, geht es um die Masse der Ideen, nicht um die Qualität. Das führt automatisch auch zu besseren Ideen, weil diese Vorgehensweise das PQ- Hirn ankurbelt, das nun einmal die tollsten Ideen erzeugt.

Die gute Nachricht ist, dass sich am Ende dieser Phase nur eine einzige Idee als sinnvoll erweisen muss. Zur Auswertung brauchen Sie den Weisen nicht unbedingt. Sie kann auf objektiven Kriterien wie Kosten, Umsetzbarkeit, Wirkung, Schwierigkeitsgrad und so weiter beruhen. Falls die Optionen, die Sie auswerten, allerdings in engem Zusammenhang mit Ihren Werten, Zielen oder Vorstellungen stehen, sollten Sie lieber auf den inneren Kompass des Weisen zurückgreifen, bevor Sie eine Entscheidung treffen.

Weckruf: »Ja, ... und ...«

Für das »Ja,... und ...«-Spiel bauen Sie jede neue Idee aus, indem Sie sagen: »Ja, was mir an dieser Idee gefällt, ist ... und man könnte ...« Mit diesem Ansatz werden neue Ideen stärker gewürdigt und weniger beurteilt, bevor als Reaktion darauf die nächste Idee folgt. Gehen Sie dabei so schnell wie möglich vor. Das Spiel kann sowohl im eigenen Kopf ablaufen als auch im Team.

Nehmen wir einmal an, Sie möchten, dass sich die Gäste in Ihrer Hotelkette wohler fühlen. Bob beginnt mit den Worten: »Vielleicht können wir im Foyer angenehme Hintergrundmusik spielen.« Janet fährt fort: »Ja, was mir daran gefällt, ist, dass es die Gäste entspannt. Und wir könnten uns mit Aromatherapie befassen und prüfen, ob bestimmte Düfte nachweislich zur Entspannung beitragen.« Kathy meldet sich zu Wort: »Ja, was mir daran gefällt, ist, dass wir auf wissenschaftliche Ergebnisse zurückgreifen. Und vielleicht könnten wir mit Hilfe von Erkenntnissen aus der Positiven Psychologie unser Empfangspersonal weiterbilden.«

4. Der innere Kompass

Der Weise beherrscht die Kunst der Navigation. Anhand seines Orientierungsvermögens wählt er zielsicher zwischen verschiedenen Wegen und Alternativen aus. Die Koordinaten für den Kompass sind Ihre zentralen Werte, das, was Ihrem Leben einen Sinn gibt. Wenn Sie sich daran halten, werden Ihre Entscheidungen insgesamt die Erfüllung erzeugen, die sich ergibt, wenn man im Einklang mit den persönlichen Idealen und Prinzipien lebt.

Wann ist der innere Kompass erforderlich?

Den inneren Kompass des Weisen benötigen Sie nur dann, wenn Ihnen mehrere Wege offenstehen, von denen manche unter Umständen besser zu Ihren persönlichen Werten und Zielen passen als andere.

Meine Klienten haben oft das Gefühl, auf der Stelle zu treten, weil sie nicht wissen, wie sie von ihrer aktuellen Position zu ihrem langfristigen Ziel kommen sollen. Ich sage ihnen dann, dass dies sei, als ob sie ohne Karte vor unbekanntem Terrain stünden, welches obendrein in dichten Nebel gehüllt wäre. Wenn ihr Ziel nun wäre, zum Nordrand des Geländes zu gelangen, hätten sie keine Möglichkeit, den Weg Schritt für Schritt zu planen. Sie bräuchten einen Kompass. Sobald ein unüberwindbarer Anstieg oder ein Hindernis auftauchen würde, nähmen sie stets den Weg, der am ehesten noch nach Norden führen würde. Wenn sie sich auf diese Weise immer wieder bei ihrem Kompass rückversicherten und darauf achteten, sich bei jedem Schritt grundsätzlich in Richtung Norden zu orientieren, würden sie in etwa dort landen, wo sie auch hinwollten.

Viele Menschen stellen sich vor, dass auch der Sinn des Lebens ihnen eines Tages wie eine grandiose Erkenntnis mit einem großen Feuerwerk aufgehen wird. Sie haben das Gefühl, nicht voranzukommen, weil sie nicht wirklich wissen, was sie wollen, was sie glücklich machen würde oder was ihrem Leben die größte Bedeutung verleihen würde. In solchen Fällen rate ich dazu, für die kleinen Schritte auf den inneren Kompass des Weisen zu vertrauen, in dem Wissen, dass diese Schritte sie irgendwann an einen Platz führen werden, der ihnen viel bedeutet. Ohne diese Orientierung würden wir vielleicht viele Schritte wagen, die jeder für sich erfolgreich erscheinen, uns am Ende aber doch im Kreis drehen. Eine Midlife-Crisis ist ein gutes Beispiel für dieses Phänomen.

Diese Stärke, sich an den eigenen Werten und Vorstellungen zu orientieren, besitzen nicht nur Individuen, sondern auch Teams und Organisationen. Die Koordinaten auf dem Teamkompass werden durch die gemeinsamen Werte der Gruppe festgelegt, durch alles, wofür diese Gruppe steht und was sie erreichen will.

Was hält uns davon ab?

Was für uns wahrhaft zählt und unserem Leben einen Sinn gibt, wird nicht vom Verstand festgelegt, sondern ist eine Herzensangelegenheit. Meiner Erfahrung nach haben einzelne Menschen, Teams oder Organisationen, die stolz auf ihre expliziten Wertvorstellungen oder Leitbilder verweisen, mehrheitlich nur ein sehr oberflächliches Verhältnis zu solchen Worthülsen. Es handelt sich um Kopfgeburten, die kaum Konsequenzen nach sich ziehen.

Damit der innere Kompass des Weisen zum Einsatz kommen kann, ist eine tiefere Verbindung zu den Grundkoordinaten erforderlich, die aus dem Bauch heraus erwachsen sollte. Sie müssen unsere Gefühle wecken und uns inspirieren.

Der innere Kompass des Weisen ist auch für das Geflüster der Saboteure empfänglich, in dem jeweils deren eigene Vorurteile mitschwingen. Zum Beispiel setzt der Richter Schuld und Pflichtgefühl als Koordinaten fest, der Angsthase will uns auf den Weg des geringsten Risikos führen, und der Vermeider ermuntert uns zu einem Weg, bei dem Konflikte um jeden Preis umgangen werden. Solche Kriterien gefallen zwar den Saboteuren, vertragen sich aber nicht unbedingt mit zielstrebigem Handeln.

Weckruf: Zeitreise

Wenn sich der Weg gabelt, stellen Sie sich vor, Sie würden am Ende Ihres Lebens auf Ihre heutige Entscheidung zurückblicken. Welchen Weg hätten Sie im Rückblick an dieser Stelle einschlagen sollen? Diese Übung funktioniert, weil viele triviale, mit den Saboteuren zusammenhängende Bedenken am Ende des Lebens keine Rolle mehr spielen und sich als falsch erweisen. Was dann noch zählt, ist das, was unser Leben wirklich wertvoll und bedeutsam macht.

Die Teamversion der Zeitreise lautet: Wie hätten Sie als Gruppe sich an dieser Stelle verhalten sollen, wenn Sie eines Tages - wenn das Team oder die Organisation nicht mehr existieren - darauf zurückblicken?

5. Tatkraft

Manche befürchten, die Haltung des Weisen, alles als Geschenk und Chance zu sehen, könnte Passivität, Faulheit und Trägheit nach sich ziehen, ohne dass Taten folgen. Das Gegenteil ist wahr. Die Entschlossenheit des Weisen treibt uns zum Handeln, und dabei sind all unsere Gefühle und Gedanken allein auf unser Vorgehen gerichtet und lassen sich von den Saboteuren nicht mehr ablenken.

Wann ist Tatkraft erforderlich?

Die Stärke des Weisen, entschlossen zur Tat zu schreiten, wird benötigt, sobald die Vorgehensweise geklärt ist. Diese Stärke macht uns handlungsfähig und bewahrt uns vor den Aufschiebe Manövern, Ablenkungen oder sonstigen Einmischungen der Saboteure.

Wenn Ihnen zum Beispiel jemand Unrecht getan hat, können Sie einfühlsam reagieren und sich entscheiden, dieser Person zu verzeihen. Damit befreien Sie sich selbst von Trotz und Bitterkeit. Sie könnten nun beschließen, die Sache auf sich beruhen zu lassen. Wenn Sie aber darüber hinaus eine Wiedergutmachung erreichen möchten, werden Sie auf kluge Weise aktiv. Ihr Handeln ist dann rein sachorientiert und nicht von Ärger, dem Wunsch nach Rache, Verachtung, Bitterkeit, Angst vor einem Nachspiel oder sonstigen Dramatisierungsversuchen der Saboteure geleitet. Sie überlegen schlicht und einfach, welche Gegenleistung angemessen ist, und leiten die nötigen Schritte ein. Damit steigen zugleich Ihre Erfolgsaussichten, weil Sie sich vollständig auf Ihr Handeln konzentrieren können.

Wer einen Meister der Kampfkünste beobachtet, beispielsweise einen Jedi-Ritter aus Star Wars, entwickelt ein gutes Gefühl für das klare Handeln des Weisen. Ein Krieger, der von allen Seiten angegriffen wird und einen starken Weisen in sich trägt, weiß, dass er nur überleben wird, wenn er innerlich vollkommen ruhig bleibt und seine Konzentration bewahrt. Das bedeutet, dass er die geschwätzigen Saboteure bewusst überhören muss. Damit gestattet er dem Weisen, seine mentale Kraft vollständig der Aufgabe zu widmen, die gerade vordringlich ist. Wenn er auch nur für den Bruchteil einer Sekunde Ärger über den Feind empfindet, der ihn von links angreift, könnte dieser Ausrutscher dazu führen, dass sein zweiter Feind ihn von rechts erwischt.

Es ist paradox, dass wir umso tatkräftiger vorgehen können, je ruhiger unser Verstand funktioniert, je weniger also die Saboteure Gehör finden. Erst dann können wir uns ganz auf die Aktion konzentrieren. Das ist das Gegenteil zu der Hektik, die viele Menschen in Bedrängnis verbreiten.

Damit haben wir zugleich eine neue Erklärung, warum Sportler mitunter genau in dem Moment patzen, in dem es um alles geht, und was für sie möglich wäre, wenn sie lernen würden, die Stärken ihres Weisen auszubauen.

Was hält uns davon ab?

Jeder einzelne Saboteur kann unsere Tatkraft beschränken. Der Richter verschwendet unsere Energie, indem er Angst, Stress, Ärger, Enttäuschung, Schuld oder Scham erzeugt, wenn wir gerade zur Tat schreiten. Der Vermeider und der Rastlose lenken uns mit unterschiedlichen Taktiken davon ab, eine unangenehme Situation anzupacken. Der Kontrolleur und der Perfektionist erzeugen einen starren Rahmen, in dem andere sich nur schwer hilfreich einbringen können. Das Arbeitstier will, dass wir uns einzig und allein auf greifbare Ergebnisse konzentrieren, und blendet dabei wichtigere Dinge, zum Beispiel Beziehungen, aus. Der Rationalist lässt uns beim Handeln entscheidende emotionale Signale von uns und anderen übersehen. Das Opfer überzeugt uns, dass wir lieber passiv bleiben sollten, sodass wir wirklich ein Opfer werden und es letztlich Recht behält. Der Schmeichler sorgt dafür, dass wir nur solche Aktionen im Blick haben, die anderen gefallen könnten, damit diese uns mögen. Der Angsthase vergeudet unsere Energie mit Sorgen und erzeugt eine Grundangst, die nicht dem tatsächlichen Risiko entspricht.

Weckruf: Was sagt mein Saboteur dazu?

Bei diesem Spiel schlüpfen Sie in die Rolle Ihres oder Ihrer Hauptkomplizen und überlegen, wie diese Ihr Vorgehen wohl sabotieren würden. Gehen Sie durch, was die

Saboteure Ihnen unvermittelt zuflüstern (oder zubrüllen) würden, sobald Sie zur Tat schreiten, und mit welchen Lügen sie diese Einmischung rechtfertigen würden. Einem Sabotageakt, mit dem Sie rechnen, können Sie begegnen, und Sie können derartige Gedanken leicht von der Hand weisen, falls sie mitten im Tun aufkommen. Die Schachzüge des Feindes vorherzusehen und sich darauf vorzubereiten, ist ein Schlüsselelement zu dessen Niederlage. Wenn Sie die Einwände der Saboteure in der konzentrierten Haltung des Weisen vorwegnehmen, haben Sie den Angriff bereits proaktiv abgewehrt.

Die folgende Abbildung fasst die fünf Stärken des Weisen, ihr Einsatzgebiet und den jeweiligen Weckruf zusammen, mit dem wir Zugang zu dieser Stärke erlangen. Auf www.PositiveIntelligence.com sind weitere Anregungen zu finden.

	Die fünf Stärken des Weisen	
Stärke	Wann erforderlich?	Weckruf
Empathie	Wenn starke Gefühle im Spiel sind. Wenn die Geduld zu Ende geht.	Das Kind visualisieren
Forschergeist	Wenn man vor einer Entscheidung oder Handlung noch mehr wissen sollte.	Faszinierter Anthropologe
Kreativität	Wenn die vorhandenen oder naheliegenden Ideen nicht ausreichen und man über den Tellerrand blicken sollte.	»Ja, ... und ...«
Innerer Kompass	Wenn eine Orientierung an tieferen Werten, Zielen oder am Sinn des Ganzen erforderlich ist.	Zeitreise
Tatkraft	Wenn die Saboteure sich beim Handeln nicht einmischen sollen.	Was sagt mein Saboteur dazu?

Fallstudie: Mary

Mary leitete bei einem mittelständischen Sportartikelhersteller die Produktentwicklung. Aufgrund ihrer herausragenden analytischen und strategischen Denkweise hatte sie einen raschen Aufstieg hinter sich. Sie galt als brillant, war aber bei ihren Mitarbeitern wenig beliebt und konnte sie nur selten inspirieren. Der neue Geschäftsführer der Firma lehnte allerdings leitende Angestellte ab, die zwar exzellente strategische oder technische Fähigkeiten, aber keine entsprechenden Führungsqualitäten vorzuweisen hatten. Daher wurde Mary klargemacht, dass ihre Tage gezählt

seien, wenn sich ihre Beziehungen zum Team und anderen Firmenmitarbeitern nicht verbesserten.

Bei meinem ersten Gespräch mit Mary hatten deren Saboteure klar das Sagen. Sie war sichtlich aufgebracht über den neuen Geschäftsführer, der plötzlich viel mehr Wert auf diesen »Gefühlskram« legte, wie sie es bezeichnete. »Ein Chef muss nicht beliebt sein«, argumentierte sie.

Mein Vorschlag, den Standpunkt des Weisen einzunehmen und die ganze Situation nicht als Problem, sondern als Geschenk anzusehen, konnte sie wenig beeindrucken. Um sie dennoch aus den Klauen des Richters zu lösen, bestand ich darauf, dass sie sich mindestens drei Möglichkeiten ausdenken sollte, wie dieses Ultimatum sich in eine Chance verwandeln könnte. Sarkastisch gab sie zurück, dass sie so vielleicht schneller dort wegkäme und hoffentlich irgendwo landen würde, wo man sie zu schätzen wüsste. Ich beharrte auf weiteren Möglichkeiten, und schließlich fielen ihr auch noch einige ein. Damit wurde der Richter schon etwas kleiner, doch der Weise konnte noch immer nicht hervortreten.

Nachdem wir Schritt für Schritt ein wenig Raum für die Perspektive des Weisen geschaffen hatten, willigte Mary ein, es mit den fünf Stärken ihres Weisen zu versuchen, um dessen Sichtweise in eine selbsterfüllende Prophezeiung zu verwandeln.

Empathie

Die Aufforderung, sich selbst mehr Empathie entgegenzubringen, empfand Mary bestenfalls als irrelevante Ablenkung, schlimmstenfalls als kontraproduktiv. Sie war nach eigener Aussage stolz darauf, dass sie sich erfolgreich aus schwierigen Familienverhältnissen gelöst hatte. Das hätte sie nicht durch Selbstmitleid erreicht, sondern durch Härte gegenüber sich selbst. Es dauerte ein wenig, bis sie begriff, dass Empathie kein Synonym für Selbstmitleid ist. Als aktive Sportlerin konnte sie Empathie schließlich mit der Versorgung einer Verletzung vergleichen, ehe man wieder aufs Feld stürmt.

Mary willigte ein, in der kommenden Woche freundlicher zu sich zu sein und den Weckruf »Das Kind visualisieren« einzusetzen, um diese Stärke ihres Weisen zu unterstützen. Sie nahm sich auch vor; jeden Tag ein Bild aus ihrer Kindheit zu betrachten, um ihre Wertschätzung und das Verständnis für sich selbst auszubauen. Das würde ihr besonders dann helfen, wenn sie unter Selbstzweifeln litt oder andere an ihr zweifelten, was häufig der Fall war. Außerdem erklärte sie sich einverstanden, die Gedanken ihres inneren Richters zu beobachten und zu benennen, sooft es ihr möglich sei.

Eine Woche später war Mary ziemlich ernüchtert. Die Unersättlichkeit, die Tücke und die Hartnäckigkeit ihres Richters hatten sie erschüttert. Sie hatte auch einen Namen für ihn gefunden: »Der Zerstörer.« Jetzt war ihr klar; weshalb sie als ständiges Gegengift die Empathie des Weisen brauchte. Der einfühlsamere Umgang mit sich selbst ermöglichte Mary auch einen etwas empathischeren Umgang mit anderen, die sich über ihren Führungsstil beklagten, und sie urteilte weniger streng über diese Kollegen. Allerdings waren ihre Reaktionen immer noch gemischt.

1. Forschergeist

Um vollen Zugang zur Fähigkeit des Weisen zum Forschen und Entdecken zu gewinnen, war Mary bereit, in der Folgewoche das Spiel »Faszinierter Anthropologe« zu spielen. Bei Begegnungen mit Mitgliedern der oberen Führungsriege wollte sie auf Veränderungen der Atmosphäre und der Gefühle achten und diese benennen.

Eine Woche später erstattete Mary mir Bericht. Mit der ihr eigenen beeindruckenden Entschlossenheit hatte sie tatsächlich 16 Begegnungen analysiert. Dabei war ihr aufgefallen, dass die Energie, die ihr Gegenüber ausstrahlte, bei etwa einem Drittel ihrer Begegnungen zurückgegangen war oder dessen Gefühle ins Negative umgeschlagen waren. Die anderen zwei Drittel waren ihr neutral erschienen. Das verglich sie mit ihrem Kollegen Tom, dessen Vorgehen etwa zur Hälfte neutral wirkte und bei der anderen Hälfte mehr Energie oder bessere Gefühle bei den Menschen erzeugte, mit denen er zu tun hatte. Diese Erkenntnisse erschienen Mary faszinierend und beschämend zugleich. Kaum hatte sie dies formuliert, als sie selbst feststellte, dass die Scham wahrscheinlich von ihrem Richter - dem Zerstörer - hervorgerufen wurde.

1. Kreativität

Angesichts ihrer Entdeckungen war Mary bereit, selbst Lösungen für das Problem zu entwickeln. Natürlich schlug ich ihr vor, dazu auf die Kreativität des Weisen zurückzugreifen. Um eine Saboteur freie Umgebung zu erzeugen, war Mary einverstanden, 20 Minuten »Ja, ... und ...« zu spielen. Ich schrieb mit, ohne eigene Ideen beizusteuern.

Anfangs ging es langsam, weil Mary ihre Ideen offenkundig noch bewertete, bevor sie diese aussprach. In den letzten zehn Minuten jedoch zeigte sich an der raschen Abfolge, in der ungefilterte, zum Teil ausgesprochen unkonventionelle Ideen hervorsprudelten, dass Marys Weiser nun voll in Fahrt war. Insgesamt erzeugte Mary 75 Ideen, von denen viele unpraktisch, einige aber sehr vielversprechend waren.

2. Innerer Kompass

Bis auf fünf Ideen verwarf Mary alles, was zu unpraktisch oder zu schwierig war. Um die restlichen Optionen gegeneinander abzuwägen, bot sich der innere Kompass des Weisen an. Mary ließ sich auf eine »Zeitreise« ein, um ihren inneren Kompass zu aktivieren. Sobald sie vom Ende ihres Lebens aus auf die aktuelle Situation zurückblickte, blieben nur noch zwei Möglichkeiten übrig.

Die eine bestand darin, jedes »Nein, ... aber ...«, durch ein »Ja, ... und ...«, zu ersetzen. Diese Idee entsprang ihren Beobachtungen als faszinierter Anthropologe, denn dabei war ihr aufgefallen, dass sie in Gesprächen viel öfter »Nein« und »Aber« sagte als ihr Kollege Tom.

Die zweite Idee war die mutigste, die ihr insgesamt gekommen war. Um sich öffentlich eindeutig ein neues Image zuzulegen und ihren klaren Willen zur Veränderung zu demonstrieren, wollte sie sich bei der anstehenden Halloween-Party im Büro als »Arschgesicht« verkleiden - der Butt-Head aus der beliebten Cartoon-Serie »Beavis und Butt-Head«. Dann würde sie den Leuten offiziell ihren Entschluss verkünden, in Zukunft von ihrem »Aber« (»but«) abzulassen. Vor ihrer Zeitreise war ihr diese Idee eigentlich zu riskant erschienen, doch nun war ihr klar, dass sie am Ende ihres Lebens stolz wäre, wenn sie dieses Wagnis eingegangen wäre.

3. Tatkraft

Nun stellte sich für Mary die Frage, wie sie vorgehen sollte, um ihre beiden Vorhaben umzusetzen, ohne dass die Saboteure sich querstellten. Um das herauszufinden, setzte sie das Spiel »Was sagt mein Saboteur dazu?« ein. Dabei wurde ihr bewusst, dass ihre Saboteure auf dreierlei Weise eingreifen würden: Erstens würde ihr Richter sie als Schwächling bezeichnen, weil sie zu einem solchen Vorhaben greifen müsse. Zweitens würde ihr Richter sich über die anderen aufregen, die Mary als Führungskraft gegenüber nicht mehr Nachsicht zeigten. Drittens würde ihr Arbeitstier sich lieber untadelig zeigen, als Fehler einzugestehen. Aus der Warte des Weisen konnte Mary klar erkennen, wie schädlich diese Gedanken der Saboteure werden konnten. Das half ihr dabei, derartige Gedanken abzufangen, zu benennen und zu unterbinden, sobald sie zur Tat schritt.

Das Halloween-Kostüm erwies sich als perfekter Auftakt für die »neue« Mary, weil es so ungewöhnlich war, dass ausgerechnet sie sich über ihre eigenen Schwächen lustig machte. Damit bekamen alle einen Eindruck davon, wie ernsthaft sie an ihrem Thema arbeitete und wie bereitwillig sie ihre Fehler betrachtete und einräumte. Dies wiederum half anderen, in den nächsten sechs Monaten geduldig zu bleiben, während Mary an den Stärken des Weisen arbeitete und diese weiter verbesserte. Wie es bei solchen Veränderungen gelegentlich vorkommt, folgte nach zwei Schritten vorwärts in besonders stressigen Zeiten ein Schritt zurück, in dem die Saboteure wieder stärker wurden. Der neue Geschäftsführer bemerkte Marys Fortschritte und lobte ihre Arbeit an sich selbst als vorbildlich. Sie beweise damit als Führungskraft Mut und dauerhafte Lernbereitschaft, zwei Werte, die ihm wichtig waren. Ihre »Ja,... und ...«-Einstellung wurde mit der Zeit zu Marys Markenzeichen, das von anderen im Unternehmen übernommen wurde.

Im Jahr darauf rief Mary mich am Tag nach der Halloween-Party ihrer Abteilung an. Ihr komplettes Team hatte sie überrascht, indem sich alle als Butt-Heads verkleidet hatten. Und sie fügte hinzu, dass dies wohl die am meisten zufriedenstellende Anerkennung für die erfolgreiche Entwicklung ihrer Führungsqualitäten war.

Frage

Für welchen Bereich Ihrer Arbeit oder Ihres Lebens könnten Sie frischen Wind benötigen? Spielen Sie das »Ja, ... und ...«-Spiel und schreiben Sie zehn Minuten ohne Pause oder Wertung alle Ideen auf, die Ihnen durch den Kopf gehen.

Teil IV

Strategie Nummer 3: Das PQ-Training

In Teil IV erlernen Sie die dritte Strategie zur Erhöhung des PQ: gezieltes PQ-Training. Damit können Sie besser zwischen Ihrem Überlebensmodus und Ihrem PQ-Modus unterscheiden.

Außerdem üben wir einige einfache, konkrete Techniken ein, die nicht nur den PQ anheben, sondern auch Spaß machen.

Kapitel 7

PQ-Techniken für das Gehirn

Erinnern Sie sich an die Feststellung, dass die Saboteure und der Weise in unterschiedlichen Hirnregionen angesiedelt sind? Die Saboteure speisen sich aus den Regionen, die ursprünglich für unser körperliches und seelisches Überleben zuständig waren, dem Überlebenszentrum. Der Weise hingegen bezieht seine Energie aus den Hirnregionen, die das PQ-Zentrum bilden.

Die Aktivierung des PQ-Zentrums lässt die Stimme des Weisen in Ihrem Kopf lauter werden und die der Saboteure leiser. Deshalb besteht die dritte wichtige Strategie zur Erhöhung des PQ in der Stärkung der PQ-Funktionen. Die Techniken, die Sie in diesem Kapitel erlernen werden, wurden gezielt so entwickelt, dass sie auch für Menschen, die ständig hohen Anforderungen unterliegen, alltagstauglich sind.

Das Überlebenszentrum

Um das PQ-Zentrum zu verstehen, sollte man sich zunächst mit dessen Gegenteil auseinandersetzen, dem Überlebenszentrum, das wir in diesem Buch auch als »Überlebenshirn« bezeichnen. Dieses Zentrum ist im primitivsten Teil des Gehirns angesiedelt, dem Stammhirn und dem limbischen System, die beide an unserer Reaktion auf potenzielle Gefahren beteiligt sind. Bei Überlebensreaktionen ist vor allem die linke Hirnhälfte aktiv.

Kennzeichnend für eine Überlebensreaktion ist die Frage: Kampf oder Flucht? Die Natur hat ein geniales System entwickelt, um Gehirn und Körper bei dieser Frage augenblicklich darauf auszurichten, eine unmittelbare Gefahr zu überleben, die so genannte Fight-or-flight-Reaktion. Unsere Augen blenden das Umfeld aus, damit wir uns ganz auf das gefährliche Objekt oder unseren Fluchtweg konzentrieren können. Alle Gehirn- und Körperfunktionen, die nicht überlebenswichtig sind, werden zurückgeschaltet, während das Blut verstärkt in die großen Muskeln - Herz und Gliedmaßen - gepumpt wird, um ein rasches Entkommen zu ermöglichen.

Die körperliche Fight-or-flight-Reaktion geht mit einer entsprechenden Gehirnreaktion einher, die nur noch darauf ausgerichtet ist, Gefahren rechtzeitig zu erkennen und ihnen zu entkommen - im Zweifelsfall auch auf Kosten anderer Fähigkeiten. Dadurch werden insbesondere die Automatismen der Saboteure aktiviert, die unser Überleben gewährleisten sollen. Gleichzeitig haben wir weniger Zugang zu den Stärken des Weisen, die eher für das langfristige Wohlergehen zuständig sind als für das unmittelbare Überleben. Im Überlebensmodus konzentriert sich das Gehirn derart auf Gefahrensignale und die Frage, wer oder was dafür verantwortlich ist, dass es Chancen übersieht und das Gute an einer Situation nicht erkennen kann.

Im Überlebenszentrum hat der Richter das Sagen. Ihm verdankt er seine Existenz, denn seine extrem negative Grundeinstellung half unseren Ahnen, in einer gefährlichen, unberechenbaren Welt voller Raubtiere, Feinde und Naturkatastrophen zu überleben. Wie wir gesehen haben, ruft der Richter die Saboteure auf den Plan und wird auch seinerseits von ihnen aktiviert. Diesen Teufelskreis können wir jedoch zum Stillstand bringen und als wirksames Gegenmittel unser PQ-Zentrum aktivieren.

Stellen Sie sich vor, Sie verlören einen wichtigen Kunden. Ihr Richter stuft das als definitiv »schlecht« ein, also als Grund, unglücklich zu sein. Das wiederum ruft seinen Komplizen auf den Plan, der ursprünglich dazu da war, das Überleben zu gewährleisten und mit dem vom Richter erzeugten »Unglück« fertigzuwerden. Bei der nächsten Präsentation treten Sie nun steif und übertrieben sorgfältig (Perfektionist) auf, oder Sie schieben die Vereinbarung einer weiteren Präsentation hinaus (Vermeidet), oder Sie reagieren bedrückt und tun sich selber leid, um Aufmerksamkeit zu erhalten (Opfer), oder Sie lenken sich mit etwas ab, das mehr Spaß macht, damit Sie sich mit der Situation nicht auseinandersetzen müssen (Rastloser), und so weiter. Die Saboteure setzen das Problem also fort und liefern dem Richter, mit dem das Ganze begonnen hat, neue Gründe, besorgt zu reagieren.

Der Weise würde die ganze Geschichte anders angehen. Er würde eine besondere Gelegenheit darin sehen und etwas ganz Neues daraus machen. Bei ihm würden die PQ-Funktionen die Überlebensfunktion überwiegen.

Das Leben der meisten Menschen ist heutzutage von Angst und Sorge geprägt. Damit geht eine gewisse fortdauernde Kampf-oder-Flucht-Einstellung einher, mit welcher der Richter auf die persönlichen und beruflichen Herausforderungen unseres Lebens reagiert. Damit lässt eine Reaktion, die eigentlich dazu gedacht ist, uns aus akuten Gefahrensituationen zu retten, die Mehrheit der Menschen ständig im Überlebensmodus verharren. Eine Folge dieser Dauerstressreaktion sind steigender Blutdruck, mehr Herz-Kreislauf-Erkrankungen, ein angeschlagenes Immunsystem, eine geringere Lebenserwartung, weniger Glück und nachlassende Leistungsfähigkeit.

Das PQ-Zentrum im Gehirn

Unser PQ-Zentrum ist in dem Teil des Gehirns verankert, der die Sichtweise des Weisen und dessen fünf Stärken speist. Dieser Bereich umfasst drei Bestandteile: den mittleren Frontallappen (mittlerer präfrontaler Cortex), den »Empathie-Schaltkreis« und das Rechtshirn. Der mittlere Frontallappen ist ein relativ kleiner Bereich im Gehirn, der für etliche wichtige PQ-Funktionen zuständig ist, darunter die Selbstbeobachtung, die Pause vor dem Handeln, die Besänftigung von Furcht, die Zentrierung angesichts von Herausforderungen sowie das Bauchgefühl. Dieser Bereich verleiht dem Weisen Energie und steht damit im Widerspruch zu vielen Forderungen des Überlebenszentrums.

Als »Empathie-Schaltkreis« bezeichne ich bestimmte Hirnregionen, die gemeinsam dafür verantwortlich sind, dass wir uns und anderen gegenüber empathisch reagieren können. Sie tragen dazu bei, das Gehirn auf die Gefühle und die Energie anderer Menschen einzustimmen (mehr dazu im Anhang).

Das Rechtshirn befasst sich mit dem großen Ganzen, dem bildhaften, nonverbalen Denken und mit dem Erspüren von unsichtbaren Dingen wie Energie oder Stimmungen. Es trägt dazu bei, dass wir unsere körperlichen und seelischen Empfindungen wahrnehmen können, und steht damit im Gegensatz zum Linkshirn, das sich ganz auf Sprache, lineares und logisches Denken sowie Details konzentriert. Das Linkshirn kommt besonders bei der Erledigung alltäglicher Aufgaben zum Einsatz, während das Rechtshirn uns dazu befähigt, ein sinnvolles Leben voller Neugier, Entdeckungslust und Freude zu führen, in dem wir Beziehungen zu anderen pflegen.

Bei kleinen Kindern sind Überlebensanteil und PQ-Anteil ausgewogener als beim Erwachsenen. Während des Heranwachsens werden die Überlebensfunktionen unablässig trainiert, belohnt und gestärkt, wohingegen das PQ-Zentrum verkümmert. Bei der breiten Mehrheit der Erwachsenen sind die Überlebensfunktionen viel stärker ausgeprägt als ihr PQ-Zentrum.

Zum Glück reagieren die PQ-Regionen ziemlich prompt, wenn man auf sie zurückgreift, und können in relativ kurzer Zeit viel Kraft entwickeln.

Eine ganz neue Erkenntnis

In »Das verlorene Paradies« schreibt John Milton: »Es ist der Geist sein eigner Raum, er kann in sich selbst einen Himmel aus der Hölle und aus dem Himmel eine Hölle schaffen.«[21] Dieser Satz beleuchtet eines der Grundprinzipien der Positiven Intelligenz: Die positiven, aufbauenden Gefühle des Weisen wie Frieden, Freude und wahres Glück sind schlichtweg nicht zugänglich, solange die Überlebensfunktionen im Gehirn aktiv sind, selbst wenn wir uns im Himmel wiederfinden würden. Andererseits erhalten Sie automatisch Zugang zu den aufbauenden Gefühlen und der Perspektive des Weisen, wenn Ihr PQ-Zentrum voll aufgeladen ist, selbst wenn Sie gerade durch die Hölle gehen. Mit anderen

Worten: Wie wir uns fühlen, hängt mehr davon ab, welche Hirnregion gerade aktiv ist, als von unseren tatsächlichen Umständen. Das Glück spielt sich in uns ab, buchstäblich und neurochemisch nachweisbar.[22]

Die bekannte Hirnforscherin Dr. Jill Taylor, die in Harvard Neuroanatomie studiert hatte, erlebte dies auf dramatische Weise am eigenen Leib. 1996 erlitt sie einen Schlaganfall, der viele Bereiche ihres Überlebenszentrums im Gehirn stilllegte, während die PQ-Regionen kaum betroffen waren. So wurde sie Zeuge, wie das von Sorgen erfüllte Gedankenkarussell ihres zuvor sehr dominanten Überlebenszentrums verstummte und ihr Geist erstaunlich ruhig wurde. Nachdem das PQ-Hirn die Führung übernommen hatte, wurde sie zunächst einmal von einem berauschenden Gefühl überwältigt, das von Frieden, Freude und Mitgefühl geprägt war, obgleich sie dabei registrierte, wie ihr Körper allmählich gelähmt wurde und dass ihre steile Karriere in höchster Gefahr war.

Die alles verändernde Einsicht, die ihr durch dieses Erlebnis zuteilwurde, war, dass das Leben sich je nachdem, welche Gehirnregion gerade das Sagen hat, von Grund auf anders anfühlen kann. Mit der Zeit erholte Dr. Taylor sich vollständig, wusste aber jetzt sehr genau, welcher Teil ihres Gehirns künftig das Kommando übernehmen sollte. Ihre Erfahrungen hat sie in ihrem bewegenden Buch »Mit einem Schlag« in Worte gefasst.[23]

Es geht an dieser Stelle jedoch nicht darum, das halbe Gehirn auszublenden. Wie Jill Taylor feststellte, brauchen wir viele Funktionen des Überlebenszentrums, um unseren Alltag zu bewältigen. Es kommt also darauf an, dass das Überlebenszentrum den Chefsessel für den Weisen freigibt und sich mit der Rolle des Copiloten begnügt. Es soll uns nicht beherrschen, sondern uns dienen. Der neue Kapitän, das PQ-Zentrum, weiß genau, wann und wie es seinen Copiloten einsetzen muss. Dazu sollten wir es allerdings trainieren, damit der Weise zunehmend das Kommando übernehmen kann.

Das PQ-Aufbautraining

Wer seinen Bizeps entwickeln will, kann Hanteln stemmen. Das entsprechende PQ-Training ist ganz einfach: Richten Sie mindestens zehn

Sekunden lang möglichst viel Aufmerksamkeit auf Ihren Körper und auf Ihre fünf Sinne. Dieser Vorgang entspricht einer Wiederholung im Fitnessstudio, und wir wollen ihn als PQ-Einheit bezeichnen.

Solche kurzen Einheiten greifen auf Ihre »PQ-Muskeln« zurück, die dadurch aktiviert und mit Energie versorgt werden. Wenn Sie sich beispielsweise gedanklich im Kreis drehen und nun bewusst Ihre körperlichen Empfindungen wahrnehmen wollen, werden dadurch der präfrontale Cortex und bestimmte Rechtshirnanteile angesprochen, die zum PQ-Zentrum gehören. Zahlreiche Studien haben einen klaren Zusammenhang zwischen der Konzentration auf aktuelle körperliche Empfindungen und der Aktivierung von PQ-relevanten Hirnregionen festgestellt.[24] Diese Studien ergaben auch, dass solche Übungen das Gehirn dauerhaft neu verdrahten und neuronale Pfade bilden, die auch dann aktiv bleiben, wenn der Betreffende sich nicht mehr auf die Übung konzentriert. Dieser Vorgang ist mit der Muskelkraft vergleichbar, die auch nach Verlassen des Studios noch eine Weile erhalten bleibt (mehr darüber finden Sie im Anhang).

Viele Experten empfehlen mindestens 10000 Schritte am Tag, um körperlich gesund zu bleiben, was etwa sieben Kilometern Wegstrecke entspricht. Das PQ-Zentrum lässt sich bereits mit 100 PQ-Einheiten pro Tag in Gang halten.

Sie sollten demnach 100-mal am Tag mindestens zehn Sekunden möglichst viel Aufmerksamkeit auf Ihren Körper und einen oder alle Ihrer fünf Sinne richten. Dabei brauchen Sie keineswegs auf die Uhr zu sehen - zehn Sekunden entsprechen etwa drei Atemzügen.

Im Laufe des Tages gibt es immer wieder Gelegenheiten für eine PQ-Einheit. Zum Beispiel haben Sie sich beim Lesen dieses Buches vermutlich viele Gedanken gemacht, ohne Ihren Körper wirklich wahrzunehmen. Fangen Sie also an, beim Weiter lesen zehn Sekunden lang (drei Atemzüge) das Gewicht Ihres Körpers auf dem Stuhl wahrzunehmen. Oder konzentrieren Sie sich darauf, wie sich der Einband anfühlt, auf die Temperatur und das Gewicht des Buches, das Sie in der Hand halten. Oder nehmen Sie bewusst wahr, wie sich Brust und Bauch beim Atmen heben und senken. Sie können auch versuchen, beim Lesen alle

Umgebungsgeräusche wahrzunehmen. Damit haben Sie sofort ein paar PQ-Übungen eingebaut, die Sie Ihrem Tagesziel von 100 Einheiten näherbringen.

Dem PQ auf die Sprünge zu helfen ist also gar nicht so schwer. Es erfordert nur etwas Training. Muskeln entwickeln sich nicht dadurch, dass man etwas über Bodybuilding liest, und das PQ-Zentrum wird nicht aktiver, wenn Sie über diese Ansätze nachdenken, lesen oder diskutieren. Sie müssen die Übungen auch durchführen. Nachfolgend finden Sie weitere Beispiele, wie Sie im Alltag Ihre Positive Intelligenz trainieren können:

Körperpflege. Viele alltägliche Verrichtungen lassen sich zur PQ-Stärkung nutzen. Konzentrieren Sie sich beim nächsten Zähneputzen zehn Sekunden lang vollständig auf eine körperliche Wahrnehmung. Zum Beispiel können Sie die Vibrationen der Borsten auf Zähnen und Zahnfleisch bewusst spüren, die Zahncreme schmecken oder wahrnehmen, wie die Bläschen aus dem Zahnpasta Schaum im Mund platzen. Konzentrieren Sie sich immer nur auf eines dieser Gefühle, und lassen Sie alle Gedanken los, die währenddessen aufkommen. So sammeln Sie bei jedem Zähneputzen ein paar PQ-Einheiten.

Beim Duschen könnten Sie sich gestatten, Ihr Gedankenkarussell eine Minute zum Stehen zu bringen, und sich stattdessen ganz auf ein körperliches Gefühl konzentrieren. Achten Sie beispielsweise genau auf das Gefühl, wenn die Tropfen auf Ihre Haut auftreffen, oder auf das Geräusch des Wassers, wenn es auf den Boden der Dusche prasselt. Wählen Sie immer nur eine Wahrnehmung. Häufig ist es hilfreich, dabei die Augen zu schließen, um sich nicht von visuellen Eindrücken ablenken zu lassen. Manchmal möchte man sich aber vielleicht auch ganz dem widmen, was man gerade sieht.

Sport. Auch körperliche Betätigung bietet sich für PQ- Einheiten an. Richten Sie die Aufmerksamkeit beim Trainieren eher nach innen als nach außen. Nehmen Sie sich einige Minuten Zeit, ausschließlich einen Ihrer fünf Sinne wahrzunehmen. Auf dem Crosstrainer oder Ergometer können Sie beispielsweise ein paar Minuten die Augen schließen und nur der Maschine, Ihrem Atem und anderen Geräuschen zuhören. Oder Sie spüren den vielfältigen Empfindungen in jedem Muskel nach, der bei der jeweiligen Übung aktiviert wird. Wenn der Muskel schmerzt, nehmen Sie die verschiedenen Empfindungen, die damit einhergehen, ganz genau wahr, anstatt dem Schmerz sofort auszuweichen. Beim Laufen können Sie sich einige Minuten ganz auf die visuellen Einzelheiten Ihrer Strecke konzentrieren, zum Beispiel auf die Farben und die Oberflächen. Danach richten Sie Ihre Aufmerksamkeit auf die Höreindrücke - lauschen Sie dem Vogelgezwitscher; hören Sie das Geräusch Ihrer Füße auf dem Boden und den Wind an Ihren Ohren.

Essen. Die Freude am Essen lässt sich durch das Trainieren Ihres PQ-Zentrums beträchtlich steigern. Wenn Sie sich das nächste Mal an den Tisch setzen, lassen Sie sich bitte mindestens eine Minute Zeit, um Ihr Mahl achtsam wahrzunehmen. Wählen Sie einen Bissen, schließen Sie, wenn möglich, die Augen und achten Sie beim Kauen ganz genau auf die Konsistenz und den Geschmack der Speise. Sie werden feststellen, dass es sofort besser schmeckt, wenn Sie beim Essen das PQ-Zentrum einbeziehen.

Regelmäßig angewendet erweisen sich PQ-Einheiten beim Essen als wirksamer als jede Reduktionsdiät. Sie essen langsamer und werden auf angenehmere Weise von viel weniger Nahrung satt. Die meisten Gewichtsprobleme beruhen auf gedankenlosem Essen, das eher seelische Bedürfnisse befriedigen soll als echten körperlichen Hunger. Eine Aktivierung des PQ-Zentrums, welche die Saboteure zum Schweigen bringt, lässt den seelischen Hunger erheblich zurückgehen.

Musik hören. Wenn Sie das nächste Mal Musik hören, sollten Sie auch hier Ihre Aufmerksamkeit nach innen richten, nicht nach außen. Vielleicht können Sie sich wenigstens ein paar Minuten ausschließlich auf die Musik konzentrieren. Wählen Sie ein Instrument und achten Sie nur auf dessen Melodie oder Rhythmus. Nehmen Sie jeden Ton und jede Nuance bewusst wahr, anstatt sich vom Gesamteindruck tragen zu lassen, wie es beim Hören von Musik so leicht geschieht. Dadurch erweitern Sie nicht nur Ihr Hörerlebnis, sondern trainieren auch Ihr PQ-Zentrum.

Ballsport. Wer Ballsport betreibt, kann während des Spiels genauer darauf achten, wie das Gewicht auf den eigenen Füßen lastet, wie die Luft über das Gesicht streicht, wie beim Tennis, Badminton oder Hockey der Schläger in der Hand liegt oder wie der Fuß beim Fußball den Ball trifft. Passen Sie genau auf, wie der Ball sich dreht, und spüren Sie den Aufschlag. Lassen Sie dabei bewusst alle Gedanken los und geben Sie sich ganz der tieferen Weisheit des Körpers hin, die erst bei PQ-Aktivierung hervortritt. Das ist der »Flow«, bei dem Sportler das Gefühl haben, dass sie sich völlig mühelos und selbstverständlich bewegen.

Aber warum geraten Sportler in schwierigen Situationen mitunter aus dem Takt? Warum verfehlt der Basketballspieler im entscheidenden Moment den Korb? Der einzige Unterschied zwischen diesem Augenblick und den vielen hundert Malen, die er diesen Wurf geübt hat, ist die ablenkende Stimme des Richters. Wie gut könnte er sein, wenn diese Stimme durch Aktivierung der Positiven Intelligenz verstummen würde und er sich einzig auf den Korb und den Ball konzentrieren könnte? Probieren Sie es aus. Sie werden feststellen, dass Ihre spielerische Leistung erheblich davon profitiert.

Zuwendung. Wenn Sie das nächste Mal jemanden umarmen, den Sie lieben, bleiben Sie zehn Sekunden ganz bei dieser Empfindung. Können Sie so präsent sein, dass Sie das Atmen oder den Herzschlag Ihres Gegenübers spüren? Spüren Sie auch sich selbst in Ihrem Körper, Ihre Füße auf dem Boden und den eigenen Atem? Oder rotiert immer noch Ihr Gedankenkarussell? Sehen Sie im Gespräch mit anderen deren Pupillen, einschließlich der Farbe und des Funkelns in den Augen?

Eine Minute volle Präsenz in Gegenwart Ihrer Familie oder Ihres Partners hat einen stärkeren Einfluss auf Ihre Beziehungen als ein ganzer Tag, den man zerstreut nebeneinanderher lebt.

Gedächtnisstützen

Wie Sie sehen, ist eine einzelne PQ-Einheit schnell geschafft. Schwieriger ist es, tatsächlich 100-mal am Tag an die Übungen zu denken. Als Gedächtnisstützen eignen sich zwei Vorgehensweisen:

1.Üben Sie bei jedem Gang zur Toilette.

2. Üben Sie jedes Mal, wenn Sie einen Saboteur ertappen.

1. Gedächtnisstütze Toilette

Beim Einüben einer neuen Gewohnheit hilft es, wenn man diese mit einer bestehenden Gewohnheit verbindet. Der Toilettengang ist dafür ausgezeichnet geeignet. Immerhin betreten Sie die Toilette jeden Tag, an Arbeitstagen und am Wochenende, zu Hause oder auf Reisen.

Selbst ein viel beschäftigter Mensch kann seine Gedanken jedes Mal, wenn er das Bad oder die Toilette aufsucht, zur Ruhe kommen lassen. Gerade hier erscheint es absurd, wenn die Saboteure behaupten, man hätte zu viel zu tun, um einmal pro Stunde eine Minute zur Ruhe zu kommen. Mit dieser einfachen Vorgabe kommen Sie schnell auf 100 PQ -Einheiten pro Tag.

Um in dieser Minute eine PQ-Einheit einzulegen, könnten Sie Ihr Körpergewicht wahrnehmen, wenn Sie Ihren Körper beim Aufstehen auf die Füße verlagern und zur Toilette gehen. Spüren Sie beim Gehen den Boden unter Ihren Füßen? Nehmen Sie die Struktur und Temperatur der Tür wahr, wenn Sie Bad oder Toilette betreten. Registrieren Sie die Oberfläche und die Temperatur des Waschbeckens. Hören Sie zu, wie das Wasser durch den Abfluss läuft, spüren Sie bewusst, wie Wasser und Schaum über Ihre Haut rinnen. Dabei können Sie durchgehend alle Gedanken loslassen, die Sie von diesem Augenblick ablenken wollen.

Wenn Sie sich während dieser gesamten Minute ausschließlich Ihrer körperlichen Empfindungen bewusst machen, haben Sie schon sechs von den 100 Einheiten. Vermutlich stellen Sie jedoch fest, dass Sie immer wieder abschweifen, und werten dann ein paar weniger.

2. Gedächtnisstütze Saboteur

Unser Weiser weiß, dass wir alles in ein Geschenk und eine Chance verwandeln können, auch die Saboteure. Wenn diese darauf bestehen, immer wieder aufzutauchen, kann man sie genauso gut zum persönlichen Fitnesstrainer ernennen. Nehmen Sie sich vor, jedes Mal, wenn Sie einen Saboteur auf frischer Tat ertappen, eine zehnsekündige PQ-Übung einzuschieben. Damit schlagen Sie zwei Fliegen mit einer Klappe: Sie nutzen das Auftauchen des Saboteurs als Chance zum PQ-Training. Zugleich nehmen Sie diesem Saboteur etwas von seiner Energie, weil Sie vom Überlebensmodus auf PQ-Modus umschalten. Das ist eine Winwin-Situation. Es ist doch fast eine poetische Gerechtigkeit, die Energie der eigenen Saboteure für deren Untergang einzusetzen!

Bei einer Kombination dieser zwei Gedächtnisstützen kommen schnell 100 PQ-Einheiten pro Tag zustande. In der Stunde zwischen zwei Toilettenbesuchen erwischt man sich bei der Teamsitzung leicht einmal dabei, wie man ärgerlich wird oder vor etwas zurückschreckt, und kann diese Gefühle dem Richter oder dem Kontrolleur zuschreiben. Danach nutzt man die Gelegenheit, um sich auf den eigenen Atem oder das eigene Gewicht auf dem Stuhl zu konzentrieren, und schon hat man die nächste Einheit. Wenn Sie in dieser Stunde drei PQ-Einheiten zusammenbekommen und beim Toilettengang weitere vier gezählt haben, sind das bereits sieben von 100. Bei jedem Händewaschen können Sie registrieren, wie weit Sie an diesem Tag schon sind.

Achten Sie bitte darauf, keinem Saboteur zu gestatten, die angestrebten 100 Einheiten zur Pflichtübung zu erklären, die zusätzlichen Stress erzeugt. Es geht nicht um die exakte Zahl. 97-mal die Hantel zu heben anstatt 103-mal macht auch keinen großen Unterschied. Wenn Sie das Zählen zwischendurch vergessen, dürfen Sie gern schätzen. Und wenn Sie im Laufe des Tages überhaupt nicht an Ihr Training denken, lassen Sie bitte nicht zu, dass der Richter aufmarschiert und Ihnen deshalb ein schlechtes Gewissen einredet. Morgen ist ein neuer Tag!

Ihr Richter könnte auch versuchen, Ihnen einzureden, dass Sie ein Versager sind, weil Sie Ihre Gedanken nicht auf Kommando zum Schweigen bringen. Die Gedanken kommen keinesfalls zur Ruhe, nur weil wir es so wollen. Lassen Sie sich davon nicht entmutigen. Sie werden feststellen, dass Sie bei der Konzentration auf Ihre körperlichen Empfindungen immer wieder abschweifen. Das ist völlig normal. Mit der Zeit wird das innere Gerede leiser und weniger überzeugend, verschwindet aber nie ganz.

Das Üben sollte Spaß machen und Ihnen zu interessanten Einblicken verhelfen. Wenn es sich anders anfühlt, sind die Saboteure am Werk und versuchen, Sie von Ihrem Vorhaben abzulenken.

Das PQ-Training

In den Tagesablauf PQ-Einheiten einzubauen, entspricht einem tägli-chen Krafttraining, bei dem die gewünschten Muskeln aktiviert und all-mählich gekräftigt werden. Fitnessbewusste Menschen wissen jedoch, dass der Trainingserfolg deutlicher und schneller eintritt, wenn man eine Zeit lang täglich trainiert und dabei immer schwerere Gewichte stemmt.

Auf Positive Intelligenz übertragen bedeutet dies, dass man sich täglich fünf bis 15 Minuten Zeit nimmt, in denen man sich ruhig hinsetzt und intensiv das PQ-Zentrum aktiviert. Aus meiner jahrelangen Arbeit mit ehrgeizigen Typ- A-Persönlichkeiten sind klare Abläufe erwachsen, die mit geschlossenen Augen durchgeführt werden und auch bei besonders rastlosen, leicht ablenkbaren Menschen eine tiefgreifende PQ-Aktivie-rung bewirken. Neben dem PQ-Training erreichen Sie damit auch echte Entspannung und laden Ihre körperlichen und seelischen Batterien wie-der auf. Für unterschiedliche Bedürfnisse stehen entsprechende (eng-lischsprachige) Audiodateien in unterschiedlicher Länge auf www.Posi-tiveIntelligence.com zum Download bereit.

In einer 15-Minuten-Übung schweifen Sie vielleicht die Hälfte der Zeit gedanklich ab, kommen damit aber immer noch auf 45 erfolgreiche Ein-heiten (900 Sekunden geteilt durch zehn Sekunden geteilt durch zwei). Wenn Sie also das Gefühl haben, gegen Abend noch weit von Ihrem Ziel entfernt zu sein, kommen Sie mit einem solchen Intensivtraining zügig voran.

21-mal 100

Dr. Maxwell Maltz, ein plastischer Chirurg, stellte fest, dass Patienten 21 Tage brauchen, bis Phantomgefühle in amputierten Gliedmaßen nach-lassen. Nach genaueren Untersuchungen kam er zu der Schlussfolge-rung, dass es 21 Tage dauert, eine neue Gewohnheit einzuüben, und stellte die These auf, dass das Gehirn diesen Zeitraum benötigt, um neue neuronale Verbindungen zu festigen und ältere abzubauen.[25] Genau das ist es, was wir mit unserem Gehirntraining bezwecken.

Für Sie persönlich bedeutet das, dass Sie sich vornehmen sollten, an 21 Tagen in Folge je 100 PQ-Einheiten pro Tag zu erreichen. Am 21. Tag werden Sie feststellen, dass diese Übungen eine angenehme neue Gewohnheit sind, und sich fragen, wie Sie bisher ohne sie zurechtgekommen sind.

Die folgende Tabelle zeigt als Beispiel den Tagesablauf von Nancy, einer leitenden Angestellten aus dem Silicon Valley. Kaum jemand führt so akribisch über seine PQ-Einheiten Buch, und ich erwarte nicht, dass Sie ein vergleichbares Protokoll erstellen. Ich möchte Ihnen damit vielmehr einen Eindruck davon vermitteln, wie ein ganz normaler Tag mit PQ-Training ablaufen könnte.

Ihr Tagesablauf ist möglicherweise ganz anders als der von Nancy. Vielleicht möchten Sie sich wie Nancy schriftlich Rechenschaft ablegen, oder Sie zählen im Kopf mit, oder Sie schätzen lieber. Durch Beobachtung und Entlarvung Ihrer Saboteure kommen Sie möglicherweise auf weit mehr Gelegenheiten, sodass Sie ständig Einheiten einschieben können. Oder Sie beschließen, durch ein 15-minütiges Intensivtraining schon einmal die Hälfte der Einheiten unter Dach und Fach zu bringen. Oder aber Sie erarbeiten sich viele Punkte, indem Sie Ihr tägliches Fitnesstraining aufmerksamer durchführen oder eine Viertelstunde achtsam essen. Viele dieser Aktivitäten verbessern nicht nur den PQ, sondern führen auch zu besserer Entspannung und machen obendrein viel Spaß.

Nancys PQ Notizen		
Uhrzeit	**Tätigkeit**	**Einheiten**
6-7 Uhr	Im Bett liegen. Aufmerksamkeit auf Kopf auf dem Kissen Decke spüren,	2
	Richter erwischt: Dreimal tief durchatmen.	1
	Zahne putzen mit geschlossenen Augen. Alle Geräusche beim Putzen wahrnehmen Faszinierend!	1
7-8 Uhr	Auf dem Laufband. Eine Minute mit geschlossenen Augen Geräusche wahrnehmen. Angenehm!	3
	Aufmerksamkeit auf das Brennen in den Schenkeln richten, Nach ein paar Minuten verändert sich das Gefühl, und der Schmerz verschwindet,	6
8-9 Uhr	Kaffeeduft. Wärme der Kaffeetasse in der Hand.	2
	Zur Arbeit fahren, Gesäß auf dem Autositz spüren.	1
	Perfektion ist erwischt. Gefühl auf Kaffeetasse in der Hand umgelenkt.	1
9-10 Uhr	Vergessen. Mit E-Mails beschäftigt.	0
10-11 Uhr	Angst bemerkt: Gefühl auf angespannte Schultern umgelenkt und genau registriert.	3
11-12 Uhr	Toilette. Warmes Wasser auf den Händen. Geräusch des Wassers.	1
	Richter gegenüber Jack erwischt: Umgelenkt auf Gefühl der Füße auf dem Boden.	1
12-13 Uhr	Ein paar Minuten achtsam essen. Schmeckte viel besser.	6
13-14 Uhr	Fünf Minuten PQ-Intensivtraining. Etwa die Hälfte der Zeit abgelenkt.	15
14-15 Uhr	Vergessen. Lasse mich mitreißen und reagiere in der Sitzung sauer auf Tom.	0
15-16 Uhr	Händewaschen erinnert an PQ-Training.	3
	Richter dabei ertappt, dass er immer noch gegen Tom hetzt. Umgelenkt auf das Gefühl der Füße auf dem Boden	2
16-17 Uhr	Richter ertappt: Immer noch verärgert über Tom. Umgelenkt auf bewusste Wahrnehmung des Ärgers als Verspannung in Stirn und Schultern.	3
17-18 Uhr	Vergessen. Kleinkram erledigt.	0
18-19 Uhr	Richter erwischt: Ärger über Verkehr. Umgelenkt auf tiefes Durch atmen.	1
	Richter wieder erwischt: Umgelenkt auf bewusste Wahrnehmung des Schlagzeugs im Radio.	3
19-20 Uhr	Joe liebevoll umarmt. Seinen Atem und Herzschlag gespürt	1
	Perfektionist erwischt: Küche nicht perfekt aufgeräumt. Umgelenkt auf die Wahrnehmung meiner Anspannung in Kiefer und Schultern.	1
20-21 Uhr	Kauen mit geschlossenen Augen. Fasziniert von den Geräuschen und den Muskeln in mei-nem Mund. Schmeckt auch viel besser.	3
	Perfektionist erwischt: Will Frank sagen, wie man das »richtig« macht. Umgelenkt auf Gefühl von Gesäß auf dem Stuhl.	1
21-22 Uhr	Langer Spaziergang mit dem Hund, um auf 100 zu kommen- Beim Gehen Wind im Gesicht spüren und alle Geräusche wahrnehmen. Die Hälfte der Zeit Füße und Beinmuskeln gespürt. Mal konzentriert, mal nicht.	36
22-23 Uhr	Bad und aufmerksam Zähne putzen	6
	Gesamte PQ Reps	**103**

Ist Ihr PQ jeder Herausforderung gewachsen?

Mit zunehmender Stärke Ihres PQ-Zentrums können Sie immer größere Probleme bewältigen, ohne sich von Ihren Saboteuren überwältigen zu lassen. Wie groß muss ein Problem also noch sein, damit Ihr Richter beziehungsweise sein Hauptkomplize die Oberhand gewinnen? Bringt Sie der tägliche Kleinkram auf die Palme oder nur noch die großen Probleme? Die Antwort hängt vom Trainingszustand Ihres PQ-Zentrums ab, das der Kraft Ihres Weisen entspricht.

Gehen wir einmal davon aus, dass Ihre PQ-Muskeln mittelmäßig entwickelt sind. Sie sind sozusagen in der Lage, eine 15-Kilo-Problematik zu stemmen. Das heißt, Sie bleiben so lange friedlich, ganz bei sich und im Modus des Weisen, wie die Herausforderungen, die Ihnen gestellt werden, maximal 15 Kilo wiegen. Ein Verkehrsstau, Nachrichten von einem verärgerten, schwierigen Kunden oder die Ablehnung eines kleineren, neuen Kunden wären lauter kleinere Schwierigkeiten in diesem Bereich. Nach einer kurzen Saboteur Attacke würden Sie sich von derartigen Problemen rasch erholen, Ihr Gleichgewicht wiederfinden und die Herausforderung aus der Sicht des Weisen angehen. Mit wenigen PQ-Einheiten könnten Sie das Gefühl abschütteln und Ihre PQ-Funktionen neu aktivieren.

Die Feststellung, dass Ihr teurer neuer Wagen verbeult ist und der Fahrer unerkannt das Weite gesucht hat, wäre vielleicht unangenehmer. Auch eine Absage von einem sehr großen Neukunden, von dem Sie sich einiges versprochen haben und für den Sie schon sechs Monate arbeiten, wäre schwerwiegend. Öffentlich vom Chef für einen kostspieligen Fehler getadelt zu werden mag ebenfalls die 15-Kilo- Grenze überschreiten. Nur Sie selbst wissen, welche Herausforderung für Sie mit Ihren aktuellen PQ-Reserven nicht mehr zu bewältigen wäre.

Dass Ihr PQ dem Problem nicht mehr gewachsen ist, erkennen Sie daran, dass Sie sich von dem Sabotageangriff nur schwer erholen. In diesem Zeitraum werden Sie feststellen, dass Sie ärgerlich, reizbar, ängstlich, enttäuscht oder schuldbewusst reagieren, je nachdem, welcher Saboteur gerade am Werk ist. Ein paar PQ-Einheiten reichen da unter Umständen nicht aus. Selbst wenn Sie sich vorübergehend auf das Gefühl konzentrieren, wie Ihr Rücken an der Lehne ruht, die Füße auf dem Boden stehen oder Ihr Brustkorb sich hebt und senkt, kehren Zorn und Angst kurz darauf zurück.

Wenn die Last, die Ihnen auferlegt wird, die Kraft Ihrer PQ-Muskeln deutlich übersteigt, werden die Saboteure mitunter so stark, dass Sie inmitten dieser Herausforderungen jegliche Selbstwahrnehmung verlieren. Sie stecken in der Achterbahn Ihrer Gefühle fest und können nur noch reagieren. Vielleicht denken Sie nicht einmal mehr daran, Ihre Saboteure zu identifizieren oder PQ-Einheiten einzuschieben.

Das Leben fordert uns immer wieder heraus. Dauerhaften Frieden erreichen wir letztlich nur, wenn wir unser PQ- Zentrum so intensiv trainieren, dass es jeder Situation gewachsen ist. Erst auf diesem Niveau können wir jederzeit aus der Perspektive des Weisen reagieren und Problemen mit Ruhe, Neugier, Freude, Mitgefühl oder vergleichbaren Gefühlen begegnen anstatt mit Sorge, Enttäuschung, Reue, Angst oder Ärger. Die Sichtweise und die Stärken des Weisen ermöglichen es uns, dass wir jede Situation entweder aktiv in etwas Gutes verwandeln oder einfach akzeptieren und loslassen können.

PQ-Training im beruflichen Alltag

Sehen wir uns noch ein anderes Beispiel für PQ-Einheiten im beruflichen Alltag an. Sie fahren etwa zur Arbeit, und Ihnen kommt plötzlich der Gedanke: »Ich glaube, diesmal verbocke ich die Besprechung, und dann habe ich ein echtes Problem.« Da Sie wissen, wie Ihr Richter sich zu Wort meldet, erkennen Sie sofort, dass dieser Gedanke von ihm stammt. Also denken Sie: »Aha, der Richter.« Sein Auftauchen erinnert Sie daran, einige PQ-Einheiten einzulegen. Sie konzentrieren sich einige Atemzüge lang ganz auf Ihr Körpergefühl und spüren das Gewicht Ihres Körpers auf dem Sitz. Das sind schon zwei Einheiten. Danach achten Sie auf die Oberfläche und die Temperatur des Lenkrads. Noch eine Einheit. Anschließend horchen Sie auf den Luftstrom, der durch das Fenster rauscht, auf die Motorgeräusche und auf das Rollen der Räder auf dem Asphalt. Das sind die nächsten paar Einheiten. Zehn Sekunden lang registrieren Sie das sanfte Auf und Ab des Wagens, der auf die Straßenoberfläche reagiert. Dann lassen Sie sich wieder ablenken und verlieren sich in Gedanken, sodass Sie keine weiteren Einheiten sammeln.

Nachdem Sie Ihren Arbeitsplatz erreicht haben, verläuft die Besprechung wirklich nicht wunschgemäß. Sie lassen sich von der negativen Atmosphäre mitreißen und vergessen dabei, dass Sie sich doch beobachten und PQ-Einheiten einschieben wollten. Ihr Weiser kommt also kaum zum Zug.

Nach der Sitzung bleiben Sie in den dabei entstandenen Gedanken und Gefühlen verhaftet. Aufgewühlt kehren Sie in Ihr Büro zurück, empfinden einen Groll auf Ihren Chef und haben das Gefühl, er habe wieder einmal alles auf Sie abgewälzt. Sie tun sich richtig leid. Da fällt Ihnen plötzlich ein, dass dieses ganze Gefühlschaos von den Saboteuren erzeugt wird - es ist also hausgemacht. Sie erinnern sich, dass Groll und Selbstmitleid zu Ihrem Verhaltensmuster als Opfer gehören, ordnen diese Gefühle zu und sagen sich: »Oh, da ist ja wieder mein Opfer.« So können Sie diese Gefühle vorübergehend loslassen und sich Ihrer Arbeit zuwenden. Allerdings vergessen Sie, das Auftauchen des Saboteurs als Anlass für einige PQ-Einheiten zu nehmen.

Schließlich suchen Sie die Toilette auf, und diesmal fällt Ihnen ein, dass Sie sich ja vorgenommen hatten, bei jedem derartigen Gang Ihre PQ-Muskeln zu trainieren. Sie achten also schon beim Gehen darauf, wie sich der Boden unter Ihren Füßen anfühlt. Beim Händewaschen spüren Sie die Wärme des Wassers. Sie lauschen den Wassergeräuschen. Sie bemerken, wie sich das Papiertuch anfühlt, mit dem Sie Ihre Hände trocknen. Fast eine halbe Minute machen Sie sich Ihre körperlichen Empfindungen bewusst, ehe das Gedankenkarussell wieder anspringt. Daraufhin beschließen Sie, sich für diese halbe Minute drei Einheiten gutzuschreiben.

Diese veränderte Haltung beruhigt Sie ein wenig, weil nun Ihr PQ-Hirn kurz aktiviert wurde. Die aktuelle Herausforderung übersteigt allerdings die derzeitige Stärke Ihrer Positiven Intelligenz und Ihres Weisen, sodass es mit der inneren Ruhe bald wieder vorbei ist. Wieder werden Sie überwältigt. Als Sie sich erneut an den Schreibtisch setzen, fällt Ihnen auf, dass Trotz und Selbstmitleid zurückgekehrt sind. Sie ertappen Ihr Opfer und denken bei diesem Saboteur sofort an eine PQ-Einheit. Drei Atemzüge lang spüren Sie Ihr Gesäß auf dem Stuhl und das Gewicht Ihrer Hände auf dem Tisch. Das ist die nächste der 100 Übungen.

Danach gerät die Sache in Vergessenheit, weil Sie durch einen Anruf abgelenkt werden. Eine halbe Stunde später erwischen Sie sich wieder bei Opfergefühlen und -gedanken und wiederholen Ihre Übung. Da das Opfer trotz allem immer wiederkommt, verwenden Sie jedes Auftauchen als Hinweis, sich ganz Ihren körperlichen Empfindungen zuzuwenden und ein paar Einheiten einzuschieben. Indem Sie Ihren hartnäckigen Opfer-Saboteur zu Ihrem persönlichen PQ-Fitnesstrainer ernennen, kommen Sie mit dem Training ordentlich voran.

Nachdem Sie mehrere Monate auf diese Weise trainiert haben, naht die nächste wichtige Präsentation bei einem Kunden. Sie hören Ihren Richter sagen, dass Sie es bestimmt vermasseln. Ohne bewusste Anstrengung registrieren Sie, dass die Stimme des Richters weit weniger überzeugend klingt als früher. Sie jagt Ihnen nicht einmal Angst ein. Die Lautstärke ist sozusagen von alles übertönenden 100 Prozent auf erträgliche 25 zurückgegangen.

Bei der Besprechung verläuft die Präsentation wunschgemäß, doch hinterher lässt der Kunde die Katze aus dem Sack, spricht von einem neuen wichtigen Geschäft, das dazu führen könnte, dass Sie diesen Kunden verlieren.

Während Sie sich die Nachricht anhören und darauf reagieren, klopfen Sie sich insgeheim auf die Schulter und denken: »Nun, sieh einmal an. Du nimmst die schlechte Nachricht doch sehr gefasst auf. Vor ein paar Monaten wärst du hier sofort ausgestiegen!« Sie schmunzeln. Auch bei anderen Situationen fällt Ihnen auf, dass Sie automatisch den Teil Ihres Selbst einsetzen, der über den Dingen steht und alles im Lot hält: Ihren Weisen. Sobald Ihr PQ eine gewisse Stärke erreicht hat, geschieht das automatisch. Und dazu brauchen Sie nur etwas Übung.

Mein persönliches Trainingsprogramm

Ich habe einen langen Weg zurückgelegt, seit ich als kleiner Junge so bedrückt in die Kamera blickte. Mit Mitte 30 entdeckte ich meine

Saboteure, den mächtigen Richter und den Rationalisten, und erkannte, dass die unsichtbaren Begleiter, die mich früher überleben ließen, auf dem Weg zu mehr Erfolg und Glück inzwischen ein echter Hemmschuh waren. Mit Hilfe der bisher beschriebenen Methoden gelang es mir, diese Saboteure in meine persönlichen PQ-Trainer zu verwandeln. Wann immer sie in Erscheinung traten, legte ich ein paar PQ-Einheiten ein, um ihnen etwas entgegenzusetzen. Ihre Stimmen höre ich noch heute, und die Botschaften sind nach wie vor dieselben, aber sie sind sehr leise geworden. Ihr Flüstern ist nicht mehr in der Lage, die Stimme des Weisen zu übertönen.

Parallel dazu ist die Stimme meines Weisen deutlich lauter geworden. Je nachdem, wie viel »Schlechtes« ich privat oder beruflich erlebe, werde ich immer noch gelegentlich von meinen Saboteuren überwältigt. Aber kaum etwas kann mich längere Zeit umwerfen. In der Regel kann ich den Weisen schon nach wenigen Minuten wieder aktivieren. Ich trainiere nach wie vor meine PQ-Muskeln, deren Fitness mir genauso wichtig ist wie die körperliche. Die PQ-Einheiten sind inzwischen eine solche Wohltat, dass ich mich wirklich darauf freue. Nicht im Traum könnte mir einfallen, diese Übungen zu vernachlässigen.

Was auch immer geschieht: Lassen Sie sich von Ihren Saboteuren nicht einreden, dass Sie viel zu viel zu tun haben, um Ihren PQ zu schulen. Die vollen 100 Einheiten lassen sich allein dadurch erreichen, dass Sie Ihren alltäglichen Verrichtungen mehr Aufmerksamkeit zukommen lassen. Vermutlich werden die Saboteure Ihnen weismachen wollen, dass das viel zu mühsam ist und dass Glück und Erfolg sich viel schneller einstellen, wenn man sich auf äußere Faktoren und Leistungen beschränkt. Aber alle Äußerlichkeiten verpuffen mit der Zeit. Es gibt keinen Ersatz dafür, den Saboteuren Macht zu entziehen, diese auf den Weisen zu übertragen und dabei Ihren PQ zu trainieren. Ohne dieses Umdenken sind viele Ihrer Vorhaben auf Sand gebaut.

Noch niemand, mit dem ich gearbeitet habe, hat es geschafft, an 21 Tagen in Folge seine 100 PQ-Einheiten einzuhalten, ohne dass sich sein Leben deutlich verbessert oder gar eine entscheidende Wende erfahren hat. Um Ihretwillen, aber auch um Ihrer Kollegen, Ihres Teams und Ihrer Angehörigen willen, hoffe ich, dass auch Sie sich dazu entschließen können.

Frage

Wollen Sie sich versprechen, pro Tag 100 PQ-Einheiten einzubauen? Auf welche Weise werden Ihre Saboteure in den kommenden Tagen wohl versuchen, Sie davon abzubringen?

Teil V

So messen Sie Ihren Erfolg

In Teil V lernen Sie, wie man anhand der PQ-Punktzahl die Höhe der Positiven Intelligenz ermittelt, sowohl für den Einzelnen als auch für ganze Teams. Auf diese Weise können Sie sehen, welche Fortschritte Sie machen, wenn Sie die drei Strategien zur Erhöhung der Positiven Intelligenz für sich oder Ihr Team anwenden.

Kapitel 8

PQ-Ergebnis und PQ-Dynamik

In diesem Kapitel geht es um die Ermittlung des PQ für Personen oder Teams und um die praktische Bedeutung des Ergebnisses. Außerdem widmen wir uns dem PQ-Schwellenwert, ab dem Individuen oder Teams entweder in einen ständigen Abwärtsstrudel geraten oder von einem unsichtbaren Energiesog nach oben gezogen werden.

Testergebnisse tragen sehr dazu bei, eine positive Veränderung in Gang zu setzen und aufrechtzuerhalten. Für Sportler ist es ein Ansporn, wenn sie feststellen, dass sie schneller oder weiter laufen, mehr Kalorien verbrennen oder schwerere Gewichte heben können. Wer abnehmen möchte, verfolgt seine Gewichtskurve auf der Waage. Beim PQ-Training beobachten Sie Ihre Fortschritte auf dem Weg zu 100 PQ-Einheiten und bestimmen Ihr PQ-Ergebnis.

In Teil I wurde erklärt, dass das PQ-Ergebnis der Höhe Ihres Positiven Intelligenz-Quotienten (PQ) entspricht. Dabei liegt eine Skala von 0 bis 100 zugrunde. Letztlich ist der PQ der Zeitanteil, in dem Ihr Geist Ihnen dient, anstatt Sie zu sabotieren, sich also nicht feindselig, sondern freundlich verhält.

Ein PQ von 75 bedeutet beispielsweise, dass Ihr Geist sich in 75 Prozent der Zeit wie ein echter Freund zeigt und Sie zu 25 Prozent sabotiert. Neutrale Zeiträume werden dabei nicht gemessen. Damit stellt sich die

Frage: Woran erkenne ich, dass mein Geist gerade mein bester Freund oder mein schlimmster Feind ist?

Eine zentrale Prämisse im Konzept der Positiven Intelligenz ist, dass alle negativen, destruktiven oder belastenden Gefühle unabhängig von den Umständen von unseren persönlichen Saboteuren erzeugt werden. Jedwede Energie, die wir für Angst, Stress, Ärger, Frust, Selbstzweifel, Ungeduld, Verzweiflung, Bedauern, Trotz, Ruhelosigkeit, Schuld oder Scham aufwenden, entspringt einer Entscheidung, die unsere Saboteure getroffen haben. Und jedwede Herausforderung kann von unserem Weisen gemeistert werden - mit seinem Überblick und seinen fünf Stärken. Die Perspektive und die Stärken des Weisen erzeugen ausschließlich positive Gefühle.

Daraus folgt, dass uns das Registrieren der eigenen Gefühle am schnellsten erkennen lässt, ob der eigene Geist gerade als Freund (Weiser) oder als Feind (Saboteure) auftritt. Der PQ ergibt sich, wenn wir die im Laufe eines normalen Tages vom Weisen erzeugten Gefühle prozentual den von den Saboteuren erzeugten Gefühlen gegenüberstellen. Auf www.PositiveIntelligence.com können Sie hierzu einen vertraulichen PQ-Test (in englischer Sprache) machen. Da jeder mal gute und mal schlechte Tage hat, sollte der PQ für einen »typischen« Tag in Privatleben und Beruf ermittelt werden. Das Ergebnis während des Urlaubs auf Hawaii entspricht vermutlich nicht unbedingt Ihrem normalen PQ. Daher können Sie den PQ-Test wiederholen, um Ihren Normalwert festzustellen, der gerade nicht von den Abweichungen besonderer Tage verzerrt ist.

Der Team-PQ wird ganz ähnlich ermittelt, doch dabei geben die Teammitglieder die Gefühle an, die sie üblicherweise empfinden, wenn sie mit anderen Mitgliedern ihres Teams interagieren. Dieser Ansatz gilt auch für den PQ ganzer Firmen sowie für Beziehungen und Ehen. Das PQ-Ergebnis ist ein guter Anhaltspunkt dafür, wie viel von dem eigentlichen Potenzial eines Individuums, eines Teams, einer Partnerschaft oder einer Ehe tatsächlich verwirklicht wird.

Der PQ und das persönliche Glück

Wenn wir »glücklich sein« als den prozentualen Zeitanteil definieren, in dem wir positive, erwünschte Gefühle spüren, lässt sich das PQ-Ergebnis zugleich als Glücksskala interpretieren. Als positive, erwünschte Gefühle gelten dabei alle Gefühle, die bei Aktivierung des Weisen entstehen. Im Empathie Modus zählen hierzu Mitgefühl, Empathie und Vergebung. Der Forschermodus beinhaltet Gefühle wie Neugier, Staunen und Ehrfurcht. Im Kreativitätsmodus würde man das Glück der Innovation empfinden. Der innere Kompass ruft das Gefühl hervor, gut geerdet und mit den persönlichen Werten und Zielen im Einklang zu sein. Und beim tatkräftigen Handeln würden Gefühle wie stille Kraft, Entschlossenheit und Zufriedenheit dazu führen, dass wir in Ruhe handeln können, ganz ohne die Dramatisierungsversuche der Saboteure.

Um zu wissen, wie glücklich jemand ist, braucht man nur den PQ dieser Person zu kennen. Ein gesunder Milliardär mit einem PQ von 50 wäre demnach deutlich unglücklicher als ein durchschnittlich situierter Querschnittsgelähmter mit einem PQ von 80. Um diesen Vergleich anzustellen, braucht man keine weiteren Daten über die jeweiligen Lebensumstände.

Das erklärt auch, warum äußerliche Ereignisse, wie zum Beispiel den Lotto-Jackpot zu knacken oder nach einem Unfall querschnittsgelähmt zu sein, langfristig nachweislich kaum Einfluss auf das persönliche Glücksempfinden haben. Normalerweise pendelt sich das Glücksempfinden binnen kurzer Zeit wieder auf dieselbe »Grundzufriedenheit« ein, die jemand auch zuvor schon empfunden hat.[26] Andere Untersuchungen ergaben, dass äußere Umstände nur für zehn Prozent der Variationsbreite beim persönlichen Glück verantwortlich sind.[27] Ob wir glücklich sind oder nicht, ist also tatsächlich unsere Sache.

Der PQ-Einfluss auf den Erfolg

Auch der Zusammenhang zwischen Erfolg und PQ liegt auf der Hand. Der PQ legt fest, wie viel von unserem wahren Potenzial wir erreichen. Dabei gilt die folgende Formel:

$$\text{Erfolg} = \text{Potenzial} \times \text{PQ}$$

Das persönliche Potenzial wird von vielen Faktoren bestimmt, beispielsweise der kognitiven Intelligenz (IQ), der emotionalen Intelligenz (EQ), aber auch Fähigkeiten, Wissen, Erfahrung, Vernetzung und so weiter.

Diese Faustregel ist nicht für exakte wissenschaftliche Berechnungen gedacht und umfasst auch nicht die Dynamik des Schwellenwerts, mit der wir uns später noch beschäftigen werden. Sie soll nur den allgemeinen Zusammenhang zwischen Potenzial, Erfolg und PQ hervorheben. Auf einem höheren PQ-Niveau kanalisieren die fünf Stärken des Weisen einen Großteil unserer Energie und richten diese auf das gewünschte Ergebnis aus. Bei einem schwächeren PQ-Ergebnis verwenden wir einen gewissen Teil unserer Energie darauf, die eigenen Bemühungen zu sabotieren, oder verschwenden sie zumindest bei all den Reibereien, Dramen und Ablenkungen, die mit den Saboteuren einhergehen.

Die Formel bestätigt nur, was auf der Hand liegt: Die meisten Menschen haben weit mehr Potenzial, als sie bisher nutzen. Nur bei 20 Prozent aller Personen und Teams bildet der PQ ihr wahres Potenzial ab. Der schnellste Weg, um Erfolg und Leistung zu steigern, ist den PQ zu erhöhen, nicht das Potenzial. Ein Teil des persönlichen Potenzials, zum Beispiel der IQ, ist relativ unveränderlich, und der Rest beruht auf den Fähigkeiten, Kenntnissen, Erfahrungen und Beziehungen, die wir über Jahre hinweg aufgebaut haben. Das Potenzial ist damit bereits hoch, aber eben keineswegs ausgeschöpft. Eine noch größere Investition in Fähigkeiten, Kenntnisse oder Erfahrung steigert zwar das Potenzial, bringt aber kurzfristig keine erhebliche Veränderung. Der PQ hingegen lässt sich innerhalb weniger Wochen oder Monate deutlich steigern.

Stellen Sie sich vor, Sie wären am Strand und würden an einem Wettbewerb teilnehmen, in dem es darum geht, wer in wenigen Stunden die meisten Sandburgen bauen kann. Stellen Sie sich nun bitte vor, jede halbe Stunde käme eine Welle (ein Saboteur) und würde die Hälfte von dem zerstören, was Sie aufgebaut haben. Um mehr Erfolg zu haben, könnten Sie natürlich den Workshop »Wie baue ich am schnellsten eine Sandburg?« besuchen und schrittweise Ihr Bautempo steigern. Das würde Ihre Leistung verbessern. Sie könnten aber auch etwas Zeit darauf verwenden, einen kleinen Deich zu errichten, welcher die Wellen davon abhalten würde, Ihre Burgen regelmäßig zu zerstören. (Das wäre gleichbedeutend mit dem Aufbau einer PQ-»Mauer«, die vor den eigenen Saboteuren schützt.) Welche Methode würde Ihr Endergebnis wohl deutlicher verbessern?

Der PQ-Schwellenwert: 75

In Teil I habe ich zahlreiche Studien zitiert, welche die Verbindung zwischen dem PQ und dem persönlichen Glück sowie der Leistungsfähigkeit von Personen und Teams belegen. Jetzt wollen wir uns Ergebnissen der prominentesten Wissenschaftlicher auf diesem Gebiet zuwenden, die auf die Existenz eines kritischen PQ-Schwellenwerts hindeuten.

Bitte beachten Sie dabei, dass die verschiedenen Wissenschaftler zur Ermittlung von Positivität und Negativität unterschiedliche Messverfahren einsetzten, wobei die Ergebnisse insgesamt ausgesprochen konsistent waren. Darüber hinaus ergibt sich bei diesen Studien in der Regel ein Positiv-Negativ-Verhältnis von drei zu eins. Ich habe mir die Freiheit genommen, aus diesen Werten ein prozentuales Verhältnis abzuleiten, um innerhalb des PQ-Ansatzes eine konstante Größe zu haben. Dementsprechend habe ich ein Positiv-Negativ-Verhältnis von drei zu eins in einen PQ-Wert von 75 umgewandelt (drei positive Reaktionen gegenüber einer negativen bedeutet, dass man 75 Prozent der Zeit positiv gestimmt ist).

Bei einer der gründlichsten und eindrucksvollsten Studien auf diesem Gebiet untersuchte Marcial Losada 60 Managementteams, indem er die Interaktionen der verschiedenen Mitglieder genau beobachtete. Anhand von objektiven Daten wie Wirtschaftlichkeit und Kundenzufriedenheit wurden die Teams den Kategorien »leistungsschwach«, »durchschnittliche Leistung« und »leistungsstark« zugeordnet. Es wurden zwar auch andere Kriterien gemessen und verglichen, doch das Verhältnis von positiv zu negativ erwies sich als der Faktor, der den drei Leistungskategorien am auffälligsten entsprach (siehe Tabelle).

Teams	Umgerechnet in PQ-Wert
Schwache Leistung	29
Durchschnittliche Leistung	66
Starke Leistung	85

Besonders bemerkenswert ist dabei das mathematische Modell, das Losada für dieses Thema entwickelt hat. Sein Modell zeigt, dass derartige Systeme beim Menschen einer nichtlinearen Dynamik unterliegen. Das bedeutet, dass das System ab einem bestimmten Schwellenwert »kippt«, sich wie ein Strudel entweder immer enger zusammenzieht oder immer weiter um sich greift und dabei eine disproportionale Wirkung entfaltet. Ab einem PQ-äquivalenten Wert von 75 (genauer gesagt: 74,4) schaltet das System von einer eingebauten, sich selbst verstärkenden Negativdynamik, bei der man auf der Stelle zu treten meint, auf eine Positivdynamik um, bei der alles möglich scheint.[28]

Ebenso eindrucksvoll ist die Arbeit von Barbara Fredrickson. Nach der Promotion in Stanford entwickelte sie sich zu einer führenden Kapazität auf ihrem Gebiet und wurde dafür mit dem Templeton-Preis für Positive Psychologie des Amerikanischen Psychologenverbands APA ausgezeichnet. Zusammen mit Losada setzte sich Fredrickson mit der Frage auseinander, ob Losadas mathematisch ermittelter Schwellenwert für Teams auch für Individuen anwendbar sei. Dazu untersuchte Fredrickson Personen, die nach unabhängigen Kriterien als »darbend« oder »aufblühend« kategorisiert wurden. Das Ausmaß des Aufblühens wurde anhand von 33 Faktoren bestimmt.

Fredrickson untersuchte zwei Populationen, bei denen der PQ-äquivalente Wert bei aufblühenden Personen durchschnittlich bei 77 lag, der von darbenden Personen hingegen bei 69. Als Schwellenwert erwies sich ein PQ von 75.[29] Interessanterweise lassen Fredricksons Ergebnisse darauf schließen, dass etwa 80 Prozent aller Menschen unter diesem

Schwellenwert bleiben.

Die wohl bekannteste Studie zu diesem Thema ist die Ehestudie von John Gottman, die in Malcolm Gladwells Buch »Blink« besonders hervorgehoben wird.[30] Gottman kann mit 90-prozentiger Sicherheit vorhersagen, ob ein frisch verheiratetes Paar vier bis sechs Jahre später noch verheiratet oder schon wieder geschieden sein wird. Für eine gut funktionierende Ehe ermittelte er umgerechnet auf PQ eine Punktzahl von 82. Ehen, die wieder auseinandergingen, erzielten maximal einen Wert von 41. Gottmans Ergebnisse stimmen mit dem Schwellenwert überein.[31]

Der klinische Psychologe Robert Schwartz steuerte weitere Belege bei. Sein mathematisches Modell, das sich in der Arbeit mit seinen Patienten bestätigte, ermittelte einen seelisch-geistigen »Optimal Zustand« knapp oberhalb des Schwellenwerts. Der »Normalzustand« oder pathologische Zustände lagen darunter.[32]

Es ist faszinierend, dass diese Wissenschaftler trotz unterschiedlicher Methoden zur Messung des Positiv-Negativ-Verhältnisses konsistente Ergebnisse verzeichnen konnten. In ihrem bahnbrechenden Buch Die Macht der guten Gefühle: Wie eine positive Haltung Ihr Leben dauerhaft verändert, liefert Barbara Fredrickson eine ausgezeichnete Zusammenfassung der bisherigen Forschung zum Phänomen des Schwellenwerts.

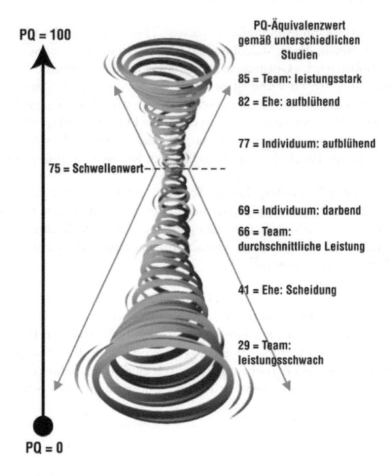

PQ = 100

PQ-Äquivalenzwert
gemäß unterschiedlichen
Studien

85 = Team: leistungsstark

82 = Ehe: aufblühend

77 = Individuum: aufblühend

75 = Schwellenwert

69 = Individuum: darbend

66 = Team:
durchschnittliche Leistung

41 = Ehe: Scheidung

29 = Team:
leistungsschwach

PQ = 0

Die PQ Dynamik

Die PQ-Dynamik

In meiner Arbeit mit Einzelpersonen sowie mit ganzen Teams lag der PQ-Schwellenwert regelmäßig bei 75. Mir gefällt dabei die Vorstellung eines Aufwärtssogs und eines Abwärtsstrudels zur Beschreibung des energetischen Phänomens beiderseits dieses Schwellenwerts. Unter einem PQ von 75 sind Personen oder Teams ständig den unsichtbaren Kräften eines insgesamt negativen Sogs ausgesetzt. Oberhalb dieses Werts hingegen werden sie von einer insgesamt positiven Dynamik konstant nach oben gezogen. Der Einzelne erlebt dieses Phänomen innerhalb des eigenen Gehirns. Bei Teams tritt es in Form von Interaktionen unter den Teammitgliedern in Erscheinung. Die Abbildung auf der vorherigen Seite enthält eine grafische Darstellung der PQ-Dynamik.

Kennen Sie Menschen, die eine derartige Negativität ausstrahlen, dass man sich in ihrer Gegenwart große Mühe geben muss, sich nicht davon herunterziehen zu lassen? Haben Sie einmal einem Team angehört, in dem Sie sich bereits beim Betreten des Besprechungszimmers wie erdrückt vorkamen und prompt besorgt, verlegen, argwöhnisch oder defensiv reagierten? Erinnern Sie sich an Zeiten, in denen Ihr negatives Gedankenkarussell einfach nicht zur Ruhe kam und Sie völlig erschöpfte?

Haben Sie andererseits schon einmal die Situation erlebt, dass Sie in einen Raum kamen und eine so positive, aufbauende Stimmung wahrgenommen haben, dass es Ihnen sofort besser ging, weil Sie mehr Hoffnung und neue Energie hatten? Kennen Sie Personen, die eine so starke Positivität verbreiten, dass Ihre Stimmung steigt, sobald Sie in ihrer Nähe sind? Kennen Sie womöglich einen Chef oder Vorstand, in dessen Gegenwart Sie gleich ein wenig größer werden und mehr an sich selbst glauben, selbst wenn er nicht einmal das Wort an Sie richtet? Erinnern Sie sich an Gelegenheiten, bei denen Ihr Geist derart im Flow war, dass Sie jedes Hindernis als willkommene Herausforderung oder als kniffliges Rätsel betrachteten? All diese Beobachtungen sind das Ergebnis der unsichtbaren PQ-Dynamik, die jeder Mensch und jedes Team rund um die Uhr ausstrahlen. Diese Dynamik beeinflusst Energieniveau, Stimmungslage und Perspektive, häufig ohne dass es uns bewusst wird.

Befindet man sich im negativen Abwärtsstrudel, kostet es ständig Energie, sich über Wasser zu halten und sich um alles Nötige zu kümmern. Wirkt hingegen der positive Sog, fühlt man sich ohne besondere Anstrengung nach oben gezogen und fliegt mühelos mit Rückenwind dahin. Wer in der negativen Dynamik festhängt, sieht sich ständigem Gegenwind ausgesetzt. Auch so gelangt man irgendwann ans Ziel, doch man verbraucht dabei weit mehr Energie, und es dauert länger. Wenn Ihr persönlicher PQ oder der Ihres Teams unter 75 liegt, verschwenden Sie viel Energie mit Sorgen - Energie, die man besser produktiv einsetzen könnte.

Nur 20 Prozent von uns haben einen PQ von 75. Deshalb schöpfen auch nur 20 Prozent aller Personen und Teams ihr wahres Potenzial voll aus.

Was verursacht die PQ-Dynamik?

Wie kommt diese PQ-Dynamik zustande? Warum taucht diese nicht lineare Wirkung ab einem bestimmten Schwellenwert in so vielen Daten unterschiedlicher Wissenschaftler auf? Die Antwort hängt jeweils davon ab, ob die PQ- Dynamik sich im eigenen Kopf abspielt oder innerhalb eines Teams abläuft. Das ist nämlich nicht dasselbe.

Die individuelle PQ-Dynamik

Dass diese Dynamik in jedem Menschen abläuft, hat zwei Gründe. Erstens bewirkt die spezielle Verdrahtung des menschlichen Gehirns, dass als negativ oder positiv bewertete Wahrnehmungen sich jeweils selbst verstärken. Zweitens werden negative und positive Einschätzungen des Gehirns in der Außenwelt zu selbsterfüllenden Prophezeiungen. Sie bewirken Ergebnisse, welche die ursprüngliche negative oder positive Einschätzung des Gehirns bestätigen, durch die aber genau diese Ergebnisse überhaupt erst möglich wurden. Das wiederum treibt die Spiraldynamik immer weiter voran.

Das menschliche Gehirn ist so angelegt, dass es zwei wichtige Aufgaben erfüllen kann: überleben und entfalten. Im Überlebensmodus hat das Überlebenshirn das Kommando und hält nach allem Ausschau, was unser körperliches und emotionales Überleben gefährden könnte, also vor allem nach Negativem. Im Entfaltungsmodus sucht das PQ-Hirn nach Chancen zu wachsen, Neues zu entdecken, zu forschen, kreativ zu werden, zu staunen, etwas anzuerkennen und sein volles Potenzial auszuloten.

Bei einem PQ von 75 oder mehr hat das PQ-Hirn das Sagen, und das Überlebenshirn arbeitet im Hintergrund vor sich hin. Mit der Perspektive des Weisen rückt die Frage der Entfaltung ins Rampenlicht, während die Saboteure sich mit den hinteren Plätzen zufriedengeben. Bei einem PQ unter 75 ist es andersherum.

Bei jedem Einschalten des Überlebens- oder des Entfaltungsmodus werden zahlreiche Hirnregionen aktiviert, die einander anstoßen und in einer Art Schneeballeffekt die PQ-Dynamik in Gang setzen. Die Amygdala ist zum Beispiel daran beteiligt, ob wir uns sicher oder in Gefahr fühlen. Wenn die Amygdala entscheidet, dass eine glaubhafte Gefahr vorliegt, schaltet das Gehirn auf Überlebensmodus um. Das wiederum löst eine ganze Kaskade neurochemischer Abläufe ab, unter anderem die Ausschüttung des Stresshormons Kortisol. Kaum jemandem ist bewusst, dass eine subjektive Fight-or-flight-Situation nicht nur eine ganz spezifische körperliche Reaktion auslöst, sondern auch einen geistigen Tunnelblick. Unser Gehirn hält dann automatisch selektiv nach negativen, »gefährlichen« Signalen Ausschau und ignoriert die positiven Aspekte.

Im Überlebensmodus rückt die Entfaltung in den Hintergrund. Selbst wenn sich viele Gelegenheiten ergeben, die einen Wechsel zum Entfaltungsmodus nahelegen, ist das Gehirn mit seiner aktuell eingeschränkten Sichtweise nicht in der Lage, diese Chancen zu registrieren und ihnen Priorität einzuräumen. Das wiederum hält die Negativdynamik in Betrieb. Negativität ist daher ein sich selbst verstärkendes und selbsterfüllendes Denkmuster. Sobald Sie in diesen Strudel geraten, spüren Sie einen Sog, der Sie nicht mehr freigeben will.

Zum Glück ist auch Positivität selbst verstärkend und selbsterfüllend. Positive Emotionen regen die Ausschüttung von Serotonin und Dopamin an. Diese Botenstoffe haben zahlreiche Wirkungen. Wir fühlen uns wohl. Die Lernzentren im Gehirn, die uns dabei helfen, Neues zu erfassen, es uns zu merken und später darauf zuzugreifen, werden mit Energie versorgt. Der Aufbau neuer und die Erhaltung bestehender Synapsen Verbindungen werden erleichtert. Dadurch wiederum können wir schneller denken, auch bei komplexen Problemen den Überblick behalten und mehr unkonventionelle, kreative Lösungen entwickeln. All das entspricht dem bevorzugten Vorgehen des Weisen. Sobald wir in der Positivdynamik stecken, fühlen wir uns automatisch nach oben gezogen.

Die PQ-Dynamik in Teams

Auch Teams strampeln bei einem PQ unter 75 gegen einen Abwärtsstrudel an. Ein Schlüsselfaktor für diese Negativentwicklung ist das Spiegelneuronen System im menschlichen Gehirn. Unsere Spiegelneuronen sind die Stimmgabeln, mit denen wir uns unbewusst auf die Verfassung unserer Umgebung abstimmen und automatisch deren Denkweise imitieren. Am sichtbarsten wird dies, wenn wir gähnen, sobald jemand anders gähnt, oder wenn wir zusammenzucken, weil wir sehen, dass jemand anders körperliche Schmerzen erleidet. Weniger offensichtlich ist, dass auch Energieniveau, Stimmung und sogar der PQ ansteckend sein können. Beispielsweise ist es wahrscheinlicher, dass Ihre eigenen Saboteure auf den Plan treten, wenn Ihr Gegenüber von seinem Richter gesteuert wird.

Nehmen wir einmal an, Jane hätte einen recht ordentlichen PQ von 70, John hingegen einen PQ von 30. Die Frage lautet nun: Wer würde sich bei einer Interaktion der beiden auf den anderen einschwingen? Treffen sie sich in der Mitte, und entwickelt jeder einen PQ von 50? Zieht Jane John auf 60 hoch, oder reißt John eher Jane weit zu sich herunter?

Zur Klärung dieser Frage kommt es auf zwei Faktoren an. Der eine ist der relative Status und die Macht beider Beteiligten. Als Vorgesetzte könnte Jane ihren Mitarbeiter John vermutlich eher aufrichten, als sich von ihm nach unten ziehen zu lassen. Der zweite Faktor ist das, was ich als »Radius« der Dynamik bezeichne. Bei manchen Menschen hat die positive oder negative PQ-Dynamik einen geringen Radius und wirkt sich kaum auf ihre Umgebung aus. Andere machen buchstäblich einen Riesenwirbel. Jeder kennt Menschen, deren negative Ausstrahlung die

Stimmung im Raum dämpft, sobald sie durch die Tür treten. Andererseits kennen wir auch Menschen, deren positive Ausstrahlung die Straßenbeleuchtung überflüssig macht.

Ein Team, dessen Teilnehmer unterschiedliche PQ-Werte und PQ-Radien mitbringen, schwingt sich mit der Zeit auf einen kollektiven Team-PQ ein, bei dem auf die Dauer alle halbwegs gleich »ticken«, wie zwei synchronisierte Pendeluhren. Ursächlich für diesen Übertragungseffekt sind die Spiegelneuronen.

Ein begnadeter Anführer oder Teamplayer weiß, wie man den kollektiven PQ des Teams auf über 75 hebt, damit jedes Teammitglied sich davon beflügeln lassen kann. In einem solchen Team zeigt jeder Einzelne einen höheren PQ, als wenn er ganz auf sich gestellt ist. Darum sagen wir auch, jemand bringe bei anderen die besten Seiten zum Vorschein. Wenn Peter einen PQ von 60 hat, treten im Rahmen eines Teams mit hohem PQ vermutlich seine Saboteure weniger hervor, sein Weiser hingegen stärker. Geht er jedoch nach Hause, so fällt er innerhalb der Familie auf einen PQ von 60 zurück. Ich kenne Menschen, die von der hohen PQ-Dynamik ihrer Teams so beflügelt werden, dass sie ihre berufliche Existenz als deutlich erfüllender empfinden als ihr Privatleben. Innerhalb solcher Teams fühlen sie sich einfach besser und können leichter zur Topform auflaufen als privat.

Wer einem Team angehört, sollte sich folgende Frage stellen: Fühlen Sie sich normalerweise inspiriert oder ausgebremst, wenn Sie mit Ihrem Team zu tun haben? Diese Frage können Sie sich auch in Bezug auf Ihre Ehe oder auf Ihre Beziehungen zu den eigenen Kindern oder Eltern stellen.

Warum 75, nicht 50?

Vielleicht fragen Sie sich gerade: »Warum reicht ein PQ von 50 nicht aus, um eine insgesamt positive PQ-Dynamik zu erzeugen?« Bei einem PQ von 50 kommt auf jeden positiven Gedanken oder Eindruck ein negativer, bei einem PQ von 75 herrscht ein Verhältnis von dreimal positiv gegenüber einmal negativ. Wieso brauchen wir drei positive Wahrnehmungen, um eine negative auszugleichen? Der Grund dafür ist, dass unser Gehirn in erster Linie das eigene Überleben sicherstellen will. Das Überlebenszentrum springt jedoch nur auf negative Botschaften an, während es alles Positive ignoriert oder als nebensächlich einstuft. Eine Gefahr für unser Überleben ist schließlich etwas Negatives, nichts Positives. Solange man also nicht jeder Negativmeldung im eigenen Gehirn oder im Team oder in Beziehungen drei positive Dinge gegenüberstellt, hat man das Gefühl, in einem Abwärtsstrudel festzusitzen.

Die PQ-Obergrenze

Das mathematische Modell von Marcial Losada ermittelte auch eine Obergrenze für Positivität, die einem PQ von 92 entspricht. Daraus folgere ich persönlich, dass ein Minimum an Negativität unvermeidlich und letztlich sogar hilfreich ist. Ich betone das Minimum, damit wir unseren Saboteuren hier keine Ausrede liefern, sich doch wieder als unsere Freunde darzustellen. Körperlich möchten wir ja auch keine Schmerzen leiden, wissen jedoch, dass dem Schmerzempfinden eine wichtige Warnfunktion zukommt. Wer den heißen Herd berührt, empfindet vorübergehend Schmerzen. In dieser Form ist der Schmerz ein unverzichtbares Warnsignal, damit wir schnellstens die Hand zurückziehen. Ohne Schmerzempfinden wäre die Hand schlimm verbrannt, bevor wir überhaupt registrieren würden, dass wir reagieren müssen.

Angst, Ärger, Scham, Schuld, Enttäuschung und viele andere unangenehme Gefühle sind von Zeit zu Zeit unausweichlich. Sie rütteln uns wach und weisen auf etwas hin, auf das wir achten müssen. Das Problem an den Saboteuren ist, dass ihnen daran liegt, derartige Gefühle zu erhalten. Sie verlangen sozusagen, dass wir die Hand auf der Herdplatte lassen, damit wir den Ärger, die Schuld, die Enttäuschung und die Angst spüren. Sinnvoller wäre es, in den Modus des Weisen umzuschalten, sobald wir auf den Schmerz aufmerksam werden, und unsere Gefühle in den positiven Bereich zu verlagern. Die Obergrenze des PQ führe ich darauf zurück, dass ein solches Mindestmaß an negativen Gefühlen schlichtweg notwendig ist.

Der PQ-Kanal

Wer im Fernsehen das Erste einschaltet, kann erst dann ein anderes Programm sehen, wenn er auf einen anderen Kanal umschaltet. Auch die gewaltige Energie und die Informationen, die die PQ-Dynamik birgt, lassen sich leichter erkennen, wenn man lernt, auf den Kanal umzuschalten, der Energie, Emotionen und Tonfall überträgt. Das ist der PQ-Kanal.

Der PQ-Kanal unterscheidet sich grundlegend vom vordergründigen »Datenkanal«, über den wir Fakten und Einzelheiten weitergeben. Wir neigen dazu, nur den Datenkanal wahrzunehmen, aber jede Interaktion zwischen zwei Menschen überträgt gleichzeitig auch Informationen über den PQ-Kanal. Wie wir später noch besprechen werden, sind die Informationen auf dem PQ-Kanal häufig sogar wichtiger, zum Beispiel wenn es um Führungsaufgaben geht, um den Aufbau guter Beziehungen und darum, andere zu motivieren, zu inspirieren, oder auch in Verkaufsgesprächen. Gute Chefs, Politiker, Eltern, Lehrer, Mentoren und Verkäufer wissen das

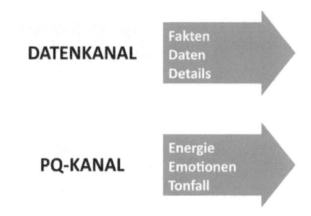

Die zwei Kommunikationskanäle

Zum Beispiel könnte Ihr Kollege Michael auf die Frage, wie es ihm gehe, grundsätzlich mit »Gut!« antworten, auf dem PQ-Kanal allerdings Negativität ausstrahlen - einen Hilfeschrei, den Wunsch nach Anerkennung oder eine gewisse Reserviertheit, weil ein Konflikt mit Ihnen noch nicht bereinigt wurde. Wenn Sie diesen Kanal nicht wahrnehmen, übersehen Sie, was in der Beziehung zu Michael tatsächlich geschieht. Der gleiche Mechanismus kann innerhalb Ihres Teams, im Kundenkontakt, mit dem Partner oder der Partnerin oder mit Kindern ablaufen. Was die Menschen aussprechen, ist nur ein kleiner Teil von dem, was bei einer Begegnung tatsächlich vermittelt wird.

Wir können unsere Begegnungen weitaus erfolgversprechender gestalten, indem wir lernen, den PQ-Kanal einzuschalten. Wie das am leichtesten gelingt, weiß unser PQ- Zentrum ganz genau.

Frage

Denken Sie an eine wichtige Beziehung. Wenn Sie zählen, wie regelmäßig zwischen Ihnen und dieser anderen Person positive oder negative Energie fließt - kommen Sie regelmäßig auf ein Verhältnis von mindestens drei positiven Eindrücken zu einem negativen?

Teil VI

Praktische Anwendung

In Teil VI erfahren Sie, wie vielfältig die drei PQ-Strategien sich beruflich und privat nutzen lassen.

Zunächst erhalten Sie einen kurzen Überblick über die Vielseitigkeit und Bandbreite dieser Anwendungen.

Im Anschluss wird eine detaillierte Fallstudie aufgeführt, die Ihnen ein klareres Bild vermitteln soll, wie sich das bisher Erlernte in die Praxis umsetzen lässt. Dann geht es um einen Geschäftsführer, der seine Firma neu ausrichten konnte, indem er erst seinen eigenen PQ und dann den seines Teams anhob. Anschließend ist die Rede von einem Ehepaar inmitten einer heftigen Ehekrise, das lernt, den Konflikt in eine Chance zu verwandeln, die Beziehung zu stärken. Diese Fallstudie umfasst auch eine Diskussion zur Konflikteindämmung in Teams. Schließlich wird ein Vertriebsteam vorgestellt, das die PQ-Prinzipien im Verkauf einsetzt. Dieses Kapitel erklärt zudem, wie man den PQ ganz allgemein in Motivations- und Überzeugungssituationen nutzen kann.

Kapitel 9

Anwendung in Beruf und Privatleben

Ein erhöhter PQ lässt sich auf vielerlei Weise einsetzen. In diesem Kapitel werfen wir einen kurzen Blick auf die Nutzung von PQ-Techniken für Teambildung, Work-Life-Balance, Kindererziehung, Sport, das Lösen komplexer Probleme, Sinnfindung, den Umgang mit schwierigen Zeitgenossen, Gesundheit und ein gesundes Gewicht, den Umgang mit Stress und die Förderung anderer Menschen.

Teambildung

Der PQ eines Teams entspricht nicht zwangsläufig dem durchschnittlichen PQ aller Teammitglieder. Eine gute Führungskraft kann auch aus durchschnittlichen Mitarbeitern ein Team mit hohem PQ aufbauen. Die Teammitglieder wären in diesem Fall innerhalb ihres Teams positiver gestimmt als außerhalb. Umgekehrt können auch PQ-starke Mitarbeiter ein PQ-schwaches Team bilden, nämlich dann, wenn eine insgesamt negative Interaktion im Team automatisch ihre Saboteure hervorlockt. Die meisten klassischen Maßnahmen zur Teambildung bewirken kurzfristige Euphorie und eine positive Stimmung innerhalb eines Teams, die sich kurz darauf aber wieder verflüchtigen. Das liegt daran, dass derartige Aktivitäten meist Kunstprodukte sind, die dazu dienen, Menschen zu positiven Interaktionen zu zwingen und ihre Saboteure vorübergehend beiseitezuschieben. Wenn ich im Hochseilgarten mit jemandem zusammenarbeiten muss, den ich normalerweise verachte, bleibt mir gar nichts anderes übrig, als diese Verachtung vorübergehend zu vergessen und mit dem anderen zu kooperieren, um die aktuelle Herausforderung zu bewältigen. Das kann für beide Beteiligten ein erhebender Moment sein. Leider sitzen meine Saboteure jenseits der künstlichen Umgebung des Seminars aber weiterhin auf der Lauer, denn sie wurden nicht dauerhaft identifiziert oder geschwächt, und auch mein Weiser wurde nicht gestärkt.

Wer ein paarmal eine schwere Hantel stemmt, glaubt auch nicht, nun lebenslang über starke Muskeln zu verfügen. Wenn mein Richter das betreffende Teammitglied also vor der Kletterübung verachtet hat, wird dieses Gefühl wahrscheinlich schon bald durch ein Hintertürchen zurückkehren.

In den Teilen I und V wurden Studien zitiert, die einen deutlichen Zusammenhang zwischen PQ und Leistung nahelegten. Beim Aufbau eines Teams mit einem langfristig hohen PQ sind zwei Dinge zu berücksichtigen: Erstens brauchen die einzelnen Beteiligten Hilfestellung zur Anhebung ihres individuellen PQ, zweitens muss das Team darauf eingestimmt werden, im Umgang miteinander den PQ-Kanal zu beobachten.

Um die Wahrnehmung des PQ-Kanals während der Teamarbeit zu unterstützen, stelle ich den Teammitgliedern gern die folgende Frage: »Wenn ein Wesen von einem anderen Stern, das unsere Sprache nicht spricht, diesen Kontakt zwischen Kathy und Karl beobachten würde — würde es ihn als positiven Energieaustausch, als negativen Energieaustausch oder als neutral einstufen?« Der Außerirdische würde sich wahrscheinlich eher auf die unsichtbare Energie des PQ-Kanals konzentrieren, weil er nicht von den Fakten und Einzelheiten abgelenkt werden würde, die über den Datenkanal vermittelt werden.

Kathy könnte Karl beispielsweise die Frage stellen: »Karl, wie ist es bei dem Projekt zu diesem Fehler gekommen?« In einem PQ-starken Team äußert sich Kathy bei dieser Frage aus dem Modus des Weisen und von der PQ-Warte aus. Sie strahlt Forschergeist aus und will ernsthaft wissen, was schiefgegangen ist, damit sie daraus lernen kann oder damit das Team eine innovative Lösung entwickeln kann, die derartige Fehler künftig verhindert. Über Kathys und Karls PQ-Kanal würde der

Außerirdische positive Energie und Gefühle wie Neugier und Forscher-geist wahrnehmen.

In einem PQ-schwachen Team würde Kathy exakt dieselbe Frage über den Datenkanal stellen: »Karl, wie ist es bei dem Projekt zu diesem Feh-ler gekommen?« Bei diesen Worten würde allerdings die Stimme von Kathys Richter mitschwingen. Auf dem PQ-Kanal hätte der Besucher vom fremden Stern bei Kathy Verachtung oder Schuldzuweisungen wahrgenommen und bei Karl vielleicht eine Abwehrhaltung. Kathys Richter würde automatisch Karls Saboteure auf den Plan rufen. Jeder, der auf den PQ-Kanal geachtet hätte, hätte diesen Energieaustausch be-merkt und die negative Wirkung auf den Team-PQ gespürt.

Wir können nur verbessern, was wir auch wahrnehmen. Der Informati-onsaustausch auf dem PQ-Kanal befähigt Menschen dazu, allmählich gemeinsam aus insgesamt negativen Interaktionen auszusteigen, anstatt ständig unsichtbare Sabotage zu erleiden.

Die Wahrnehmung des PQ-Kanals fällt leichter, wenn alle im Team eine oder mehrere der drei PQ-Strategien zur Hebung des persönlichen PQ praktizieren. Nehmen Sie sich beim nächsten Teambildungsevent also etwas Zeit für die Besprechung des PQ-Konzepts und lassen Sie alle Teilnehmer die eigenen Saboteure identifizieren. Manche Führungs-kräfte haben vor derartigen Aktionen vielleicht Befürchtungen bezüglich des einen oder anderen Teilnehmers, der als besonders schwierig, unzu-gänglich oder kritikempfindlich gilt. Hier wird jedoch kein Einzelner an den Pranger gestellt, sondern alle können offen in die PQ-Diskussion einsteigen. Ich habe bis heute noch kein Teammitglied erlebt, das bei einer solchen Gelegenheit behauptet hätte, keine Saboteure zu haben, oder sich geweigert hätte, die eigenen Saboteure zu ermitteln.

Stellen Sie sich vor, welche Wirkung es auf Ihre Mitarbeiter hätte, wenn sie erkennen würden, auf welche Weise sie sich und anderen ein Bein stellen. Und stellen Sie sich vor, das ganze Team würde ohne Scham, Schuldzuweisungen oder Widerstände daran arbeiten. Das Spannende an einer PQ-Diskussion ist, dass sie jeden neugierig macht, wie er oder sie sich selbst verbessern kann, anstatt zu betonen, wie jemand anders sich verändern müsste. Das hilft einem Team beim Wechsel vom kollektiven Überlebensmodus auf den kollektiven PQ-Modus.

Damit der erhöhte Team-PQ längerfristig erhalten bleibt, bitte ich die Teams, die wöchentlichen Teamsitzungen, um einen kurzen PQ-Bericht zu ergänzen. Dabei nennt jeder Teilnehmer ein paar Stichworte zu den Erfolgen und Rückschlägen bei der PQ-Entwicklung in der Vorwoche. Man könnte also schildern, wo die eigenen Saboteure das Ruder übernommen haben, aber auch, wann man erfolgreich auf die Stärken des Weisen zurückgegriffen und das Blatt gewendet hat. Sowohl die Erfolge als auch die Rückschläge helfen jedem Mitglied beim Lernen und Festigen den Vorsatz, weiter am PQ zu arbeiten. Genau wie die körperliche Fitness beruht auch die PQ-Fitness auf regelmäßigem Training. Ein PQ-Bericht als Teil der wöchentlichen Sitzung sorgt dafür, dass der erhöhte Team-PQ lange genug anhält, um auf die positive Seite der PQ-Dynamik zu gelangen. Erst ab da kann sich ein hoher Team-PQ selbst erhalten.

Um den Team-PQ darüber hinaus zu fördern, beginnen viele Management-Teams aus so unterschiedlichen Branchen wie Produktion, IT oder Finanzwesen längere Sitzungen inzwischen gern mit einer Übung zur PQ-Aktivierung. So kommen alle gut in Schwung, der Weise hat das Sagen, und die Saboteure verstummen. (Entsprechende englische Audiodateien können Sie auf www.PositiveIntelligence. com herunterladen.)

Work-Life-Balance

Die Work-Life-Balance wird gern daran bemessen, wie viel Zeit jemand für die Arbeit beziehungsweise für die Familie oder andere persönliche Dinge aufwendet. Eine ausgewogenere Zeiteinteilung ist zwar grundsätzlich wünschenswert, doch Sie können Ihre Work-Life-Balance bereits schlagartig verbessern, indem Sie bei allem, was Sie tun, Ihre Positive Intelligenz einsetzen. Aus PQ-Sicht geht es bei der Work-Life-Balance nicht nur um die Quantität der Zeit, sondern auch um die Qualität der Zeit, die man dem widmet, was einem wichtig ist.

Wenn ich mit den Kindern und Ehepartnern meiner Klienten spreche, klagen diese häufig darüber, dass das Smartphone ständig präsent ist und vielfach mehr echte Aufmerksamkeit erfährt als sie selbst. So verbringt man zwar Zeit zusammen, doch diese Zeit wirkt sich nicht besonders positiv auf die Beziehung aus. Eine Stunde mit Ihrem Mann, Ihrer Frau oder Ihrem Kind, in der Sie sich Ihren Angehörigen vollständig zuwenden und in PQ-Modus bleiben, beeinflusst diese Verbindung intensiver als ein ganzes gemeinsames Wochenende, bei dem Sie sich von Ihren Saboteuren und deren Gedankengebilden plagen lassen. Vergessen Sie nicht, dass die Signale des PQ-Kanals für eine Beziehung wichtiger sind als die Signale auf dem Datenkanal. Manch einer sagt gewohnheitsmäßig auf dem Datenkanal »Ich liebe dich«, bleibt aber auf dem PQ-Kanal so unbeteiligt, als ginge es gerade um die Einkaufsliste.

Versuchen Sie, bei den Menschen, die Ihnen wirklich wichtig sind, wenigstens fünf Minuten im PQ-Modus zu bleiben, und beobachten Sie, welche Wirkung dies auf Ihre Beziehungen hat. Wenn Sie Ihre Frau in den Arm nehmen: Fühlen Sie ihren Atem und ihren Herzschlag (eine PQ-Einheit, drei Atemzüge). Wenn Sie Ihren Sohn betrachten: Sehen Sie ihn richtig an. Sind seine Pupillen eng oder weit? Wie ist der Farbverlauf um die Pupillen? Funkeln seine Augen während eines Gesprächs? Und spüren Sie selbst tief im Herzen die Wärme Ihrer Liebe, wenn Sie »Ich liebe dich« sagen?

Auch auf andere Weise kann Positive Intelligenz zur Work-Life-Balance beitragen. Solange Ihr Weiser das Sagen hat, brauchen Sie keinen mehrwöchigen Urlaub, um Ihre Batterien wieder aufzuladen. Wer nicht gerade im Kohlebergbau Gestein zertrümmert, ist nicht körperlich erschöpft, sondern vielmehr geistig-seelisch. Aber diese mentale Erschöpfung stammt von den Saboteuren. Dem Weisen ist sie nicht bekannt. Jedes Umschalten auf den PQ-Modus ist daher ein ausgezeichnetes Mittel gegen mentale Erschöpfung. Diese Wirkung kennt jeder, den der Anruf eines alten Freundes, von dem man lange nichts gehört hat, schon einmal abrupt wieder aufgebaut hat.

Neben der verbesserten Zeitqualität außerhalb des Berufs führt ein höherer PQ auch dazu, dass die Arbeit schneller von der Hand geht. So können Sie Ihren sonstigen Aktivitäten mehr Energie widmen. Hektisches Multitasking - die große Sucht des 21. Jahrhunderts - ist weniger produktiv und wirkungsvoll, als sich auf eine einzige Aufgabe zu konzentrieren und sich dabei vom gelassenen PQ-Zentrum unterstützen zu lassen.

Ein Team von Wissenschaftlern aus Stanford konnte jüngst belegen, dass Menschen, die regelmäßig auf diversen Kanälen elektronische Informationen verarbeiten, unaufmerksamer sind, sich schlechter erinnern und auch weniger effektiv von einer Aufgabe zur anderen umschalten als die Vergleichsgruppe, die sich lieber immer nur eine Aufgabe vornahm.[33] »Wir haben lange gesucht, worin sie besser sein könnten, und nichts gefunden«, sagte Professor Eyal Ophir, der federführende Autor der Studie. »Sie saugen lauter irrelevante Dinge auf«, fügt Professor Clifford Nass hinzu, der ebenfalls an der Studie mitgewirkt hat.[34] »Praktisch alle Multitasker halten sich bei dem, was sie tun, für genial. Und eine der großen Entdeckungen der Studie ist: Weißt du was? In Wahrheit machst du es grottenschlecht. Es hat sich gezeigt, dass Multitasker in jedem Aspekt ihrer Paralleltätigkeiten schlechter sind, (...) sie lassen sich permanent ablenken. Ihr Gedächtnis ist sehr unstrukturiert. (...) Wir befürchten, dass dabei Menschen herauskommen könnten, die nicht in der Lage sind, klar und gründlich nachzudenken.«[35]

Die eigentümliche Verherrlichung des Multitaskings ist nicht die einzige Fehleinschätzung der Saboteure, die dazu führt, dass bei der Arbeit Zeit verschwendet wird. Wenn Ihr Richter beispielsweise der »Ohne Fleiß kein Preis «-Philosophie anhängt, übersehen Sie unter Umständen einfachere Lösungen oder vertrauen nicht darauf, dass sie auch funktionieren. Manch einer lässt sich von seinem Arbeitstier einreden, dass Mehrarbeit immer auch bedeutet, dass man mehr zustande bringt. Das stimmt jedoch nicht. Ab einem bestimmten Maß an Arbeitsbelastung und Stress geht die Produktivität zurück - mehr Arbeit bedeutet dann nur noch, dass man weniger erledigt. Teilweise liegt das daran, dass ein höherer Stresspegel die Saboteure nährt und dem Überlebenshirn neue Nahrung liefert. Wie wir gesehen haben, ist unser Überlebenshirn auf die Bewältigung unmittelbarer Gefahren ausgerichtet, nicht auf dauerhafte Produktivität.

Kindererziehung

Erziehung bedeutet für die meisten Eltern harte Arbeit, weil wir bei unseren Kindern automatisch ins Mikromanagement verfallen. Wir strampeln uns ab, damit sie lernen und gute Noten bekommen, damit sie auf gute Schulen gehen, einen ordentlichen Start ins Berufsleben schaffen, eine gute Beziehung führen können und so weiter. Dabei gehen wir davon aus, dass solche Dinge sie glücklich machen. Die Mehrheit der Menschen, die ich beraten habe, haben jedoch all diese Meilensteine bewältigt, ohne deshalb wirklich glücklich zu sein. Stattdessen war ihr Leben von einem hohen Stresspegel geprägt, und sie litten unter ihren starken Saboteuren. Wenn Sie sich also glückliche Kinder wünschen, die mit sich und der Welt im Reinen sind, besteht Ihr wichtigster Beitrag darin, ihnen beim Aufbau dessen zu helfen, was sie langfristig glücklich machen kann, nämlich ihrer Positiven Intelligenz.

Als Vater hat es für mich oberste Priorität, dass meine zwei Kinder einen hohen PQ entwickeln, also weit über 75, bis sie volljährig sind und das Haus verlassen. Mit einem starken PQ werden sie in der Lage sein, auch später bei Bedarf auf ihren Weisen zurückgreifen zu können. Ihre Wege werden gewiss nicht geradlinig verlaufen. Nach einigen Jahren könnten sie feststellen, dass sie das falsche Studienfach gewählt haben. Oder sie geraten eine Weile aus dem Tritt, schreiben schlechte Noten oder brechen ihre Ausbildung ab. Vielleicht bricht die erste große Liebe ihnen das Herz, oder sie scheitern im ersten Job. Das Leben nimmt seinen Lauf, und auch als noch so wachsamer Vater kann ich sie nicht davor schützen. Doch mit ihrem inneren Weisen werden sie derartige Schwierigkeiten meistern können und ihre Fehler und Misserfolge in Chancen verwandeln. Sie werden sich glücklich und zufrieden weiter entfalten können.

Das bedeutet natürlich keineswegs, dass ich die anderen Bereiche vernachlässige, auf die Eltern normalerweise besonders achten. Ich habe jedoch gelernt, mir deswegen weniger Sorgen zu machen. Sie spielen zwar eine Rolle, aber das Wichtigste ist, dass ich meinen Kindern helfe, ihr Gedankenkarussell zu beherrschen und Zugang zu ihrem eigenen Inneren zu erhalten.

Wie lässt sich dieser Ansatz nun im Alltag umsetzen?

Meine Frau und ich nutzen jede erdenkliche Möglichkeit, unseren Kindern ein paar PQ-Einheiten zu verschaffen. Zum Beispiel halten wir beim Essen mitunter inne und bitten die Kinder, sich gründlich auf die nächsten Bissen zu konzentrieren. Manchmal macht es die ganze

Familie; dann schließen wir die Augen, um dem PQ-Training eine größere Wirkung zu verleihen. Oder wir sitzen abends zusammen, und jeder erzählt drei Dinge, für die er an diesem Tag dankbar ist. Dankbarkeit ist natürlich ein Gefühl des Weisen, das durch diese Übung gestärkt wird.

Wenn wir im Park Baseball spielen und das Fangen des Balls üben, mache ich manchmal eine Pause und bitte meinen Sohn, die Augen zu schließen, ein paar PQ-Einheiten einzuschieben und sich ganz auf das Gefühl des Handschuhs über seiner Hand zu konzentrieren, zum Beispiel auf dessen Struktur, Temperatur und Gewicht. Oder ich fordere ihn auf, sein Körpergewicht auf den Füßen zu spüren. Oder den Wind, der über sein Gesicht streicht. Oder das Heben und Senken seines Brustkorbs oder seines Bauchs bei den nächsten paar Atemzügen. Wenn wir dann weiterspielen, kann eine Einheit darin bestehen, dass er beobachtet, wie der Ball sich dreht, bis er in seinem Handschuh landet, und dann den Aufprall und dessen Geräusch genau wahrnimmt. Als ihm das zum ersten Mal gelang, staunte er darüber, dass er die Staubkörnchen, die beim Aufschlag von seinen Handschuhen aufstoben, sehen konnte. Danach zappelte er weniger herum und bewegte sich fast augenblicklich geschmeidiger.

Den Kindern etwas über ihren eigenen Weisen und ihre Saboteure zu vermitteln hat eine anhaltende Wirkung. Anfangs kann man einfach von einem allgemeinen Saboteur sprechen, anstatt gleich vom Richter und dessen Komplizen anzufangen. Schon Zehnjährige sind in der Lage, das Konzept zu begreifen und anzuwenden. Der Sohn jenes Klienten, der seinen Richter als »Nervensäge« bezeichnete, als sein Vater ihm das Konzept beschrieb, war erst elf Jahre alt.

Sobald man einem Kind erklärt hat, was es mit dem Weisen und dem Saboteur auf sich hat, lassen sich viele Alltagsprobleme in willkommene Gelegenheiten verwandeln, dieses Konzept zu festigen. Anstatt also Ihrer Tochter vorzuschreiben, lieber A als B zu tun, könnten Sie sie fragen, welche innere Stimme für welche Entscheidung plädiert. Zeigen Sie Ihrem Kind, dass es immer verschiedene Stimmen gibt, dass es immer eine Wahl hat und dass jede Wahl Folgen hat. Darum sollten Sie auch zulassen, dass die Tochter auf die Stimme ihres Saboteurs hört und die Folgen hinnehmen muss. Wichtig ist nur, dass anschließend keine

Schuldzuweisung stattfindet, sondern lediglich eine Analyse. So kann sie aus der Situation etwas lernen, und Sie als Eltern mischen sich weniger ein, sondern helfen dem Kind stattdessen, seinen PQ weiterzuentwickeln.

Sport

Im Sport kann die PQ-Entwicklung und die Schwächung der Saboteure die persönliche Leistung deutlich verbessern. Das habe ich zu meiner Überraschung am eigenen Leibe erfahren. Während meiner Schulzeit hatte ich nie Tennis gespielt. Erst in Stanford weckte der gute Ruf des universitätseigenen Tennisprogramms meine Lust auf diese Sportart, und ich schrieb mich für das Training ein. Als ich nach zwei Jahren jedoch immer noch nicht sehr weit gekommen war, gab ich diesen Sport wieder auf. Meine Fortschritte ließen zu lange auf sich warten.

15 Jahre später bearbeitete mich ein Freund, der relativ gut spielte, im Sommerurlaub so lange, bis ich endlich ein Match wagte. Allerdings warnte ich ihn: Ich hätte ewig keinen Schläger angerührt, wäre ihm nicht annähernd gewachsen, und er würde sich dabei vermutlich zu Tode langweilen. Schon zu Beginn des Spiels staunte ich über mich selbst. Ich spielte deutlich besser als vor 15 Jahren. Mein Freund zeigte sich von meiner Spieltechnik und der Präzision meiner Schläge beeindruckt. Da dämmerte mir, dass ich in dieser ganzen Zeit an meinem PQ gearbeitet und meine Saboteure geschwächt hatte. Das bedeutete, dass ich mich voll auf den Ball, das Netz, den Schläger und die Erinnerung meiner Muskeln an den gelegentlichen perfekten Schlag konzentrieren konnte. Es gab keine Saboteure, die mich unter Leistungsdruck setzten oder mich mit anderen Gedanken und Gefühlen ablenkten. Die daraus resultierende Verbesserung war ebenso verblüffend wie unerwartet. Wenn Sie also das nächste Mal Ihren Lieblingssport betreiben, nehmen Sie sich vor, unmittelbar vor dem Spiel und auch währenddessen möglichst viele PQ-Einheiten einzubauen. Achten Sie beispielsweise einige Atemzüge lang auf Temperatur, Oberfläche oder Gewicht des Schlägers, sehen Sie den Ball auf sich zukommen, spüren Sie den Wind im Gesicht, oder beobachten Sie einfach möglichst oft Ihren Atem. Wenn die Saboteure Sie unter Druck setzen wollen, stellen Sie fest, wer sich gerade zu Wort meldet, und lassen Sie ihn dann wieder gehen.

Sportler, die in den so genannten »Flow« geraten, zapfen ihre PQ-Stärken an. Sie berichten, dass sie plötzlich eine tiefe innere Ruhe und Entspannung empfinden, in der die Gedanken zur Ruhe kommen und man sich nur noch auf den Ball, den Korb (oder was auch immer das Spiel ausmacht) konzentriert. Diese Konzentration ist derart absolut, dass man das Gefühl hat, alles in Zeitlupe zu erleben und sogar intuitiv vorhersieht, was als Nächstes geschehen wird. All das sind Wahrnehmungen, die aus dem PQ-Hirn stammen. Solche Sportler wissen häufig nicht, wie sie in diesen Zustand geraten sind oder wie sie ein solches Erlebnis wiederholen sollen. Uns hingegen ist das jetzt klar.

Komplexe Probleme lösen

Kennen Sie das Phänomen, wenn der Nebel sich lichtet und Ihnen plötzlich die Lösung für ein komplexes Problem aufgeht? Das sind die Momente, in denen das PQ-Zent- rum endlich die Verstrickungen der Ratio und das Dauerrauschen des inneren Monologs durchbricht, um einem den Weg zu weisen. Die meisten Menschen erleben solche Momente unter der Dusche, beim Sport oder wenn sie in der Natur unterwegs sind. Das liegt daran, dass derartige Beschäftigungen mit ihren zahlreichen körperlichen Reizen die Aufmerksamkeit ganz auf den Körper richten. Das wiederum aktiviert das PQ-Zentrum und bringt die Saboteure zur Ruhe. Auf diese Weise kann man sich also gezielt klare Momente verschaffen.

Computerspezialisten arbeiten mit zwei Rechnerarten, den seriellen Rechnern, die eher der Funktionsweise der linken Hirnhemisphäre entsprechen, und den parallelen Rechnern, die eher wie die rechte Hemisphäre funktionieren (die zum PQ-Hirn zählt). Serielle und parallele Schaltungen eignen sich jeweils für unterschiedliche Aufgaben. Besonders komplexe, tiefschürfende Fragen lassen sich häufig nur durch Einsatz der parallelen Prozesse in unserem PQ-Zentrum lösen.

Bei einem seriellen Computer geschieht immer eines nach dem anderen, und das Problem wird sequentiell gelöst. Ein Beispiel dafür wäre: »A ist schnell und teuer, B ist langsam und billig. Geschwindigkeit spielt für mich keine Rolle, Geld hingegen schon. Also nehme ich B.« Das ist eine serielle Computerentscheidung. Sie umfasst mehrere eigenständige

Schritte, in denen Daten logisch verarbeitet werden. Die Antwort lautet jedes Mal gleich. Die meisten gängigen Rechner sind seriell aufgebaut, und ihre Funktion ähnelt somit der unserer linken Gehirnhälfte.

Ein parallel geschalteter Computer erzeugt erheblich größere Datenmengen, die nebeneinanderher laufen, und ist dadurch in der Lage, Zusammenhänge zu erkennen und Schlüsse zu ziehen, die eine serielle Verarbeitung nicht einmal erahnen ließe. Gewaltige Supercomputer arbeiten in ähnlich paralleler Weise wie unser PQ-Hirn.

Viele Entscheidungen, die wir fällen müssen, sind zu komplex, um sich auf die konkreten, begrenzten Faktoren reduzieren zu lassen, mit denen die serielle Verarbeitung des Linkshirns umgehen kann. Der passende Ehepartner, der neue Mitarbeiter, die Zielsetzung für mein Team, meine Berufung, der nächste kreative Durchbruch - all das sind komplexe Probleme, auf die nur das parallel arbeitende PQ-Hirn die optimale Antwort finden kann.

Der rationale Verstand kann uns schlau machen, aber nur das PQ-Zentrum macht uns weise. Der rationale Verstand muss sich auf die Informationen beschränken, die er hat und an die er sich erinnert. Das PQ-Zentrum hat Zugang zu dem viel größeren Wissensschatz aus allem, was Sie je gelernt oder erfahren haben, einschließlich der Dinge, die Ihnen nicht einmal bewusst sind. Wenn dieser Bereich also eine Antwort hervorbringt, weiß er häufig nicht, wie er darauf kam, weil dazu eine umfassende Parallelverarbeitung und der Abgleich von passenden Situationen nötig war. Aus dieser Fähigkeit speist sich unsere persönliche Weisheit, und hier sind auch »Bauchgefühl« und Intuition angesiedelt.

Haben Sie schon einmal jemanden eingestellt, obwohl Sie sich innerlich dagegen gesträubt haben, nur weil auf dem Papier alles gut aussah und der Kandidat alle Kriterien erfüllte? Wenn Sie kurze Zeit später feststellen mussten, dass diese Person einfach nicht für den Posten geeignet war, wissen Sie, warum bei derartigen Entscheidungen Ihr PQ das letzte Wort haben sollte.

Die größten Entdeckungen und Erfindungen in der Wissenschaft sowie in der Wirtschaft wurden vielfach nicht durch angestrengtes Grübeln gemacht. Der entscheidende Geistesblitz kam meist unerwartet, und erst dann folgte die harte Arbeit, alle Daten und Fakten zusammenzutragen, welche die eigene Idee unterstützen. Thomas Edison machte sich dieses Vorgehen sogar zur Gewohnheit. Er stellte fest, dass ihm die besten Einfälle kamen, wenn er am Eindösen war. Deshalb saß er gern mit einer Stahlkugel in der Hand im Sessel, bis er wegdämmerte. Im Moment des Einschlafens entspannte sich die Hand, die Kugel fiel auf den Boden und weckte ihn. Dann konnte er alles Nützliche aufschreiben, was ihm im Halbschlaf durch den Kopf gegangen war. Diese Technik war deshalb erfolgreich, weil in der kurzen Phase zwischen Wachen und Schlafen das PQ- Hirn dominiert.

Natürlich gibt es auch einfachere und praktischere Methoden, Zugang zur Weisheit und Kreativität des PQ-Zentrums zu erhalten. Wenn ich persönlich eine komplexe Frage

lösen muss oder eine wichtige kreative Lösung brauche, schiebe ich ein 15-Minuten-PQ-Training ein, um mein PQ- Zentrum voll zu aktivieren. Danach kehre ich in aller Ruhe zu meiner Frage zurück, denn intensives Grübeln ist eine Problemlösungsmethode des Überlebenshirns, nicht des PQ-Hirns. Meine Erfolgsquote beträgt dabei eins zu drei. Das bedeutet, dass ich normalerweise höchstens dreimal ansetzen muss, bis ich meine Antwort habe. Probieren Sie es aus - es macht nämlich wirklich Spaß!

Sinnfindung

Wir haben bereits geklärt, dass unser PQ-Zentrum so konzipiert ist, dass es selbst die komplexesten und tiefgründigsten Fragen lösen kann. Und was könnte zentraler sein als Fragen nach dem Sinn und Zweck des Ganzen oder der eigenen Berufung? Solche Fragen kann das PQ-Zentrum beantworten.

Es gibt zwei verschiedene Ansätze, um Ihrer Arbeit oder Ihrem Privatleben einen Sinn zu geben. Der eine dreht sich um die Veränderung, wie man etwas tut, um sicherzustellen, dass man dabei stets vom PQ-Zentrum aus vorgeht. Der zweite Ansatz besteht in der Veränderung dessen, was man tut. Wir wollen uns beide Vorgehensweisen näher ansehen.

Als die Schüler eines weisen alten Meisters diesen einst fragten, wie sich das Leben seit seiner Erleuchtung verändert habe, dachte ihr Meister einen Augenblick ruhig nach.

Dann sagte er: »Vor der Erleuchtung habe ich Holz gehackt und Wasser geschleppt.« Er hielt inne, und seine Schüler warteten gespannt. »Nach der Erleuchtung habe ich Holz gehackt und Wasser geschleppt.«

Wie man einen ganz bestimmten Moment empfindet, hat also weitaus weniger damit zu tun, was man gerade tut, als damit, wie man es tut. Genau genommen kommt es darauf an, ob man an eine Aufgabe im PQ-Modus oder im Überlebensmodus herangeht.

Zu dieser Überlegung gibt es faszinierende Untersuchungen von der Psychologin Amy Wrzesniewski und ihrem Team, die feststellten, dass Menschen ihre Arbeit auf dreierlei Weise erleben: als Broterwerb, als Karriere oder als Berufung. Das Spannende dabei war die Entdeckung, dass die Frage, wie jemand seine Arbeit empfindet, eher von der persönlichen Einstellung abhängt als von der Tätigkeit selbst.

Bei der Befragung des Reinigungspersonals in einem Krankenhaus sah ein Teil der Angestellten ihre Tätigkeit allein als Broterwerb an und empfand sie als langweilig und bedeutungslos. Eine andere Gruppe erlebte genau die gleiche Arbeit als bedeutsamen Beitrag. Sie waren stolz darauf, zum Wohlergehen der Patienten und des Krankenhauspersonals beizutragen. Damit verliehen sie ihrer scheinbar so nebensächlichen Tätigkeit eine größere Bedeutung.

Bei einer ähnlichen Studie an 24 Verwaltungsangestellten mit annähernd gleichen Aufgaben betrachtete etwa ein Drittel ihre Arbeit als Broterwerb, ein weiteres Drittel sah darin einen Schritt auf der beruflichen Laufbahn, und das letzte Drittel empfand die eigene Tätigkeit als Berufung.

Das bedeutet: Wir können uns und andere dabei unterstützen, exakt der gleichen Aufgabe weit mehr Bedeutung zu verleihen, ohne dazu die Tätigkeit selbst zu verändern. Indem wir unseren Weisen und das PQ-Hirn aktivieren, können wir beeinflussen, wie wir unsere Aufgabe erfüllen.

Die zweite Methode, um der eigenen Arbeit mehr Sinn zu verleihen, ist natürlich eine Veränderung dessen, was man tut. Das bedeutet nicht unbedingt einen Arbeitsplatzwechsel oder eine neue Aufgabe. Unter Umständen reicht es, innerhalb der bestehenden Tätigkeit Veränderungen vorzunehmen.

Bei der Frage, was man im aktuellen Job anders machen könnte oder wie man eine Rolle anders ausfüllen könnte, ist der innere Kompass besonders hilfreich. Lassen Sie sich so oft wie möglich auf eine »Zeitreise« ein, um zu prüfen, ob Sie noch auf dem richtigen Weg sind. Als Führungskraft könnten Sie sich beispielsweise die Frage stellen: »Wie hätte ich diese Rolle optimal ausgefüllt, wenn ich am Ende meiner Karriere darauf zurückschaue?« Eine solche Frage lässt Sie vielleicht erkennen, dass es für Ihre persönliche Erfüllung langfristig am wichtigsten wäre, Ihre Teammitglieder zu fördern. Dieses Wissen könnte dazu führen, dass Sie nicht mehr jedes Detail überwachen müssen oder dass ein besseres Gleichgewicht entsteht: Anstatt selbst kleinere Probleme im Keim zu ersticken, können Sie vielleicht zulassen, dass Ihre Mitarbeiter langfristig daran wachsen.

Unter bestimmten Umständen kommt einem vielleicht die Einsicht, dass weder die Art, wie wir unsere aktuelle Rolle ausfüllen, noch die Veränderung dessen, was wir in dieser Rolle tun, dem inneren Kompass entsprechen. In diesem Fall kann man über einen Jobwechsel oder eine völlig neue Laufbahn nachdenken. Meiner Erfahrung nach finden die meisten Menschen allerdings zufriedenstellende Lösungen, ohne sich ganz von ihrem aktuellen Leben zu lösen.

Falls Sie sich fragen, was für Sie das Richtige ist, weiß Ihr PQ-Hirn die Antwort. Legen Sie eine 15-Minuten-PQ- Übung ein, und stellen Sie dann ganz offen und freundlich Ihre Frage. Ihr Weiser wird Ihnen schon nach wenigen Anläufen die Antwort liefern.

Umgang mit schwierigen Zeitgenossen

Inzwischen sprechen wir anders über »schwierige« Menschen: Es handelt sich um Personen mit besonders starken Saboteuren. Aber wie geht man beruflich oder privat am besten mit solchen Leuten um? Die

Positive Intelligenz kann hier mit **vier sinnvollen Strategien** aufwarten:

1. Die Saboteure aushungern. Denken Sie daran, dass die Saboteure des einen gern die Saboteure des anderen auf den Plan rufen. Die Saboteure des Gegenübers lassen prompt die eigene Mannschaft aufmarschieren. Unsere Saboteure liefern wiederum denen unseres »Gegners« neue Nahrung, was in einen Teufelskreis mündet. Aus diesem Kreislauf müssen Sie ausbrechen, indem Sie nicht zulassen, dass sich in der Gegenwart des anderen Ihre eigenen Saboteure zum Wortführer aufschwingen. Achten Sie noch stärker darauf, die eigenen Saboteure zu erwischen und sie anschließend davonziehen zu lassen. Oder schieben Sie PQ-Einheiten ein, sobald einer auftaucht.

2. Den Weisen nähren. Denken Sie auch daran, dass der Weise des einen den Weisen des anderen mit Energie versorgt. In Gegenwart eines schwierigen Zeitgenossen sollten Sie daher besonders darauf achten, ganz bei Ihrem Weisen zu bleiben. Seine Perspektive können Sie einnehmen, indem Sie sich fragen, wie Sie die schwierige Persönlichkeit dieses Menschen in ein Geschenk verwandeln können, anstatt sich darüber aufzuregen. Sie können auch ein Spiel Vorschlägen, um die Stärken des Weisen in die Begegnung einfließen zu lassen. Zum Beispiel könnten Sie in einer kreativen Situation jemanden, der alles blockiert, unterbrechen und das »Ja,... und«-Spiel vorschlagen.

3. Die Entdeckung der Saboteure unterstützen. Wenn wir jemandem erzählen, dass sich bei ihm unserer Meinung nach der Richter, das Opfer, der Vermeidet oder ein anderer Saboteur breitmacht, reagiert unser Gegenüber in der Regel verschnupft. Einfacher wird der Zugang, wenn man erzählt, wie hilfreich es war, den eigenen Saboteuren auf die Spur zu kommen, und die Neugier weckt, selbst ähnliche Entdeckungen zu machen. Dieses Buch und meine Website können zu der Erkenntnis beitragen, dass Saboteure ein universelles Phänomen darstellen. Es ist keine Schande, ihr Vorhandensein einzugestehen. Noch besser ist es, wenn man zwischen den Saboteuren eine Spur des Weisen erkennt und würdigt. Zeigen Sie anderen, welche Möglichkeiten ihnen offenstehen, sobald sie Zugang zu den Stärken des eigenen Weisen haben.

Es ist leichter, das PQ-Konzept einer Gruppe vorzustellen als einem

Einzelnen. Dann können alle im Team, in der Familie oder in einem Kurs ihre Saboteure gemeinsam ermitteln und besprechen. Das hat zwei Vorteile: Zum einen fühlt sich niemand persönlich angegriffen, zum anderen hebt dieses Vorgehen den PQ der gesamten Gruppe. Das heißt, dass es den Beteiligten dieser Gruppe aufgrund der unsichtbaren Energie der PQ-Dynamik leichter fallen wird, einen höheren PQ aufrechtzuerhalten.

4. Den Saboteuren Grenzen setzen. Wenn die bisher genannten Strategien nicht möglich sind, können Sie Schadensbegrenzung betreiben, indem Sie den Saboteuren Ihres schwierigen Gegenübers bestimmte Grenzen aufzeigen. Innerhalb eines fest umrissenen Bereichs dürfen die Saboteure sich dann austoben. Das ist, als würden Sie dem fremden Saboteur einen Knochen zum Spielen vorwerfen - damit ist er vorläufig beschäftigt.

Sie können beispielsweise dem Richter einen eng umgrenzten Bereich lassen, in dem er sich überlegen fühlen darf. Dem Kontrolleur können Sie innerhalb eines größeren Projekts eine Aufgabe zuspielen, für die er voll verantwortlich ist. Der Perfektionist kann ein kleineres Projekt absolut perfekt ausführen, genau auf seine Weise. Mit dem Arbeitstier können Sie klare Zeiten aushandeln, in denen das Familienleben von allen äußeren Einflüssen abgeschirmt wird; außerhalb davon darf derjenige arbeiten, so viel er will. Solch ein Vorgehen ist allerdings nur der letzte Ausweg, weil es die Energie des Saboteurs nicht schmälert.

Mit diesen vier Strategien können Sie zielführender mit Personen umgehen, in denen die Saboteure stark wirken. Zusätzlich können Sie versuchen, diesen Menschen das Mitgefühl Ihres Weisen entgegenzubringen. Stellen Sie sich vor, wie schwer es für sie sein muss, mit solchen Saboteuren zurechtzukommen. Ein Mensch wird nicht mit derartigen Saboteuren geboren, und bei jedem kämpft ein Weiser darum, aus dem Schatten der Saboteure zu treten. Dieser Weise profitiert davon, wenn Ihr Weiser ihm helfend die Hand reicht.

Gesundheit und Gewicht

In Teil I habe ich Studien erwähnt, denen zufolge ein höherer PQ die Stresshormone zurückgehen lässt, das Immunsystem verbessert, entzündliche Stressreaktionen eindämmt, Blutdruck, Schmerzempfindlichkeit und Erkältungsneigung mindert, den Schlaf fördert und das Risiko für Diabetes und Schlaganfall senkt. Außerdem wurde festgestellt, dass Menschen mit hohem PQ rund zehn Jahre länger leben.

Zu einer verbesserten Gesundheit gehört auch eine gesunde, maßvolle Ernährung. Experten zufolge hat unmäßiges Essen bei den meisten Menschen nichts mit Hunger zu tun. Es beruht meist auf psychologischen Gründen: Wir sind gelangweilt oder besorgt, unruhig oder unglücklich. Darum greifen wir zu Nahrung. Essen kann derartige Gefühle vorübergehend besänftigen, weil es uns ablenkt oder einen kurzfristigen Genuss verschafft.

Das PQ-Hirn wirkt solchen Mechanismen auf zweierlei Art entgegen. Erstens bewahrt ein aktiviertes PQ-Hirn vor Langeweile, Sorgen, Unruhe oder anderen schmerzlichen Gefühlen. Es entsteht also keine Leere, die wir mit Essen füllen müssten. Zweitens ist jeder Bissen, den man aufmerksam genießt, weitaus genussvoller als zehn Bissen im Überlebensmodus zu sich genommen. Man braucht also deutlich weniger Nahrung, um ein genauso angenehmes Gefühl zu erzeugen.

Wenn meine Klienten Gewicht abbauen wollen, rate ich ihnen nicht zu einer bestimmten Diät oder bestimmten Nahrungsmitteln. Ich widme mich lieber dem Kern der Sache und forderte sie dazu auf: »Esst aufmerksam.« Sie verpflichten sich, bei jeder Mahlzeit mindestens zehn PQ- Einheiten einzulegen.

Wer sich auf diese Weise ernährt, verändert seinen Bezug zum Essen. Ich bekomme umgehend die Rückmeldung, dass diese Klienten langsamer essen und ihre Mahlzeiten mehr genießen. Gleichzeitig werden sie Zeuge, wie ihre Saboteure — die das Essproblem hervorgerufen haben - dadurch schwächer werden.

Der Umgang mit Stress

Stress stammt immer von den Saboteuren. Unter dem Einfluss des Weisen konzentrieren wir uns auf das, was zu tun ist, haben aber keine Angst davor, was daraus wird. Wir wissen, dass wir aus jedem denkbaren Ausgang etwas Positives machen können - auch aus einem groben Fehler oder einem Versagen. Stellen Sie sich vor, was aus Ihrem Stress wird, wenn Sie mit vollem Einsatz spielen und sich ganz auf das gewünschte Ergebnis konzentrieren, ohne sich an dieses Ergebnis zu binden. Das klingt so paradox, dass es den Saboteuren das Hirn verknotet, doch Ihr Weiser versteht, was gemeint ist. Er weiß, dass Sie Ihrem Ziel eher näherkommen, wenn Sie nicht das Gefühl haben, Ihr ganzes Glück und Ihr gesamter Erfolg hingen davon ab.

Die Strategien zur Schwächung der Saboteure und zur Stärkung des Weisen können unabhängig voneinander Stress und Angst abbauen. Man kann sich jedoch auch auf die dritte Strategie verlegen und den PQ stärken. Ihr PQ- Zentrum kann keinen Stress empfinden, ebenso wie das Überlebenszentrum keinen Frieden empfinden kann. Wenn Sie also das PQ-Zentrum stärken und aktivieren, werden Sie auch in den schlimmsten Stürmen des Lebens in Ihrer Mitte bleiben.

Ein Geschäftsführer, den ich einmal beriet, verglich seine neue Erfahrung, in der Krise ruhig zu bleiben, damit, einen Anker zu finden. Bisher habe er offenbar sein Leben wie ein Kapitän ohne Anker bei rauer See navigiert, dem jede Wolkenformation Angst einjagt. Nachdem sein PQ-Hirn erstarkt sei, könne er endlich den Anker werfen und auch im größten Sturm tiefen Frieden empfinden. »Ich sorge mich nicht mehr unablässig vor dem nächsten Orkan«, sagte er und formulierte damit ein Gefühl, das alle kennen, die ihren PQ steigern.

Andere fördern

Schulungen und Seminare verschlingen Jahr für Jahr Milliarden. Allerdings erinnern sich viele Teilnehmer ein halbes Jahr nach kostspieligen Trainings zu Führungsstil, emotionaler Intelligenz, Verkaufsstrategie oder Kundenorientierung kaum noch an das Gelernte und können auch wenig Auskunft darüber geben, was sie seitdem verändert haben. Die meisten derartigen Fortbildungen setzen bei oberflächlicheren Kompetenzen an, ohne die Saboteure im Untergrund auch nur anzukratzen. Bei Workshops zum Konfliktmanagement lernt man beispielsweise aktives Zuhören und übt dann intensiv, dem anderen besser zuzuhören. Solange der gehässige Richter jedoch intakt bleibt, kann er in kurzer Zeit wieder alle Fortschritte zunichtemachen, die aus dem aktiven Zuhören erwachsen. Ja, Ihr Richter kann die frisch erworbene Kunst des aktiven Zuhörens sogar zu einer Waffe machen, mit der er noch effektiver Beweise gegen den anderen sammeln kann. Eine Managerin drückte das mir gegenüber einmal so aus: »Wenn man als Miststück in diesen Workshop hineingeht, geht man auch als Miststück wieder heraus. Danach ist man allerdings gefährlicher, weil man seinen Charakter besser verstecken kann.«

Später werden wir sehen, wie ein Vertriebsleiter, der nicht wirklich positiv eingestellt ist (dessen Saboteure also völlig intakt sind), mit positiven Verkaufstechniken nicht nur seinen Erfolg, sondern auch seine Gesundheit gefährdet. Positives Denken kann nach hinten losgehen, wenn es erlernt wird, ohne dabei die untergründige Negativität der Saboteure zu berücksichtigen.

Wer also anderen Menschen zu einem echten Entwicklungsschritt verhelfen will, fängt am besten mit einem PQ- Training an. Ansonsten wäre das, als würden Sie einen herrlichen Garten anlegen, ohne aber etwas gegen die gefräßigen Schnecken zu unternehmen.

Weitere Anwendungen

Sie können sich sicher vorstellen, dass man das PQ-Modell auf jede größere Herausforderung in Beruf und Privatleben anwenden kann. Ich hoffe, dass Sie sich ebenfalls dazu entschließen. Teilen Sie das, was Sie dabei erleben, mit anderen, damit aus unserer gemeinsamen Weisheit eine größere Community erwachsen kann. Auf www.PositiveIntelligence.com können Sie Erfahrungen austauschen und von den Fortschritten anderer profitieren.

Frage

Auf welchem Gebiet möchten Sie den PQ-Ansatz am liebsten gleich ausprobieren? Woran würden Sie einen Erfolg auf diesem Gebiet erkennen? Wie würde sich das anfühlen?

Kapitel 10

Fallstudie: Sich selbst und andere führen

»Die gute Laune werden wir euch noch einprügeln.« Dieser paradoxe, witzig gemeinte Spruch klingt zwar weit hergeholt, kommt dem, was tatsächlich geschieht, häufig aber recht nahe.

Vor Kurzem traf ich mich mit einem hoch intelligenten und sehr aufrichtigen Geschäftsführer, der sich monatelang mit wechselndem Erfolg bemüht hatte, in seinem Vorstand den PQ zu heben. Als wir sein Vorgehen durchsprachen, ging ihm plötzlich ein Licht auf. Er hatte seine Mitarbeiter in erster Linie zu mehr Positivität gedrängt, indem er gezeigt hatte, wie sehr ihn die anhaltende Negativität enttäuschte. Er konzentrierte sich darauf, das Negative zu bestrafen, und wendete nur wenig Zeit dafür auf, eine positive Einstellung durch entsprechende Anerkennung zu fördern. Damit befeuerte er genau die Saboteur Energie, die ihm ein Dorn im Auge war.

Ein derartiger Widerspruch lässt sich nicht nur in den Führungsetagen beobachten, sondern auch bei Eltern, Lehrern oder Ehegatten, die sich verzweifelt bemühen, den PQ ihrer Kinder, Schüler oder Partner zu heben. Wer einem anderen Menschen als Vorgesetzter, Vater oder Mutter, Lehrer oder Partner zu einem höheren PQ verhelfen will, muss sich erst selbst auf den Weg machen. Der Weise in uns kann besser den Weisen im anderen aktivieren, genau wie die Saboteure in uns selbst eher die Saboteure der anderen aktivieren.

Fallstudie: Frank

Schon in Teil I habe ich kurz von Frank berichtet, um Ihnen die Vorzüge der Positiven Intelligenz nahezubringen. Inzwischen kennen Sie das Konzept und die dazugehörigen Strategien, sodass wir nun einen Blick hinter die Kulissen werfen können. Auf diese Weise lernen Sie leichter, wie Sie sich und andere durch Einsatz dieses Modells weiterbringen können.

Wie wir bereits wissen, leitete Frank eine Aktiengesellschaft. Während der Wirtschaftskrise 2008 rief er mich an und bat um einen dringlichen Termin. Als wir uns trafen, stellte ich überrascht fest, wie stark er in dem Jahr seit unserer letzten Begegnung gealtert zu sein schien. Nach einer kurzen Aufwärmphase teilte er mir mit, dass der aktuelle Rückgang des Aktienwerts seines Unternehmens ihm derart zu schaffen mache, dass er vor seiner zehnjährigen Tochter in Tränen ausgebrochen sei. Daraufhin habe sie ihn getröstet und ihm versichert, es würde alles wieder gut werden. Dieser Rollentausch war ihm peinlich, und er machte sich deshalb Vorhaltungen.

Weil Frank so stolz auf seine Firma war und ihr voll vertraut hatte, hatte er seine Anlagen nicht gestreut und daher mitangesehen, wie sein Privatvermögen - das weitgehend aus Unternehmensaktien bestand - in nur sechs Monaten um zwei Drittel zurückgegangen war. Er schlief schlecht und quälte sich nachts mit Ängsten, Reue, Scham und Schuldgefühlen über den allmählichen Absturz seiner Firma und die Auswirkungen, die diese Entwicklung auf seine Familie und auf die Mitarbeiter haben würde.

Nachdem ich mich empathisch mit Frank verbunden hatte und sicher war, dass er sich verstanden fühlte, erklärte ich ihm, dass sein komplettes gegenwärtiges Leid aus seinem eigenen Denken erwuchs und nur auf die Saboteure zurückging. Auf einer Serviette des Cafés, in dem wir saßen, skizzierte ich für ihn die Sichtweise und die fünf Stärken des Weisen und schlug ihm vor, seine Situation damit in eine neue Chance zu verwandeln.

Um Frank bei der Überwindung seiner Skepsis zu helfen, erzählte ich ihm die Geschichte vom Hengst (siehe Teil III). Ich legte Frank nahe, dass seine Situation der des Bauern gleiche, dem gerade sein Hengst gestohlen worden war. Sein Richter sage, das sei schlecht, schlecht, schlecht - aber das sei natürlich eine Lüge. Frank ließ sich nicht so leicht überzeugen. Das ist typisch, wenn ein Richter während einer größeren Krise alle Energie auf sich vereint. Frank hatte keine Ahnung, wie er eine derart schlimme Situation als Geschenk und Chance hinnehmen sollte.

Ich beharrte darauf, dass wir erst weiterkämen, wenn er mindestens drei Szenarien gefunden habe, wie sich seine Lage in ein Geschenk verwandeln könnte (die Drei-Gaben Technik). Nach einigem Hin und Her machte er einen halbherzigen Versuch: Es sei denkbar, dass er sich vorzeitig zur Ruhe setzen müsse. Dann könne er besser auf seine Gesundheit achten und hätte mehr Zeit für Frau und Kinder. Als ich auf weiteren Möglichkeiten bestand, meinte er, die notwendigen Verzögerungen würden ihm vielleicht eine Chance geben, drittklassige Mitarbeiter loszuwerden und ein besseres Team aufzubauen. Die letzte Idee war, dass er vielleicht insgesamt entspannter werden könnte, weil sein schlimmster Albtraum längst eingetreten war. Mir war klar, dass Frank fest in den Klauen seines Richters steckte. Da sein Richter so sicher war, dass die ganze Situation schlecht sei, konnte ich vorläufig nur Schadensbegrenzung betreiben.

Ich fragte Frank, wie seine Führungsriege klarkomme. Er meinte, dass sie logischerweise ähnlich angespannt und vom Lauf der Ereignisse entmutigt sei. Wie erwartet erzielte Frank einen PQ von nur 43, während sein Team immerhin bei 54 lag. Seit dem Werteinbruch des Unternehmens steckten alle sichtlich in den Fängen ihrer Saboteure und strampelten gegen den eigenen Negativsog und den ihrer Kollegen an.

Auf seinem Weg zu den 100 PQ-Einheiten pro Tag machte Frank anfangs nur langsam Fortschritte. Wir waren übereingekommen, dass er mir jeden Abend die Anzahl der absolvierten Einheiten mailen sollte. Am ersten Tag waren es 14. Am zweiten meldete er fünf. In der Regel trainierte er nur morgens im Bad, ehe er vom Negativstrudel des Tages erfasst wurde. Nach dem zweiten Tag hörte ich ein paar Tage nichts mehr von ihm. In dieser Zeit hatte er die Übungen völlig vergessen.

Am sechsten Tag erhielt ich eine begeisterte E-Mail von ihm. Er berichtete, dass er beschlossen habe, beim Essen ein paar Einheiten einzulegen. Dazu habe er die Augen geschlossen, um sich für die nächsten Bissen ganz auf sein Sandwich zu konzentrieren, und staunend wahrgenommen, wie anders diese Mahlzeit sich anfühle. Er habe das Gefühl gehabt, zum ersten Mal wirklich zu spüren, wie knusprig und zugleich weich sich das Brot beim Hineinbeißen anfühle, wie knackig der Salat sei, wie kalt und saftig die Tomatenscheibe und wie scharf der Senf auf seiner Zunge. Er habe genau gehört, wie er kaute, und gespürt, wie viele Muskeln in seinem Mund daran beteiligt waren. Er sei verblüfft gewesen, dass er diese Sinfonie aus Geschmacks- und Tastempfindungen so lange verpasst habe, weil er immer nur abwesend etwas in sich hereingestopft habe. Er habe gegessen, als wäre er auf Autopilot gewesen. Und diese neue Erfahrung habe nur eine Minute gedauert.

Ich gratulierte ihm zu seiner Entdeckung und schrieb: »Wenn ein harmloses Putensandwich Ihnen so viel Genuss verschaffen kann, wie viel könnten Sie dann wohl im Laufe des Tages bei anderen Tätigkeiten entdecken!«

Dieses kleine Erlebnis hatte Frank begeistert. Schon bald meldete er über 20 PQ-Einheiten, dann über 30, und schließlich erreichte er 100. Damit war er so weit. Jetzt sollte er das Konzept vom Weisen in seine Teamsitzungen hineintragen.

Als er seinem Team erklärte, wie der Weise in allem ein Geschenk und eine Chance sieht, widersprach ihm sein faktenorientierter Finanzchef Joe: Diese schreckliche Lage als Geschenk zu akzeptieren hieße die Augen zu verschließen und den Abwärtstrend tatenlos hinzunehmen. Spöttisch sagte er: »Man kann kein Unternehmen leiten, indem man singt: „Que serâ, serâ! Whatever will be, will be"

Da Frank mit einer derartigen Reaktion gerechnet hatte, rückte er mit einem Vorschlag heraus, den wir uns zuvor überlegt hatten. Die nächsten drei Monate würde er die Vorstandssitzung jeden Montag mit der Frage eröffnen: »Was müssen wir tun, damit wir innerhalb von drei Jahren sagen können, dass die gegenwärtige Krise das Beste war, was unserem Unternehmen passieren konnte?« Diese Wortwahl legte eher eine handlungsorientierte selbsterfüllende Prophezeiung nahe als fatalistisches, passives Abwarten. Damit war Joes Skepsis ausreichend Genüge getan.

An diesem Punkt meldete sich Kathy, die stellvertretende Marketingleiterin, zu Wort und sagte, dass allein die Vorstellung, all dies nicht als entsetzliches Fiasko, sondern womöglich als verborgenes Geschenk zu betrachten, ihr mehr Optimismus und Energie vermittle. Auch andere äußerten sich teils angetan, teils skeptisch. Man einigte sich darauf, es mit der Perspektive des Weisen zu versuchen.

Bei einer Folgesitzung fanden sich die Führungskräfte zu einer individuellen Selbsteinschätzung ihrer Saboteure bereit. Jeder Teilnehmer beschrieb seine persönlichen Saboteure und wie sie ihm in die Quere kamen. Das erfolgte natürlich noch etwas halbherzig, weil ihre Richter sich gegen das ganze Vorhaben wehrten. Franks Worten zufolge reagierten alle gleichermaßen überrascht wie erleichtert, als Joe von sich aus den Kontrolleur als seinen Hauptsaboteur bezeichnete, den der starke Stress noch zusätzlich anfeuerte. Alle versuchten schon seit Jahren, Joe klarzumachen, dass er zu kontrollversessen war. Jetzt hatte er dies endlich eingesehen.

Das Team beschloss, täglich 100 PQ-Einheiten anzusetzen und sich beim wöchentlichen Meeting gegenseitig über ihre Fortschritte, Erfolge und Rückschläge zu informieren. Parallel dazu setzte ich mein Privatcoaching mit Frank fort, um ihn bei der Hebung seines persönlichen PQ zu unterstützen. Je besser Frank auf die Stärken seines Weisen zugreifen konnte, desto eher würde er seinem Team helfen können, dies ebenfalls zu tun.

Im Laufe der Zeit nutzten wir alle fünf Stärken des Weisen, um den Dingen die entscheidende Wende zu geben.

Empathie

Frank litt unter seinem Richter, seit die Aktien des Unternehmens in den Keller gegangen waren. Die Botschaft war nicht immer dieselbe, aber jede stammte von seinem Richter: »Was machst du denn nur? Das hättest du doch wissen müssen!« - »Du bist ein schlechter Vater, ein schlechter Ehemann und ein schlechter Chef.« - »Du bist nicht so gut, wie du dachtest. Wahrscheinlich hast du bisher immer bloß Glück gehabt.« Ich ging davon aus, dass die anderen in seinem Team von ihren Richtern Ähnliches zu hören bekamen.

Als ich Frank nahelegte, die Empathie des Weisen als Gegenmittel für die Schuldzuweisungen des Richters einzusetzen, war sein Richter natürlich dagegen: Empathie für sich und andere sei doch eine Ermunterung, weiterhin dieselben Fehler zu machen wie bisher. Im Gespräch entlarvten wir diese Einschätzung als eine der großen Lügen des Richters. Den gegenwärtigen Schmerz anzuerkennen, bedeutete keineswegs, die Fehler gutzuheißen, die dazu beigetragen hatten.

Um mehr Empathie für sich selbst zu entwickeln, bat ich Frank, sein inneres Kind zu visualisieren. Sein Richter war derart präsent, dass Frank allein durch diese Übung keine Empathie für sich empfinden konnte. Schließlich half uns ein Kinderfoto von Frank unter einem Weihnachtsbaum - ein strahlendes, zugewandtes, staunendes Kind voller Neugier. Dieses Bild zeigte sein wahres Wesen, das sich unter der harten Schale des Chefs verbarg. Ich bat ihn, das Bild auf sein Smartphone zu laden und täglich zu betrachten. Der Blick auf das Foto erleichterte es Frank tatsächlich, in diesen harten Zeiten Empathie und Anerkennung für sich zu empfinden.

Als Frank die Bedeutung der Empathie im Team ansprach, verstanden die meisten durchaus, was er meinte, fanden es anfangs aber auch nicht leicht, sich selbst Trost zu spenden. Sie räumten ein, dass sie zu hart zu sich seien, weil sie glaubten, dies ihrem Ehrgeiz und ihren hohen Ansprüchen schuldig zu sein.

Einigen von ihnen war es eher unangenehm, als Frank den Weckruf »Das Kind visualisieren« vorschlug. Allmählich aber begriffen sie den Zusammenhang zwischen dieser scheinbar irrelevanten Übung und der Frage, wie sie sich am eigenen Schopf aus dem Sumpf ziehen konnten.

Nachdem das Team sich selbst empathisch betrachten konnte und weiterhin täglich PQ-Einheiten einsetzte, erstarkten allmählich die Weisen, und die Richter wurden schwächer. Schon bald fühlte die Runde sich nicht mehr ganz so gebeutelt.

Forschergeist

Frank war ein großer Fan des Buchs Der Weg zu den Besten von Jim Collins.[36] In diesem Bestseller verweist der Autor auf die Praxis der »Fehlersuche ohne Schuldzuweisungen« in großen Unternehmen. Dabei geht es darum, offen zu ergründen, was geschehen ist, um daraus zu lernen. Der Verzicht auf Schuldzuweisungen ist so wichtig, weil der Richter auf der Suche nach einem Schuldigen sonst gern den Horizont verengt. Oft möchten wir gar nicht so genau wissen, was passiert ist, weil es in Gegenwart des Richters zu schmerzhaft wäre oder zu viel Streit hervorrufen könnte.

Für eine ehrliche »Fehlersuche ohne Schuldzuweisungen« musste Franks Mannschaft sich stärker auf den Forschergeist des Weisen einlassen. Darum vereinbarten sie, »Faszinierter Anthropologe« zu spielen, was ihnen dabei half, ihre Richter in Schach zu halten. Auf diese Weise wurde ihnen bewusst, dass sie nach etlichen höchst erfolgreichen Jahren zu selbstgewiss geworden waren und ihre ursprüngliche Neugier eingebüßt hatten. Sie wussten zu viel und hatten die Offenheit des Neulings verloren, auf der echter Forschergeist beruht. Insbesondere waren sie nicht mehr hellhörig genug für die feinen Signale ihrer Kunden zum Wandel der Zeit. Insofern hatte der Erfolg ein zu hohes Selbstvertrauen genährt.

Man verständigte sich darauf, dass jeder - auch Frank - einen verlorenen Kunden anrufen und um ein ehrliches Gespräch darüber bitten sollte, was eigentlich vorgefallen war. Daraufhin fragte ich Frank, wie erwartungsvoll er und die anderen diesen Terminen entgegenblickten. Er gestand, dass niemand sich darauf freute. Ich erklärte, dass ein Vorhaben, das vom Forschergeist des Weisen getragen sei, eine sehr angenehme Erfahrung sei. Alle negativen Gefühle, die damit verbunden seien, kämen allein von den Saboteuren.

Kreativität

Nachdem die Beteiligten sich näher mit der Dynamik befasst hatten, auf der die Bedürfnisse der Kunden, der Markt und ihre eigenen Fehler beruhten, waren sie bereit, all diese Informationen umzusetzen. Jetzt brauchten sie die geballte Innovationskraft des Weisen. Franks Führungsriege hatte bereits diversen Brainstormings durchgeführt, um Wege aus der Negativdynamik zu finden. Als Frank mir beschrieb, in welcher Form solche Meetings abliefen, war klar, dass ihr Bemühen von Saboteuren torpediert wurde. Zum einen hatte eine gedrückte Stimmung geherrscht, was darauf hindeutete, dass auf allen das Gewicht des Richters lastete. Zusätzlich schlossen sich Richter und Kontrolleur sofort zusammen, um den Kreativitätsprozess zu unterminieren. Viele Anwesende hatten Vorschläge verbal oder nonverbal missbilligt oder versucht, die Diskussion so zu lenken, dass bestimmte Bereiche ausgeklammert blieben.

Innovatives Denken beruht in besonderem Maße auf einer Aktivierung des PQ-Hirns. Deshalb begann Frank die nächste Sitzung mit einer fünfminütigen, geführten PQ-Aktivierung. Dazu verwendete er eine von mir bereitgestellte Audiodatei, damit auch er mit geschlossenen Augen an der Übung teilnehmen konnte. (Englischsprachige Audiodateien stehen auf www.PositiveIntelligence.com zum Download bereit.)

Außerdem stellte Frank vor dem Meeting mehrere große »Richter verboten «-Schilder im Sitzungssaal auf. Um darüber hinaus sicherzustellen, dass sich kein Saboteur in die kreative Phase einschlich, verabredeten sie für die Ideenfindung ein Vorgehen nach dem Motto »Ja, ... und ...«

Wenn der Innovationsprozess ohne Richter abläuft, entstehen dabei normalerweise jede Menge Ideen. Folgerichtig produzierte auch Franks Team im Kreativitätsmodus des Weisen in nicht einmal einer Stunde knapp 200 Ideen. Frank sagte, er hätte richtig gespürt, wie die Anwesenden plötzlich auf die Sichtweise des Weisen umschwenkten. Ohne den Filter des Richters sprudelten die Ideen nur so aus ihnen heraus. Jetzt war es an der Zeit, den inneren Kompass zu aktivieren, um die richtige Richtung einzuschlagen.

Der häufigste Fehler im Innovationsprozess ist, dass der Einzelne oder ein Team versucht, gleichzeitig kreativ zu sein und die Richtung festzulegen. Damit kommt jede neue Idee bereits während ihrer Entstehung auf den Prüfstand, und schon schleicht sich durch die Hintertür der

Richter wieder ein. Zum Glück hörte Franks Team auf meine Warnung und trennte diese beiden Stadien sauber voneinander.

Der innere Kompass

Damit Frank seine eigene Zielrichtung kannte, ließ ich ihn vor den Sitzungen eine Zeitreise unternehmen. Er sollte sich die Frage stellen: »Unabhängig von dem, was dabei herauskommt: Wenn ich am Ende meines Lebens daran zurückdenke, wie hätte ich mich in dieser Situation verhalten sollen?« Die Antworten erschienen prompt und halfen ihm, sich über seine entsprechenden Prioritäten klar zu werden. Erstens war ihm klar, dass er sich wünschen würde, in dieser Krise eine Möglichkeit gesehen zu haben, enger mit seiner Frau und den Kindern zusammenzurücken, anstatt Spannungen und Konflikte heraufzubeschwören. Zweitens würde er sich wünschen, dass er seine treuen Mitarbeiter fair behandelt hätte und nicht nur seine, sondern auch ihre Interessen bestmöglich gewahrt hätte. Drittens war da der Wunsch, absolut integer zu bleiben und sein Fähnchen nicht nach dem Wind zu hängen.

Sobald Frank sich über seine persönlichen Ziele im Klaren war, konnte er auch seinem Team helfen, dem inneren Kompass zu folgen. Bevor man diese Stärke des Weisen einsetzt, ist es häufig sinnvoll, die verschiedenen Optionen ganz objektiv auf einige wenige zu begrenzen, die auch machbar erscheinen. In diesem Stadium kann ein zweidimensionales Raster gute Dienste leisten. Dafür legt man die zwei wichtigsten objektiven Entscheidungskriterien fest - für Franks Team waren die »Implementierungskosten« und die »erwartete Wirkung« maßgeblich. So konnten sie fünf Ideen herausfiltern, die ein hohes Wirkungspotenzial hatten und sich relativ kostengünstig umsetzen ließen. Um sich zwischen diesen Favoriten zu entscheiden, aktivierte das Team den inneren Kompass.

Die Koordinaten für den inneren Kompass wurden mittels folgender Frage festgelegt: »Wie hätten wir uns in dieser Situation am besten verhalten sollen, wenn wir in ein paar Jahren daran zurückdenken - und zwar unabhängig vom Ergebnis?« Der zuvor so reservierte, konservative Finanzchef Joe meldete sich als Erster zu Wort. Die Kompassfrage habe ihm augenblicklich den richtigen Weg gewiesen, erzählte er aufgeregt. In ein paar Jahren würde er sich - unabhängig vom Ergebnis - wünschen, sie hätten an das Unternehmen geglaubt und sich ganz auf die ursprünglichen Ziele der Firma konzentriert, anstatt in einem verzweifelten, opportunistischen Versuch, um jeden Preis wieder profitabel zu werden, davon abzuweichen.

Joes Wunsch war ein klares Votum für einen der fünf verbliebenen Vorschläge. Diese Option beinhaltete, das Marken- und Produktportfolio des Unternehmens wieder dem ursprünglichen Unternehmensziel anzupassen. In seinen Augen würden die anderen, opportunistischeren Ideen dem Kerngedanken und damit der eigentlichen DNS der Firma widersprechen. Es dürfe sich vieles ändern, nicht aber die ureigenen Grundlagen.

Andere nickten zustimmend: Konzentration auf die ursprünglichen Ziele. Allmählich schälte sich heraus, dass die bisherige Suche nach Wachstumschancen einen Teil des Problems darstellte, da diese zusätzlichen Bereiche zwar jeder für sich Profit abwarfen, aber vom Kerngeschäft ablenkten. An vielen Weggabelungen der letzten Jahre hatte das Team nicht auf den inneren Kompass des Weisen vertraut und war deshalb in die Irre gelaufen.

Später berichtete Frank, er habe noch nie erlebt, dass sich sein Managementteam so schnell und konfliktfrei über einen zentralen Punkt einig gewesen sei. Diese Leichtigkeit machte ihn fast schon argwöhnisch. »Ist das wirklich so einfach?«, fragte er sich. Ich erinnerte ihn, dass der Spruch »Ohne Fleiß kein Preis« zu den vielen selbsterfüllenden Lügen des Richters zählt. Der Weise kommt oft auf anderen Wegen zum Ziel, die paradoxerweise zwar einfacher, aber auch produktiver sind. Das PQ-Denken erzeugt ausgezeichnete Ergebnisse und fühlt sich dabei auch noch gut an.

Der Rückgriff auf den inneren Kompass hatte eine beruhigende, erdende Wirkung auf das Team. Ein Teilnehmer verglich dies mit einer stürmischen Seefahrt bei Nacht, in der einem plötzlich ein mächtiger Leuchtturm den Weg zum sicheren Hafen weist. Die Orientierung am inneren Kompass (also an den ganz persönlichen Werten und Zielen) sorgt oft für eine derartige Beruhigung. Das gilt auch für Teams.

Tatkraft

Frank und sein Team waren immer stolz darauf gewesen, sehr handlungsorientiert vorzugehen. Im Laufe des PQ- Prozesses fanden sie heraus, dass durch dieses starke Augenmerk auf das Handeln viele ihrer Sofortreaktionen im Rückblick reine Verschwendung gewesen waren oder sich sogar als kontraproduktiv erwiesen.

Im Verlauf der schuldzuweisungsfreien Untersuchung ihres eigenen Vorgehens stellten sie fest, dass sie in der Vergangenheit auf dringliche Situationen zu hektisch reagiert und damit den Störmanövern der Saboteure Tür und Tor geöffnet hatten. Wir besprachen, dass man bei aktivem PQ- Hirn auch inmitten einer Krise gelassen und nicht hektisch agiert. Man kann gezielt vorgehen und das Drama der Saboteure auf ein Minimum begrenzen.

Franks Team gefiel der Vergleich mit Karatemeistern oder Samurai Kriegern, die inmitten eines Kampfes zentriert und ganz bei sich bleiben, damit sie ihre Energie allein auf die Bewältigung der Gefahr richten können. Diese Art zu handeln tauften sie »Samurai-Aktion« und fragten sich danach gegenseitig, ob eine geplante Handlung eine Samurai-Aktion oder eher eine hektische Notmaßnahme sei.

Nach einem zweitägigen Retreat zur Festlegung des weiteren Vorgehens bat Frank die anderen, »Was sagt mein Saboteur dazu?« zu spielen. Alle nahmen sich ein paar Minuten Zeit und überlegten, welcher Saboteur sich wohl auf welche Weise einmischen werde, um das Team von seinen Samurai-Aktionen abzulenken oder diese hinauszuzögern.

Frank eröffnete die Runde mit seiner eigenen Reaktion. Er hielt seinen Perfektionisten für das Haupthindernis. In stressgeladenen Augenblicken melde sich seine übertriebene Sorgfalt noch deutlicher zu Wort, um ihm wenigstens die Illusion von Sicherheit und Geborgenheit zu vermitteln. Die anstehende Situation würde diese Tendenz vermutlich aktivieren. Joe gestand sich ein, dass sein Kontrolleur der größte Hemmschuh sein werde, weil der neue Plan viele Veränderungen mit sich bringe, die er nicht bis ins Detail kontrollieren konnte. Tom, der Leiter des operativen Geschäfts, fürchtete seinen Vermeider: Einige der

erforderlichen Schritte würden möglicherweise »unangenehme« Gesprä-
che mit sich bringen, denen er lieber aus dem Weg ginge. Am Ende dieser bemerkenswert offenen Diskussion boten alle einander Unterstützung an und machten Vorschläge, wie sie die Saboteure in Schach halten
könnten, während sie ihre Samurai-Aktionen vorantrieben.

Inzwischen zeigten die kollektive Energie und die positive Einstellung,
dass das gesamte Team in der positiven PQ-Dynamik angekommen war.
Das erkannte ich unter anderem daran, dass Frank sich nach den Sitzungen energiegeladen fühlte und nicht mehr ausgelaugt. Die nächsten PQ-
Messungen bestätigten meine Vermutung. Franks PQ war auf 79 angestiegen. Jeder im Team erreichte mehr als 70, Kathy sogar atemberau-
bende 86 Punkte. Der Team-PQ belief sich auf 81, lag also sicher auf
der positiven Seite. So brachten die Teammitglieder definitiv das jeweils
Beste im anderen zum Vorschein und halfen sich gegenseitig, den er-
höhten PQ auch zu halten.

In nicht einmal sechs Monaten hatten Frank und sein Team das opera-
tive Geschäft wieder auf die Kernziele der Firma ausgerichtet und be-
schäftigten sich nun intensiv mit Innovationen, die ihre Führungsrolle
in diesem neu definierten Marktbereich festigen würden. Nach einem
Jahr betrug die Gewinnspanne schon wieder 80 Prozent des Niveaus vor
dem Crash, und die Erträge stabilisierten sich stetig. Innerhalb von 18
Monaten hatten sich auch die Aktien wieder vollständig erholt. Das
Team war zuversichtlich, der Firma in der neu definierten Nische einen
noch größeren Vorsprung vor ihren Wettbewerbern verschafft zu haben.

Frank war jedoch nicht in erster Linie dankbar dafür, dass sein Unternehmen sich erholt hatte, wie er kürzlich zu mir sagte. Er freute sich
besonders darüber, dass er das selbsterfüllende Wesen seines Weisen
entdeckt und das verborgene Wirken der Saboteure entlarvt hatte. Seit
sein Weiser stärker geworden sei, habe er nie wieder das panische Bedürfnis verspürt, sein persönliches Glück vom Erfolg der Firma abhängig zu machen. Sein erhöhter PQ habe ihm gezeigt, dass das Glück nicht
von äußeren Umständen ab-hängt. Er fand es widersinnig, dass er größeren Erfolg hatte, seit er dem Erfolg nicht mehr verzweifelt nachjagte.
Ich versicherte ihm, dass er mit zunehmender Kraft des Weisen noch

viele solche Widersprüche entdecken würde.

Frage

Denken Sie an einen Menschen, dessen Verhalten Sie gern ändern möchten. Nehmen Sie bei sich selbst in den Begegnungen mit dieser Person Gefühle des Weisen oder Gefühle der Saboteure wahr? Wenn es Saboteur Gefühle sind, inwiefern stehen sie den Veränderungen, die Sie sich von dem anderen erhoffen, entgegen?

Kapitel 11

Fallstudie: Tiefere Beziehungen durch Konflikte

Bei Konflikten wird in der Regel eine der folgenden Vorgehensweisen gewählt: Wir weichen dem Konflikt vielleicht aus und leugnen ihn. Das führt dazu, dass er mit der Zeit schwärt und einen Keil in die betreffende Beziehung treibt. Wir können auch die Konfrontation suchen und mit unserem Richter und seinen Komplizen in den Kampf ziehen. Auf diese Weise bekommen wir vielleicht unseren Willen oder können grollend einen Kompromiss aushandeln, aber auch das belastet die Beziehung. Die dritte Methode, der Weg des Weisen, besteht darin, den Konflikt als Geschenk anzusehen und gezielt zur Stärkung der Beziehung zu nutzen. Wenn ein Paar oder ein Team mir erklärt, sie hätten eine perfekte, absolut konfliktfreie Beziehung (10 von 10 Punkten), sage ich ihnen, dass die Beziehung bei maximal 6 oder 7 liegt. Das Traumziel 10 erreicht man nur durch konstruktiven Umgang mit Konflikten.

Der Weise geht an persönliche und berufliche Konflikte gleich heran, egal ob individuelle Beziehungen oder ganze Teams betroffen sind. In diesem Kapitel befassen wir uns zuerst anhand einer Fallstudie mit dem Vorgehen des Weisen in einem privaten Konflikt - etwas, das wir also alle leicht nachvollziehen können. Danach werden wir sehen, wie sich exakt dieselbe Vorgehensweise einsetzen lässt, um Konflikte auf beruflicher Ebene konstruktiv zu bewältigen.

Wie sich die Saboteure in Beziehungen einmischen

Bevor wir unsere Fallstudie näher beleuchten, sollten wir uns ansehen, wie die Saboteure Beziehungen torpedieren. Ohne einen starken Weisen spielen die Saboteure in Konflikten oft eine zentrale Rolle und können ihre negativen Kräfte auf vielerlei Art einbringen.

Urteile: Der Richter sorgt dafür, dass wir ständig überlegen, was der andere wohl mit seinem Verhalten beabsichtigt. Diese Annahmen sind häufig falsch und treiben die andere Person in die Defensive. Ein starker Richter sorgt auch dafür, dass wir nur hören, was wir hören wollen, und sucht ständig nach Beweisen dafür, dass wir im Recht sind.

Kontrolle: Der Kontrolleur schüchtert andere gerne ein. Das kann dazu führen, dass man die Konfrontation sucht und anderen etwas auf unangenehme Weise direkt ins Gesicht sagt. Die Sabotage durch den Kontrolleur kann auch bewirken, dass man die anderen einfach abtut und den Eindruck vermittelt, man sei unflexibel und beharre stur auf dem eigenen Weg - auch wenn dies gar nicht unserer Absicht entspricht.

Erbsenzählerei: Die Ansichten des Perfektionisten über den einen richtigen Weg werden von anderen oft nicht geteilt. Wenn der Perfektionist das Kommando führt, erscheint man selbstgerecht, stur oder pedantisch.

Vermeidung: Der Vermeidet lenkt die Aufmerksamkeit vom Konflikt ab. Entweder hofft man dann, dass der Konflikt vorbeigeht, oder man redet sich ein, dass er nicht so wichtig sei. Manchmal wird die Botschaft auch so vorsichtig und abgeschwächt präsentiert, dass der andere gar nicht versteht, wie ernst die Lage ist, bis das Problem plötzlich aus dem Ruder läuft.

Arbeitswut: Das Arbeitstier geht gern übertrieben zielstrebig vor, wodurch man sich die Möglichkeit vergibt, durch den Konflikt die Beziehung zu vertiefen. Die andere Person hat unter Umständen das Gefühl, nur noch Mittel zum Zweck zu sein.[37]

Gefallsucht: Der Schmeichler hält Sie davon ab, um das zu bitten, was Sie wirklich wollen oder brauchen, und ermuntert Sie, bei einem Gespräch über das Konfliktthema zu sehr auf den anderen einzugehen. Hinterher fühlen Sie sich dann bloß übergangen.

Opferhaltung: Ein starker Opfer-Saboteur bringt Sie dazu, die Dinge zu persönlich zu nehmen. So verbringen Sie zu viel Zeit damit, über all das Schlechte nachzugrübeln, das Ihnen angetan wurde. Andere verlieren dabei die Geduld und plädieren dafür, nach vorne zu schauen.

Rastlosigkeit: Wie der Vermeidet möchte auch der Rastlose bei Konflikten schmerzhaften Erkenntnissen aus dem Weg gehen. Wer zu Rastlosigkeit neigt, konzentriert sich lieber auf spannendere, angenehmere Dinge und lässt sich auf konfliktträchtige Themen gar nicht erst ein.

Übertriebene Vorsicht: Das Gefahrenbewusstsein, das der Angsthase gern an den Tag legt, wird von anderen als übertrieben eingestuft. Ihnen die gleiche Wachsamkeit abzuverlangen, ist unfair und belastet sie zu stark.

Rationalisierungen: Bei einem Konflikt geht es selten nur um Zahlen und Fakten, auch wenn der Rationalist dies gern so hätte. Das »logische« Vorgehen ist nicht immer die passende Lösung. Wenn der Rationalist dennoch darauf beharrt, erscheint er in den Augen anderer leicht als kalt, distanziert oder arrogant.

In der nun folgenden Fallstudie wird erkennbar, wie die Saboteure einem Konflikt ihren Stempel aufdrücken können. Sie werden aber auch sehen, wie die fünf Stärken des Weisen die Dynamik eines ganz typischen Konflikts umkehren können.

Fallstudie: Patrick und Susan

Als Geschäftsführer eines weltweit agierenden Finanzdienstleisters suchte Patrick ursprünglich meinen Rat, um die wachsenden Konflikte im Managementteam zu entschärfen. Nachdem ich beschrieben hatte, wie der Weise mit Konflikten umgeht, gestand mir Patrick, dass es ihm eigentlich noch viel wichtiger sei, damit die Beziehung zu seiner Frau, Susan, zu verbessern, mit der er seit über 20 Jahren verheiratet war. Nach einem separaten Gespräch mit Susan vereinbarten wir einen Tag zu dritt, an dem wir nur an ihrer Beziehung arbeiten würden.

Wir trafen uns in einer geschmackvollen Hotelsuite mit Terrasse und Blick auf den Pazifik. Trotz der zauberhaften Umgebung war die

Atmosphäre frostig und die negative Saboteur Energie praktisch greifbar. Das überraschte mich nicht, denn der Beziehungs-PQ hatte bei bescheidenen 30 Punkten gelegen. Susan und Patrick saßen an den entgegengesetzten Enden der Couch. Susan schlang die Arme um ein Kissen, als wolle sie sich so vor den erwarteten Angriffen schützen. Patrick hatte die Arme verschränkt und wirkte ungerührt. Beim Sprechen sahen sie einander nicht an und schienen nur über mich zu kommunizieren.

Ich bat beide, den gegenwärtigen Stand ihrer Beziehung zu beschreiben. Susan fing an. Ihr kam es so vor, als würde Patrick weder als ihr Ehemann noch als Vater des 17-jährigen Sohns und der 14-jährigen Tochter noch in irgendeiner Weise in Erscheinung treten. Seine Arbeit habe immer Priorität. Erst jüngst habe er in letzter Sekunde den Familienurlaub in den Frühlingsferien der Kinder abgesagt. Zu Hause zeige Patrick häufig mehr Interesse an seinem Smartphone als an seiner Familie. Susan hatte das Gefühl, ganz allein mit den Launen ihrer Teenager fertigwerden zu müssen, so als wäre sie alleinerziehend. Sie brachte eine lange Liste an Beschwerden vor.

Wie so häufig bei festgefahrenen Konflikten hielt Patrick keinen einzigen Punkt von Susans Ausführungen für berechtigt, sondern ging einfach zum Gegenangriff über: Susan habe es sehr leicht, denn schließlich trage er die alleinige Verantwortung für die Versorgung der Familie. Deshalb könne er doch wohl Verständnis dafür erwarten, dass er sich vorrangig auf seine Arbeit konzentriere. Den Urlaub habe er wegen einer dringenden Sondersitzung des Aufsichtsrats absagen müssen. In den letzten Jahren sei jedes Gespräch mit Susan oder den Kindern gleich in Zankerei ausgeartet, weil sie sich immer beschwerten. Aus seiner Sicht war es daher logisch, sich lieber mit seinem Smartphone zu beschäftigen, als nach einem harten Arbeitstag sofort die nächste Auseinandersetzung durchzustehen. Er fühlte sich von seinen beruflichen und privaten Verpflichtungen geradezu erdrückt und fragte sich, wann er wohl endlich einmal Anerkennung für all das bekommen werde, was er tat. Seine Liste war ebenso lang wie die von Susan und sein Ärger ebenso fühlbar.

Ich ließ dieses Ping-Pong-Spiel eine Weile so weiterlaufen. Als sich zeigte, dass sich die beiden nur im Kreis drehten, fragte ich sie, welchen Prozentsatz ihrer Anliegen der andere ihrer Ansicht nach angenommen und verstanden habe. Beide fühlten sich völlig unverstanden.

Hier wird eines der Schlüsselprobleme von Konflikten erkennbar: Wir sind so damit beschäftigt, dem anderen das zu vermitteln, was wir ihm sagen wollen, dass wir normalerweise kaum noch zuhören. Wer sich nicht gehört fühlt, wiederholt seine Worte in der Regel lauter und aus einem etwas anderen Blickwinkel und kommt dem Gegenüber dabei vor wie eine alte LP, die hängt. Es ist wie bei der Frage nach der Henne und dem Ei: Bis wir glauben, dass man uns zugehört hat, wollen wir nicht selbst zuhören. Darum setzt sich dieser Teufelskreis immer weiter fort.

Vom Standpunkt zum wahren Bedürfnis

Um den beiden zu erklären, warum sie sich derart festgefahren hatten, zeichnete ich einen schwimmenden Eisberg auf ein Blatt Papier und erklärte die drei Informationsebenen bei einem Konflikt (siehe Abbildung). Der sichtbare Teil des Eisbergs, der Standpunkt, steht für die Forderungen an den anderen. Susans Standpunkt war beispielsweise, dass sie sich wünschte, Patrick hätte die Sitzung sausen lassen und wäre mit der Familie in den Urlaub gefahren. Patricks Standpunkt lautete, dass er sich von Susan Verständnis dafür erhoffte, dass er bei dieser Sondersitzung des Aufsichtsrats unabkömmlich gewesen sei.

Das Problem an derartigen Standpunkten ist, dass sie fast immer automatisch Widerstand erzeugen. Für jedes Argument gibt es somit ein Gegenargument. Konflikte speisen sich aus Standpunkten, sodass es auf der Ebene des Standpunkts nur selten eine Lösung geben kann. Auf dieser Ebene muss einer von beiden vollständig nachgeben, oder man trifft sich irgendwo in der Mitte zu einem Kompromiss, bei dem keiner das Gefühl hat, wirklich das bekommen zu haben, was er wollte. Für wichtige Anliegen ist das kein optimales Vorgehen.

Standpunkte werden in der Regel von den Saboteuren vertreten und verteidigt, die von Natur aus kein Interesse an einer Lösung haben. Saboteure wollen nur Recht haben.

Unsere Standpunkte beruhen häufig auf Vermutungen. Diese wiederum beinhalten meist diverse Annahmen über die Absichten des anderen. Selbst ich, als Experte auf diesem Gebiet, muss mir immer wieder demütig eingestehen, wie schwer es ist, die Bedürfnisse und Absichten eines anderen richtig zu erraten. Meiner Erfahrung nach kommt es entscheidend darauf an nachzufragen und nicht einfach etwas anzunehmen. Vermutungen über die Absichten anderer sind häufig falsch und gießen damit nur Öl ins Feuer. Unsere Richter sind weit sicherer über die wahren Wünsche und Absichten des anderen, als Fakten und Erfahrung belegen können.

Der Schlüssel zu dem Geschenk, das in einem Konflikt verborgen ist, liegt in den tieferen Anliegen, auf denen unsere Standpunkte basieren. Menschen nehmen bei einem festen Standpunkt zwar automatisch gern die Gegenposition ein, doch auf ein wahres Anliegen, das viel schwerer wegzudiskutieren ist, reagieren wir ganz anders. Die tief empfundenen Anliegen anderer finden bereitwillig unsere Unterstützung. Überlegen Sie einmal, wie häufig Sie aufgrund eines Artikels oder eines Films spontan eine Verbindung zu Wildfremden gespürt haben, die sich leidenschaftlich für ihr Ziel einsetzten. Auf der Ebene der wahren Wünsche haben Menschen sehr viel gemeinsam, denn hier spricht der Weise des einen und erfährt Wertschätzung vom Weisen des anderen.

Der Eisberg der Konflikte

Erforschen

Um leichter zum Forschergeist des Weisen überwechseln zu können, schlug ich Patrick und Susan ein klar strukturiertes Vorgehen vor, das eine Abwandlung des Weckrufs »Faszinierter Anthropologe« darstellt und hilft, die Saboteure in Schach zu halten. Dabei nehmen beide Partner abwechselnd die Rolle des Redenden und die des Zuhörers ein. Susan erhielt als Erste für drei Minuten das Wort. Nach Ablauf der drei Minuten sollte Patrick genau wiedergeben, was Susan gesagt hatte. Damit wurde gewährleistet, dass er richtig zugehört hatte. Patrick durfte erst dann das Wort ergreifen, wenn Susan zugab, dass er sie voll verstanden hatte. An dieser Stelle wurden dann die Rollen umgekehrt, und Susan musste Patrick gut zuhören. Der Zuhörer hat also jeweils keine andere Wahl: Er darf nur zuhören, und die Saboteure können sich nicht einmischen.

Ich bat Susan, noch einmal drei Minuten über die Sache mit dem Urlaub zu sprechen. Nach drei Minuten forderte ich Patrick auf, das Gehörte zu wiederholen. Er gab das wieder, was er glaubte, gehört zu haben. Ich fragte Susan, ob Patrick alles richtig gehört habe, und sie erklärte zu Recht, dass Patrick diverse Punkte ausgelassen habe. Daraufhin bat ich sie, diese Punkte noch einmal zu wiederholen, bis Patrick in der Lage sei, alles richtig wiederzugeben.

Danach ließ ich Patrick etwas Zeit zum Überlegen, warum er wohl beim ersten Durchgang fast die Hälfte von dem, was Susans gesagt hatte, überhört hatte. Er hatte die Größe einzugestehen, dass er zunächst so damit beschäftigt gewesen sei, Susans ersten Punkten etwas entgegenzusetzen und sich seine Antworten zurechtzulegen, dass er ihre späteren Ausführungen gar nicht mehr richtig mitbekommen habe. Zu dieser ehrlichen und korrekten Einsicht gratulierte ich ihm. Zu Beginn einer solchen Übung sind die Saboteure tatsächlich noch sehr stark und blockieren unsere Fähigkeit, dem anderen genau zuzuhören.

Jetzt war Susan an der Reihe. Sie konnte das Gehörte etwas genauer wiederholen als Patrick. Allerdings erwischte ich sie bei einigen Interpretationen und Vorwürfen, die sie nebenbei einfließen ließ. Auch das ist eine beliebte Technik der Saboteure in diesem frühen Stadium der Konfliktbewältigung. Susan gab zu, dass es ihr ebenfalls schwerfalle, nur zuzuhören, ohne sich gleich ein Gegenargument zu überlegen.

Nach einigen Runden als Sprecher und Zuhörer war der Einfluss der Saboteure deutlich zurückgegangen. Ich spürte bereits, dass die Lust des Weisen am Erforschen den Raum erfüllte. Das Gesprächsklima war wärmer geworden, und Patricks und Susans Körpersprache entspannte sich. Inzwischen wendeten sie sich einander beim Reden und Zuhören zu.

Jetzt konnten sie zur nächsten Übung übergehen, für die ich die Latte etwas höher hängte. Ich bat Patrick, nicht nur die Fakten zu wiederholen, die er gerade von Susan gehört hatte, sondern auch die Gefühle, die dabei mitschwangen oder die er ihren Worten, ihrer Stimmlage oder ihrer Körpersprache entnahm. Ich verlangte also von ihm, sich nicht nur auf den Datenkanal, sondern auch auf den PQ-Kanal einzustimmen. Dazu braucht man das PQ-Zentrum, doch ich hatte bereits festgestellt, dass sich sowohl Patrick als auch Susan ausreichend im PQ-Modus bewegten.

Nach einer kurzen Pause erweiterte Patrick seine Worte um die Aussage: »Meine Entscheidung hat dich offenbar tief verletzt, und du fühlst dich dadurch zurückgewiesen.«

Diesen bedeutsamen Moment ließ ich einen Augenblick so stehen. Susan blickte nach unten und lockerte den Griff um das Kissen, das sie die ganze Zeit umklammert hatte. Ich fragte sie, was sie empfinde, und sie antwortete, es sei das erste Mal seit Langem, dass sie das Gefühl habe, dass Patrick ihr wirklich richtig zugehört und ihr das auch gezeigt habe. Es war, als würde aus dem Heißluftballon ihrer Wut endlich etwas Luft abgelassen. Sie ließ sich etwas tiefer in ihren Sitz sinken und entspannte die Schultern.

Die PQ-Kommunikationsregel

An dieser Stelle zeichnete ich den Datenkanal und den PQ- Kanal auf, um die PQ-Kommunikationsregel zu erläutern:

Menschen fühlen sich erst dann wirklich gehört, wenn ihre Mitteilung auf dem PQ-Kanal wahrgenommen und bestätigt wird. Allein auf dem Datenkanal gehört und bestätigt zu werden reicht nicht aus.

Bei dieser Aussage ging beiden sofort ein Licht auf, und sie nickten wissend. Patrick meinte, er könne endlich erkennen, auf welchem Schema ihren zahlreichen fruchtlosen Streitgesprächen beruhten: Wenn Susan sich über etwas beklagte, gebe Patrick sich durchaus Mühe, ihr genau zuzuhören. Anschließend aber komme er sofort mit einem Lösungsvorschlag für das von Susan geäußerte Problem. Jetzt begriff er, dass er dabei immer nur auf dem Datenkanal zugehört und geantwortet hatte.

Susan ergänzte: »Und damit war ich immer noch wütend, weil er mir nicht wirklich zuhörte beziehungsweise meine Gefühle nicht ernst nahm. Ich wollte keine Lösungen. Ich fühlte mich sogar beleidigt, dass er offenbar dachte, ich bräuchte seinen schlauen Kopf für eine einseitige Lösung unserer Probleme. Er behandelte mich wie eine Angestellte, die ihn wegen eines Problems aufsuchte. Dabei wollte ich mich nur verstanden wissen. Ich kann mich gar nicht mehr daran erinnern, wann ich mich bei einem Streitgespräch zum letzten Mal wirklich verstanden, gesehen oder gehört fühlte.«

Das Bemerkenswerte daran war die ruhige Klarheit, mit der Susan dies alles sagte. Keine Spur mehr von der Bitterkeit der Richterin, die anfangs in ihren Aussagen mitgeschwungen hatte! Die Stimme ihrer Weisen wusste zu unterscheiden, kam ohne Umschweife auf den Punkt, und von den Schuldzuweisungen der Richterin war weit und breit nichts zu sehen. Deshalb wusste ich, dass Patricks Saboteure nicht sofort zur Verteidigung übergehen mussten.

Nun stellte ich die Frage, weshalb Patrick sich auf diese Weise verhielt. Er überlegte und sagte, er gehe ein Problem am liebsten rational an und fühle sich auf der Ebene, die ich als den PQ-Kanal für Emotionen, Anliegen und tiefere Bedürfnisse bezeichnete, ziemlich unwohl. Mit dem Datenkanal und dem rationalen Verstand könne er am besten umgehen. In seinen Augen tat er sich und Susan einen Gefallen, wenn er bei einem unangenehmen, schmerzhaften Konflikt schnelle Lösungen anbot.

Ich wollte wissen, ob er jetzt besser nachvollziehen könne, warum selbst seine bestechenden Lösungen auf taube Ohren zu treffen schienen. Patrick vermutete, dass Susan nicht bereit sei, ihm zuzuhören, ehe sie das Gefühl habe, selbst gehört worden zu sein. Hier stimmte Susan zu, sagte aber, dass dies keine bewusste Entscheidung gewesen sei. Es ginge ihr nicht um ein »Wie du mir, so ich dir«. Sie weigere

sich nicht absichtlich, ihm zuzuhören, bis er ihr zugehört habe. Es scheine automatisch zu geschehen.

Da erinnerte ich die beiden wieder an das Henne-und-Ei-Problem bei der Kommunikation: Solange wir uns nicht gehört fühlen, sind wir nicht bereit, dem anderen zuzuhören. In solchen Fällen muss einer sich ein Herz fassen und über seinen Schatten springen, indem er dem anderen als Erster wirklich zuhört, obwohl er glaubt, selbst noch nicht gehört worden zu sein. Einer muss die Initiative ergreifen, den Richter weg-schieben und seinen Weisen hervortreten lassen, um dem Weisen des anderen einladend die Hand zu reichen. Ansonsten besteht ein Konflikt darin, dass der Richter des einen den Kontrolleur des anderen anschreit, dass das Opfer dem Vermeider in den Ohren liegt und so weiter. Sabo-teure sind an einer Lösung nicht interessiert.

Nach mehreren Drei-Minuten-Runden, in denen die beiden abwech-selnd redeten und zuhörten, schien der Forschergeist erste Früchte zu tragen. Wie so oft in derartigen Fällen stellten sowohl Susan als auch Patrick fest, dass viele ihrer Vermutungen über die Bedürfnisse und Ab-sichten des anderen falsch gewesen waren. Sie schienen nun deutlich besser zu verstehen, was der andere wirklich beabsichtigte und an-strebte. Der Phase des Erforschens geht normalerweise irgendwann der Dampf aus, weil keine der Parteien noch etwas hinzufügen hat und alle sich voll und ganz gehört fühlen. Das ist das Signal dafür, einen Schritt weiterzugehen.

Empathie zeigen

Nach jahrelangen Konflikten sind Menschen nicht so leicht bereit, die Vorwürfe ihrer Saboteure loszulassen und sich in den anderen einzufüh-len. Das erfordert einen deutlich stärkeren Übergang zum PQ-Denken, als wir bisher gemeinsam erreicht hatten. Darum schob ich für Susan und Patrick an diesem Punkt eine 15-minütige Übung zur PQ- Aktivie-rung ein, die uns schneller voranbringen sollte. So würden sie einen bes-seren Zugang zu ihrer Empathie Fähigkeit haben.

Sich bewusst in den anderen hineinzuversetzen ist ein Akt der Großzügigkeit. Es geht nicht nur darum, die Welt aus den Augen des anderen zu betrachten, sondern auch um den Versuch, dabei seine Gefühle nachzuvollziehen. Empathie hat wenig mit Denken und Analysieren zu tun, sondern sehr viel mit Nachspüren.

Häufig widerstrebt es uns, die Sichtweise eines anderen anzunehmen, weil wir befürchten, damit seinen Standpunkt zu legitimieren, ihn noch mehr zu ermutigen und unsere eigene Sicht herunterzuspielen. Daher musste ich Susan und Patrick dazu bringen, diese zwei Faktoren zu entkoppeln. Empathie für jemanden zu zeigen, der sich gerade den Zeh gestoßen hat, bedeutet nicht, dass man Unachtsamkeit belohnt oder dazu ermuntert, dies noch einmal zu machen. Es heißt nur, dass man die Schmerzen nachvollziehen kann und dies dem anderen auch zeigt. Empathie sollte unabhängig von der Lösung eines Problems oder von einer Entscheidung möglich sein. Es handelt sich vielmehr um eine bedeutsame, eigenständige Fähigkeit, über die nur der Weise verfügt und die im Menschen die Bereitschaft weckt, andere Stärken des Weisen einzubringen, beispielsweise Kreativität, den inneren Kompass und Tatkraft.

Diese klare Abgrenzung schien Susans und Patricks Bedenken davor, sich auf echte Empathie füreinander einzulassen, abzuschwächen. Ausgehend von den Entdeckungen, die sie im Forschermodus gemacht hatten, bat ich sie, sich nun ganz in den anderen hineinzuversetzen und zu berichten, wie es sich dort anfühlt. Dabei betonte ich noch einmal, dass die Empathie des Weisen viel Großzügigkeit beweise, besonders auf Seiten dessen, der damit anfängt.

Davon fühlte Susan sich angesprochen und unternahm freiwillig den ersten Versuch. Nachdem sie sich gesammelt hatte, begann sie mit ruhiger Stimme: »Patrick, wenn ich mich in dich hineinversetze, kann ich mir kaum vorstellen, wie schwer es dir gefallen sein muss, unseren Urlaub abzusagen. Von deiner Warte aus werden mir einige andere wichtige Anliegen bewusst, die miteinander konkurrieren. Das eine ist die finanzielle Absicherung deiner Familie. Unserem Gespräch heute habe ich entnommen, wie schwer diese ständige Bürde dich belastet. Offenbar gibt es daneben noch ein zweites geschäftliches Bedürfnis, nämlich die Verpflichtungen gegenüber deinen Mitarbeitern und dem Aufsichtsrat. Und dann sind da die Kinder, die sich seit Monaten auf diesen Urlaub gefreut hatten. Ich kann mir vorstellen, dass du traurig warst und Schuldgefühle hattest, als du uns diese Nachricht überbracht hast, besonders was Melody anging, die so heftig darauf reagierte. Es hat dir bestimmt sehr wehgetan, und du hast dich verurteilt gefühlt, als alle wütend auf dich losgegangen sind und dir Selbstsucht vorgeworfen haben.«

Für mich war es interessant, wie mühelos diese Worte aus Susan hervorzusprudeln schienen. Das stand in scharfem Kontrast zu der kontrollierten, vorsichtigen und sehr bewussten Ausdrucksweise zu Beginn unserer Arbeit. Mir war klar, dass jetzt ein anderer Teil ihres Gehirns, das PQ-Hirn, das Ruder übernommen hatte. Im PQ-Modus fällt uns das Denken, Formulieren und Handeln häufig leichter.

Patrick wirkte sehr gerührt. Er war zu stolz, seine Gefühle zu zeigen. Darum rutschte er ein wenig herum, nagte an seinen Lippen, räusperte sich und riss sich schließlich zusammen, ohne den Blick zu heben. Ich wusste, dass er tief bewegt war und jetzt Zugang zu seinen Gefühlen hatte, was bei ihm nicht oft der Fall war. Ich wollte ihn auf keinen Fall mit einer Frage in seine Komfortzone, die rationale Analyse, zurückkatapultieren. Deshalb gestand ich beiden einige Minuten Schweigen zu, in denen sie ganz bei diesem berührenden Erlebnis bleiben konnten.

Danach fragte ich Patrick, wie es ihm nun gehe. Er sagte, er sei beinahe in Tränen ausgebrochen, als er Susan sagen hörte, wie verletzt und verurteilt er sich gefühlt haben müsse. Diese Gefühle habe er weder sich selbst noch Susan jemals gestanden. Er habe immer nur seinen Ärger gezeigt. Doch als Susan beschrieb, wie es ihm ihrer Meinung nach wohl ergangen sei, habe er sofort begriffen, dass sie völlig Recht hatte. Sein Ärger sei lediglich der gewohnte Weg gewesen, seinen Schmerz und das Gefühl der Zurückweisung

auszudrücken. Dass Susans Bereitschaft, sich in ihn einzufühlen, ihn mit diesen tieferen Gefühlen in Kontakt brachte, berühre ihn sehr.

Damit beschrieb Patrick ein ganz typisches Phänomen, das auftritt, wenn der Weise des einen den Weisen des anderen aktiviert. Das PQ-Zentrum des einen, zu dem auch der Empathie-Schaltkreis zählt, erweitert das PQ-Zentrum des anderen. Da der Empathie-Schaltkreis in beide Richtungen wirkt, verspürte Patrick jetzt nicht nur Susan gegenüber mehr Empathie, sondern auch sich selbst gegenüber.

Nun bat ich Patrick, uns zu schildern, wie es sich anfühle, in Susans Lage zu sein. Patrick schwieg erst einmal. Danach begann er zu sprechen, als wäre er immer noch tief in Gedanken. Was er gerade festgestellt habe, als er sich in Susan hineinversetzte, sei, wie schwer es ihr fallen müsse, so abhängig von ihm zu sein. Sie hätten einander an einer der renommiertesten Business Schools kennengelernt, und Susan habe in ihrem Metier, dem Marketing, dann sogar eine steilere Karriere hingelegt als Patrick. In Rekordzeit habe sie in einer großen Gesellschaft für Konsumgüter ihren eigenen Markenbereich geleitet und eine Zeit lang sogar mehr verdient als Patrick. Dann seien im Abstand von drei Jahren die beiden Kinder gekommen. Ein Jahr nach Melodys Geburt sei Susan beruflich wieder eingestiegen, habe jedoch nicht mehr das alte Feuer verspürt und habe ihre Kinder auch nicht von einer Kinderfrau großziehen lassen wollen. Also habe sie sich entschieden, ihren Beruf aufzugeben und bei den Kindern zu bleiben.

Dieses Thema hatte Susan Patrick gegenüber aber nie wieder angeschnitten. Jetzt fragte sich ihr Mann, wie schwer es für eine derart intelligente und ehrgeizige Frau wie Susan wohl sein mochte, finanziell völlig von ihm abhängig zu sein. Diese Erkenntnis bestürzte ihn. Er beschäftigte sich noch ein wenig damit und schwieg dann gedankenverloren.

Ich brauchte Susan gar nicht anzusehen, um zu wissen, dass dies etwas bei ihr zum Klingen gebracht haben musste. Auch ihr gestand ich jetzt eine Schweigeminute zu, damit sie Patricks großzügiges Empathie Angebot verarbeiten konnte. Susan war überrascht und dankbar, dass Patrick praktisch aus dem Nichts zu dieser Einsicht gekommen war (ein weiteres typisches Kennzeichen des PQ-Hirns). In den vergangenen Monaten habe sie sich mit Identitäts- und Selbstwertproblemen herumgeschlagen und sich wegen der Wahl, die sie getroffen hatte, schuldig gefühlt. Sie habe sich gefragt, ob sie sich wirklich mit ganzem Herzen für das Muttersein entschieden habe oder ob sie nicht vielmehr die Herausforderung der Arbeitswelt gescheut habe. Jetzt frage sie sich, ob sie die Energie und den nötigen Elan für einen Neueinstieg habe. Das bezeichnete Susan als ihre latente Midlife-Crisis und überlegte, ob sie Patrick gegenüber vielleicht trotzig reagiert habe, weil sie ihm eine gewisse Mitschuld an ihrer Situation gebe - obwohl er sie bei ihren Entscheidungen stets uneingeschränkt unterstützt habe. Jetzt erkannte sie, dass ihr Ärger über Patrick, wenn dieser seiner Karriere einen höheren Stellenwert einzuräumen scheine als seiner Familie, teilweise wohl auf diesem Konflikt beruhe. (Diese Sichtweise hatte zu den Vermutungen über Patrick gehört, die während des Erforschens zur Sprache gekommen waren.)

Die sehr einfühlsame Kommunikation der beiden zeigte, dass der Weise durch das Erforschen und Nachspüren nun voll aktiv war. Damit waren wir bereit für etwas Neues.

Kreativ werden

Wenn man Konflikte allein vom Standpunkt aus betrachtet, der Spitze des Eisbergs, so gibt es nur zwei Möglichkeiten: Entweder es gibt einen Gewinner und einen Verlierer, oder beide schließen einen Kompromiss und müssen dafür auf etwas verzichten, das ihnen wichtig ist. Beide Alternativen sind nicht besonders verlockend. Der Weise denkt aber nicht an Kompromisse. Er will zum Kern der Sache vordringen, um die wahren Bedürfnisse und Anliegen zu entdecken und dann kreative Lösungen zu finden, mit denen die Bedürfnisse beider Beteiligten erfüllt werden. Der Kuchen darf sich erst einmal verdoppeln, ehe man ihn teilt.

Susan und Patrick hatten viel über die wahren Wünsche des anderen herausgefunden. Patrick wollte weiterhin die Verantwortung für seine Firma tragen, was für ihn auch mit seiner Rolle als Ernährer seiner Familie zusammenhing. Er wollte sich aber auch als Vater und Ehemann mehr einbringen, damit Susan und die Kinder nicht das Gefühl hatten, immer zurückstecken zu müssen. Für Susan war klar, dass sie sich wieder als kluge, erfolgreiche Geschäftsfrau beweisen wollte. Ob sie dafür Vollzeit oder Teilzeit arbeiten müsste, wusste sie noch nicht.

Inzwischen hatte das Paar alle nötigen Informationen, um die Kreativität des Weisen einsetzen zu können. Sie bewegten sich auf der Kommunikationsebene des Weisen, der Richter hatte sich völlig zurückgezogen, und ihr PQ war voll aktiviert. Sie befanden sich so deutlich in der positiven PQ-Dynamik, dass deren Aufwärtssog deutlich zu spüren war. Deshalb sah ich keinen Bedarf für weitere Vorgaben wie das »Ja, ... und ...«-Spiel, um Einmischungen durch die Saboteure vorzubeugen. Ich erinnerte sie nur daran, dass die Kreativitätsphase am erfolgreichsten verläuft, wenn man von jeglicher Evaluation absieht und sich ganz darauf konzentriert, so viele Ideen wie möglich hervorzubringen, egal ob diese umsetzbar sind oder nicht.

Innerer Kompass

Nach einer Dreiviertelstunde hatten sie auch diese Phase hinter sich gebracht. Ohne die Einmischung der Saboteure waren Unmengen Ideen zustande gekommen, und jetzt mussten Susan und Patrick ein paar Entscheidungen treffen. Um ihre gemeinsame Zielrichtung festzulegen, schlug ich anhand der folgenden Frage eine Zeitreise vor: »Wenn ich am Ende eines bestimmten Zeitraums zurückblicke, wie werde ich mir dann wünschen mich verhalten zu haben, und zwar unabhängig davon, was dabei herauskommt?« Den Zeitraum sollten sie gemeinsam definieren: Ende des Jahres, bei Auflösung der Firma, wenn die Kinder ausziehen, am Ende des Lebens?

Angesichts der langfristigen Konsequenzen ihrer Anliegen entschieden sich beide für »am Ende des Lebens«, um ihre Optionen gegeneinander abzuwägen. Damit konnten sie die Auswahl eingrenzen und ein paar realistische Veränderungen herauspicken.

Patrick wollte im Kalender feste Zeitfenster für seine Familie reservieren. Er nahm sich vor, seine Mitarbeiter und den Aufsichtsrat aktiv und im Vorhinein auf diese Zeiteinteilung hinzuweisen und darauf zu achten, sie von allem anderen abzugrenzen. Er werde auch darüber sprechen, warum er davon ausgehe, dadurch letztlich ein besserer Vorgesetzter zu sein. Fürs Erste wollte er den verpassten Urlaub ausgleichen, indem er für den Sommer eine zweiwöchige Überraschungsreise für die ganze Familie buchte. Das würde der längste gemeinsame Urlaub seit Jahren werden.

Susan wollte die eingeschlafenen Verbindungen aus ihrem einst engmaschigen Freundeskreis aus der Business School reaktivieren. Viele ihrer Freunde hatten inzwischen Führungsposten inne. Die Kontaktaufnahme sei ein wichtiger Schritt, um zu klären, ob ihr Wiedereinstieg als kluge Geschäftsfrau, mit dem sie ihr Selbstbewusstsein stärken wolle, über eine Teilzeitposition oder in Vollzeit stattfinden solle.

Tatkraft

An diesem Punkt mussten wir überlegen, wie die beiden den Einmischungen und Dramatisierungen der Saboteure zuvorkommen könnten, um sich von der Tatkraft des Weisen tragen zu lassen. Ich schlug das Gedankenspiel »Was sagt mein Saboteur dazu?« vor und bat Susan und Patrick sich zu überlegen, wie ihre Richter und deren Hauptkomplizen wohl versuchen würden, ihr Handeln zu sabotieren. Vor unserem Treffen hatten beide ihre Saboteure ermittelt. Jetzt nahmen wir uns etwas Zeit, die Ergebnisse durchzugehen, ehe wir weitermachten.

Patrick ging davon aus, dass sein Kontrolleur versuchen würde, ihm die geplante Verbesserung der Work-Life-Balance auszureden. Insbesondere würde ihm das nötige Delegieren schwerfallen, mit dem er die gewünschte Zeit freischaufeln müsste. Ich ließ ihn genau formulieren, was diese Stimme in seinem Kopf behaupten würde. Daraufhin kamen Sätze wie: »Während du weg bist, könnte alles unwiderruflich zusammenbrechen«, »Am Ende sind alle froh, wenn ich weg bin, und alles läuft bestens - werde ich mit meiner Rolle dann womöglich überflüssig?«, und »Was ist, wenn sich dann alle auf die faule Haut legen und vor sich hin trödeln?«

Da Patricks PQ-Zentrum zu diesem Zeitpunkt hoch aktiv war, wollte ich wissen, was sein Weiser zu diesen Bemerkungen sagen würde. Er hatte für alles eine Antwort parat. Wenn in seiner Abwesenheit etwas schiefliefe, könnte er dies auf zweierlei Weise in ein Geschenk verwandeln: Die Situation könnte einige Leute wachrütteln und sie dazu bringen, aufzustehen und die Lücke zu schließen, die seine Abwesenheit geschaffen hätte. Man würde aber auch sehen, wer nicht in der Lage wäre oder keine Lust hätte, in die Bresche zu springen; das wären dann die Leute, von denen man sich vielleicht trennen müsste. Beides würde letztlich die Führungsriege stärken.

Susan war der Ansicht, dass sie wohl Schwierigkeiten mit ihrer Richterin und ihrer Vermeiderin bekommen würde. Ihre Richterin würde ihr einreden, es wäre peinlich, mit den ehemaligen Kommilitonen, die sie längst überflügelt hätten, darüber zu sprechen, warum sie beruflich eine Auszeit gewählt habe. Ihre Vermeiderin würde dieses Schamgefühl als Ausrede benutzen, die Kontaktaufnahme hinauszuschieben.

Auf meine Frage, was die beiden ihr einflüstern würden, antwortete sie: »Vielleicht bist du ja gar nicht so schlau, wie du denkst«, »Vielleicht warst du ja bloß zu faul und hattest Angst vor der Herausforderung. Die Kinder waren nur ein Vorwand«, und »Du wirst die anderen zu Tode langweilen. Ihr habt doch gar nichts mehr gemeinsam.«

Auch Susan war umgehend klar, was ihr Weiser daraus machen würde. Damit konnten beide zur Tat schreiten.

Dranbleiben

Während unseres Paartages hatte ich Susan und Patrick geholfen, ihren PQ zu aktivieren und damit besseren Zugang zu ihren Weisen zu erlangen. Nun stellte sich die Frage, wie sie diesen Zugang erhalten und den neuen Schwung nutzen sollten.

Beide verständigten sich darauf, täglich 100 PQ-Einheiten zu absolvieren. Außerdem kamen sie überein, bei jedem größeren Konflikt, der sich zu verselbstständigen drohte, eine Pause einzulegen und zur Vorgehensweise des faszinierten Anthropologen überzugehen, die wir gemeinsam geübt hatten.

Drei Monate nach diesem Tag sahen wir uns zu einer Bestandsaufnahme wieder. Susans und Patricks Beziehungs- PQ war auf 77 angestiegen. Daher wusste ich, dass ihre Beziehung sich im positiven Bereich der PQ-Dynamik bewegte. Inzwischen war beiden bewusst, dass die Beratung für ihre Beziehung einen Wendepunkt dargestellt hatte. Sie hatten gelernt, Konfliktthemen bereitwillig anzugehen und darin einen Weg zu sehen, ihre Beziehung beständig zu vertiefen. Beide räumten ein, dass sie gelegentlich in schlechte Gewohnheiten zurückgefallen seien. Ein paar Mal hätten sie so heftig gestritten, dass sie vorübergehend zu wütend gewesen seien, um sich an das vereinbarte Vorgehen zu halten.

Insgesamt jedoch hätten sie sich von diesen Rückschlägen weitaus schneller erholt als zuvor und bemühten sich, selbst aus solchen Auseinandersetzungen immer wieder neu zu lernen. Das war ein Zeichen dafür, dass ihre »Weisheitsmuskeln« durch das ständige Training erstarkten.

Das Sahnehäubchen war die Meldung, dass sich die neu entwickelte PQ-Kraft, an der sie in erster Linie zur Erhaltung ihrer Beziehung gearbeitet hatten, sich inzwischen auch in anderen Lebensbereichen positiv auswirkte. Das hatte sich bei Patricks alljährlichem Rundumfeedback von seiner Firma gezeigt: Man hatte ihn hoch gelobt, dass er inzwischen präziser zuhörte und seine Entscheidungen gründlich überdachte. Davon hatte ich natürlich aus erster Hand erfahren, weil wir uns gemeinsam bemüht hatten, seinem Team zu zeigen, wie man Konflikte anhand derselben Methoden mit weit weniger Reibungen lösen kann.

Teamkonflikte

Um im beruflichen Umfeld Konflikte in den Griff zu bekommen, kann man genauso vorgehen wie bisher geschildert. Zusätzlich sind folgende Überlegungen hilfreich:

- PQ-Aktivierung: Wenn bei der Teamsitzung Saboteur Energie die Atmosphäre vergiftet, gleicht der Versuch, jedem Einzelnen zu einer PQ-Anhebung zu verhelfen, einem Kampf gegen Windmühlen. Das liegt daran, dass das Team als Kollektiv im negativen Strudel gefangen ist. In solchen Situationen empfehle ich eine PQ-Übung von fünf bis 15 Minuten Dauer, um damit die Stimmen der Saboteure zum Schweigen zu bringen und allen zunächst einmal mehr Zugang zu ihrer inneren Weisheit zu verschaffen. (Englische Audiodateien dieser Übung können Sie auf www.PositiveIntelligence.com herunterladen.)

- 80:20-Regel: Ein Konflikt liegt nur selten zu 100 Prozent an einem einzigen Menschen. Als Faustregel empfehle ich den Beteiligten sich einzuprägen, dass jeder mindestens 20 Prozent dazu beigetragen haben dürfte. Ermuntern Sie die anderen also, dem anderen nicht mehr unbedingt dessen 80 Prozent nachzuweisen, sondern sich lieber mit den 20 Prozent Eigenanteil zu beschäftigen. So verlagert sich das Gespräch von den Schuldzuweisungen des Richters zum neugierigen Forschergeist des Weisen.

Um während eines Teamkonflikts die eigenen 20 Prozent betrachten zu können, sollte jeder im Team seine persönlichen Saboteure bestimmen und den anderen mitteilen, wie diese Saboteure Konflikte anheizen.

- Den Konflikt dankbar annehmen: Manche Teams und viele Teammitglieder scheuen sich erheblich davor, überhaupt nur zuzugeben, dass es einen Konflikt gibt. Dadurch wird der Konflikt ein Riesentabu, an dem jeder verzweifelt versucht vorbeizukommen. Besser ist es, wenn jeder sich dazu berufen fühlt, ein Problem als solches zu benennen. Dazu sind Menschen eher bereit, wenn sie sehen, dass Konflikte sich als Geschenk entpuppen können.

Weder beruflich noch privat kann eine Beziehung ihr volles Potenzial entfalten, wenn man sich der Macht der unweigerlich entstehenden Konflikte entzieht und diese nicht annimmt und in konstruktive Bahnen lenkt. Der Weise kennt den richtigen Weg.

Frage

Denken Sie an einen Menschen, dessen Verhalten Sie gern ändern möchten. Nehmen Sie bei sich selbst in den Welche Beziehung möchten Sie unbedingt verbessern? Wie würde es sich anfühlen, in die Rolle des anderen zu schlüpfen? Versetzen Sie sich so intensiv und großmütig wie möglich in seine oder ihre Lage.

Kapitel 12

Fallstudie: Verkaufen, Motivieren, Überzeugen

In einem meiner Seminare für Führungskräfte bitte ich immer alle, die im Verkauf tätig sind, die Hand zu heben. Normalerweise heben dann einige die Hände, die meisten aber nicht. Dann frage ich noch einmal: »Wer von Ihnen ist ein Verkäufer?«, und ein paar mehr Hände gehen in die Höhe. Ich frage ein drittes Mal und warte ab. Nach einigem Zögern und einer gewissen Verwirrung geht dem Publikum schließlich ein Licht auf, und alle melden sich. An dieser Stelle sage ich mit Nachdruck: »Wir sind alle Verkäufer.«

Verkaufen, Überzeugen und Motivieren ist im Grunde genommen dasselbe. Auch wenn Sie nicht direkt im Verkauf arbeiten, wollen Sie sich und Ihre Fähigkeiten beim Poker um die nächste Beförderung angemessen »verkaufen«. Auch die Idee, anders vorzugehen als bisher, müssen Sie der Chefin erst einmal »verkaufen«. Dasselbe gilt, wenn Sie einen Kollegen »motivieren« möchten, lieber an Ihrem Projekt mitzuarbeiten als an einem anderen. Oder wenn Sie Ihren Partner davon »überzeugen« möchten, Sie so zu lassen, wie Sie sind, anstatt ständig zu versuchen, Sie zu verändern. Oder wenn Sie Ihre halbwüchsige Tochter »überzeugen« wollen, nach einer langen Party besser auf ihre persönliche Sicherheit zu achten. All diese Anliegen beruhen auf denselben Grundprinzipien.

In diesem Kapitel werden wir anhand einer Fallstudie mit einem Vertriebsteam den PQ-Ansatz in Bezug auf das Verkaufen, Überzeugen und Motivieren darstellen. Der Einfachheit halber konzentrieren wir uns auf die Bereiche »Verkaufen« und »Kunden«, wobei ich darauf vertraue, dass Sie die Konzepte selbstständig auf das Überzeugen oder Motivieren übertragen können. Zuvor jedoch befassen wir uns mit den drei PQ-Prinzipien im Verkauf.

Das erste PQ-Verkaufsprinzip

Wer verkaufen will, sollte nie vergessen, dass der PQ-Kanal dafür wichtiger ist als der Datenkanal.

Die meisten Menschen sind sich nicht bewusst darüber (oder geben nur ungern zu), dass Kaufentscheidungen auf Gefühl und Intuition basieren und nicht nur auf objektiven, logisch nachvollziehbaren Daten. Erfolgreiche Verkäufer und Werbefachleute hingegen sind sich darüber im Klaren. Ausschlaggebend für die Kaufentscheidung ist der PQ-Ka- nal – der Datenkanal liefert dann nur noch die passenden Gründe und nährt damit die Illusion von rationalem, kontrolliertem Verhalten. Als Verkäufer muss ich dem Datenkanal nur so viele Informationen zur Analyse zur Verfügung stellen, dass ich einen Fuß in die Tür bekomme. Der eigentliche Kauf beruht auf dem Einfluss des PQ-Kanals.

Denken Sie beispielsweise an einen überaus rationalen Mann, der sich bei der Testfahrt Knall auf Fall in einen roten Porsche verliebt. Danach beginnt eine ausgiebige Analyse zu Herstellung, Leistung, Wertbeständigkeit, Effizienz und Abgaswerten, bis er schließlich ausreichend passende Daten hat, mit denen er so tun kann, als würde er sich ganz rational zu diesem Kauf entschließen. Dass die Entscheidung bereits in dem Moment gefallen war, als bei der Testfahrt sein Adrenalinpegel in die Höhe schoss, würde er nie eingestehen.

Ob im Verkauf, im Management, als Teammitglied, als Eltern oder als Partner: Wenn unsere Überzeugungsversuche in erster Linie auf Daten und Analysen beruhen, vergeben wir die größte Chance, unsere Botschaft zu vermitteln. Überzeugen und Inspirieren gehören zum PQ-Zentrum.

Das zweite PQ-Verkaufsprinzip

Das zweite PQ-Verkaufsprinzip ist, dass Käufer deutlich leichter zuschlagen, wenn ihr PQ-Zentrum aktiviert wird (vorausgesetzt sie reagieren auf etwas, das einen echten Gegenwert bietet).

Denken Sie immer daran, dass das PQ-Hirn wachsen und gedeihen will. Es will sich auf neue Chancen und Ideen einlassen, will forschen, sich einfühlen, Verbindungen aufbauen und expandieren. Das Überlebenshirn sagt lieber Nein, denn es will den Status quo erhalten. Der Status quo bedeutet für den Menschen, dass er am Leben bleibt - sich auf etwas Neues einzulassen, auf das Unbekannte, könnte tödlich sein. Genau davor soll das Überlebenshirn uns bewahren.

Die meisten Produkte, Dienstleistungen oder Ideen, die wir anderen anbieten, sollen das Leben unserer Kunden bereichern. Daraus folgt, dass unser Angebot eher das PQ- Hirn anspricht.

Wenn ein Produkt, eine Dienstleistung oder eine Idee hingegen Ängste anspricht und dazu dienen soll, körperlich oder emotional bedrohliche Situationen zu überstehen, ist das Gegenteil der Fall. Wer einem Hausbesitzer überflüssige Sicherheitsvorkehrungen andrehen möchte, sollte eher sein Überlebenshirn ansprechen, das dann prompt über all die Ganoven heutzutage urteilt, vor denen es sich fürchtet. Auch ein Politiker, der einen teuren, überflüssigen Krieg rechtfertigen will, setzt am besten auf das Überlebenshirn und stilisiert das Land, das er angreifen möchte, zum Schreckgespenst. Um Ängste gezielt auszuspielen, braucht man den Richter und dessen Hauptkomplizen. Nur so behält man die Denkweise der Käufer fest im Griff. Hitler schaffte es damit, eine ganze Nation dazu zu treiben, sich wie ein wild gewordener Richter aufzuführen. Politische Kampagnen sind ähnlich gestrickt, wenn auch in kleinerem Maßstab.

Das, was Sie Ihrem Kunden, Ihrem Team, Ihrem Partner oder Ihrem widerspenstigen Teenager vermitteln wollen, soll hoffentlich zu deren Gedeihen beitragen. In diesem Fall müssen Sie das PQ-Zentrum ansprechen, damit es begeistert einwilligt.

Das dritte PQ-Verkaufsprinzip

Das dritte Prinzip für den PQ-getriebenen Verkauf besteht darin, dass wir uns selbst in den PQ-Modus versetzen müssen, um den PQ unserer Interessenten anzusprechen.

Wie bereits besprochen imitieren die Spiegelneuronen in unserem Gehirn, was sie über den PQ-Kanal unseres Gegenübers empfangen. Da diese Reaktion automatisch und unbewusst erfolgt, lässt sich Positivität nur schwer vortäuschen, wenn man andere damit überzeugen will. Das Gehirn des anderen schwingt sich eher auf die reale Frequenz meines eigenen Gehirns ein als auf die, die ich gerade projizieren möchte. Nur wer sich wahrhaft im Modus des Weisen bewegt, mit sich und der Welt im Reinen ist und Neugier, Akzeptanz, Kreativität, Freude und Empathie empfindet, kann anderen zum Umdenken verhelfen. Solange ich diese Gefühle nur vortäusche, sende ich auf dem Datenkanal positive Daten, auf dem unterschwelligen PQ- Kanal hingegen negative. Die Spiegelneuronen meines Gegenübers imitieren jedoch nicht den Datenkanal, sondern die unsichtbare Schwingung des PQ-Kanals.

Eine faszinierende Studie ergab einen entscheidenden Unterschied zwischen dem Einfluss einer aufgesetzten Positivität (die dem Überlebenshirn entspringt) und echter Positivität (aus dem PQ-Zentrum).[38] Das relevante Unterscheidungsmerkmal waren die Gesichtsmuskeln, die an einem echten und an einem aufgesetzten Lächeln beteiligt sind. Zum Lächeln brauchen wir die Muskulatur, die unsere Mundwinkel anhebt, den Zygomaticus major. Ein ehrliches Lächeln aktiviert auch die Muskulatur um die Augen herum (Orbicularis oculi), welche die Wangen hebt und Fältchen um die Augen erzeugt. An einem aufgesetzten Lächeln hat die Augenmuskulatur keinen Anteil.

Ein weiteres Ergebnis dieser Studie war, dass aufgesetzte Positivität für das Herz ebenso riskant ist wie offen ausgedrückter Ärger. Das ist eine ernüchternde Feststellung. Wenn wir nur die positive Maske zur Schau tragen, um andere zu überzeugen, erhöht dies keineswegs unsere Chancen auf einen Geschäftsabschluss - weil das PQ-Zentrum des Käufers nicht darauf anspringt -, und obendrein leidet auch noch unser Herz darunter. Ein ziemlich abschreckendes Berufsrisiko!

Inzwischen können Sie hoffentlich mit Hilfe einer gesunden Skepsis die

Wirksamkeit und die möglichen gesundheitlichen Folgen einiger Methoden beurteilen, die mitunter in Verkaufs- und Führungs-Seminaren vermittelt werden. Ein halbherziger Versuch, sich in den Kunden oder den
Partner einzufühlen oder für das Wohl der eigenen Mitarbeiter einzutre-
ten, ist von einer Aktivierung des persönlichen PQ-Zentrums weit entfernt. Diese Sichtweise rückt authentische Verkaufsstrategien und authentische Führung in ein ganz neues Licht.

Fallstudie: Jack

Jack kontaktierte mich, nachdem er in einer privaten Softwaregesell-
schaft den Vertrieb übernommen hatte. Zuvor hatte er bei einem der
Marktführer für Unternehmenssoftware ebendieses Segment geleitet,
und nun erwartete man von ihm ein paar Jahre aggressiver Ertragsstei-
gerung, um schließlich hoch bewertet an die Börse zu gehen. Seine Aufgabe war für die Firma von gewisser Dringlichkeit, denn in den letzten
beiden Quartalen war die Wachstumskurve der Verkäufe aufgrund
neuer Mitbewerber abgeflacht. Jetzt sorgte man sich, dass das Unternehmen ohne einen kräftigen Wachstumsschub ein kritisches Zeitfenster
für den Börsengang versäumen könnte.

Jack wusste, dass sein Vertriebsteam alle klassischen Verkaufstechniken
beherrschte. Dennoch hatte er das Gefühl, dass in einem Großteil seiner
Mitarbeiter weit mehr steckte, als sie zeigen konnten. Er hatte einen Vortrag von mir gehört, bei dem ich erklärt hatte, dass sich das Potenzial
eines Menschen aus dessen Fähigkeiten, Wissen und Erfahrung zusam-
mensetzt und dass der PQ darüber entscheidet, wie viel Prozent dieses
Potenzials tatsächlich umgesetzt werden. Deshalb wollte er nun wissen,
ob das PQ-Konzept ihm weiterhelfen könne.

Angesichts des knappen Budgets, des Zeitdrucks und der breiten geo-
grafischen Streuung der Teilnehmer vereinbarten wir für die nächsten
drei Monate ein wöchentliches Webinar, also ein online Seminar, mit
dem gesamten Vertreterpool, der damals knapp 100 Personen umfasste.

Vor dem Start des Programms ermittelten alle Beteiligten ihren individuellen PQ. Der Durchschnittswert lag bei 59, also deutlich unter der
kritischen Schwelle von 75. Die Tatsache, dass die große Mehrheit der

Teilnehmer in der negativen PQ-Dynamik festhing, zeigte, dass hier tatsächlich ein erhebliches Verbesserungspotenzial schlummerte. Da die Sache drängte und eine hohe Motivation herrschte, fanden sich alle dazu bereit, alle drei PQ-Strategien gleichzeitig zu verfolgen: Schwächung der Saboteure, Stärkung des Weisen und Kräftigung der PQ-Funktionen. Jeder bestimmte seinen Hauptkomplizen und nahm sich 100 PQ-Einheiten pro Tag vor. In einer unserer ersten Sitzungen wollte ich wissen, was alle als besonders demotivierend empfänden. Nach einer kurzen Diskussion kamen wir zu dem Schluss, dass es die Anzahl der Absagen sei, die sie erhielten. Sie hatten die Perspektive des Richters übernommen, dass ein abgelehntes Angebot immer als »schlecht« zu beurteilen sei. Es war also an der Zeit, sie an die Perspektive des Weisen heranzuführen.

Nun fragte ich, welches Geschenk oder welche Chance in der Ablehnung liegen mochte. Anfangs kamen nur langsam Antworten, doch bald ging es Schlag auf Schlag, zum Beispiel Sätze wie »Man braucht 99 Neins für ein Ja«, »Man kann aus jeder Absage etwas lernen, wenn man bereit ist, genauer hinzusehen«, oder »Vielleicht gewinne ich durch den verlorenen Kunden mehr Zeit, einen dickeren Fisch an Land zu ziehen.«

Nachdem sie noch zehn weitere Möglichkeiten genannt hatten, machte ich selbst einen Vorschlag: »Stellen Sie sich vor«, sagte ich, »Sie stehen mitten in der Nacht auf einem Schlachtfeld und kämpfen gegen einen Gegner, den Sie nicht sehen können. Eine Ablehnung ist wie ein Blitzlicht: Jetzt können Sie den Feind - die eigenen Saboteure - deutlich erkennen, und Sie sehen auch, welche Waffen sie die ganze Zeit einsetzen. Weil Sie nun wissen, womit Sie es zu tun haben, können Sie sich künftig besser schlagen.«

Eine Ablehnung trifft unseren Überlebenstrieb mitten ins Herz. Der Mensch gehört einer Spezies an, die ursprünglich in Stammesgesellschaften organisiert war. Deshalb hing unser Überleben lange davon ab, ob wir von unserem Stamm akzeptiert wurden. Eine klare Zurückweisung war lebensbedrohlich, denn sie konnte bedeuten, dass man den Schutz des Stammes verlor. Darum trifft uns eine Ablehnung in den primitivsten Regionen unseres Überlebenshirns. Sie bewirkt einen prompten Energieschub für den Richter und seinen Lieblingskomplizen und ruft eine entsprechend deutliche Reaktion hervor. Und genau das versetzt uns in die Lage, die Saboteure zu entlarven - was die beste Vorgehensweise ist, um sie zu schwächen.

Um die eigenen Saboteure noch besser zu identifizieren, sollten nun alle beobachten, wie sie mit Absagen umgingen. Eine Aussage lautete: »Ich ärgere mich. Ich bin sauer auf denjenigen, der mich ablehnt, und fälle eine Zeit lang sehr harte Urteile über diese Person. Irgendwann drehe ich den Spieß dann um und hämmere mir ein, es nächstes Mal besser zu machen. Damit bin ich zwar durchaus erfolgreich, aber es ist nicht gerade angenehm. Ich benutze meinen Ärger als Antriebskraft.« Wir waren uns einig, dass dies das typische Muster des Richters ist: Der Richter behauptet gern, dass man nur erfolgreich sein kann, wenn man sich ständig für die eigenen Fehler bestraft.

Eine andere Kundenberaterin stellte fest, dass sie sich nach einer Ablehnung gern mit angenehmen Dingen ablenkte, um den Schmerz zu mildern - das klassische Vorgehen der Rastlosen.

Wieder ein anderer sagte, er würde sich wie besessen vorbereiten, um künftig keine Absagen mehr zu bekommen, obwohl er genau wisse, dass er dabei übertrieb. Das klang verdächtig nach dem pedantischen Perfektionisten.

Eine Teilnehmerin beschrieb, wie sie den Anruf beim nächsten Kunden hinauszögere, um nicht gleich die nächste Ablehnung zu kassieren, also eine Haltung, die für die Vermeiderin typisch ist.

Für die nächsten zwei Wochen erhielt die ganze Gruppe die Aufgabe, jede Ablehnung und jeden Misserfolg als Gelegenheit zu betrachten, die eigenen Saboteure zu beobachten und zu benennen. Nach Möglichkeit sollte jedes Auftauchen eines Saboteurs auch gleich Anlass für ein paar PQ-Einheiten sein.

Niederlagen schneller verarbeiten

Eine Ablehnung als Geschenk anzusehen, bedeutet keineswegs, dass man gern noch öfter scheitern möchte oder die bedeutenden Konsequenzen dieses Misserfolgs geringschätzt. Vielmehr geht es darum, Rückschläge rascher zu verarbeiten und den Saboteuren, die dadurch aktiviert werden, schnell wieder das Wasser abzugraben und schließlich die Sichtweise des Weisen einzunehmen, um beim nächsten Versuch besser abzuschneiden.

Ein entscheidender Unterschied zwischen Starverkäufern und durchschnittlichen Verkäufern ist die Zeitspanne, bis man sich wieder gefangen hat. Brauchen Sie Sekunden, Minuten, Stunden oder Tage, bis Sie sich von dem Schmerz einer Absage erholt haben? Und was ebenso wichtig ist: Nehmen Sie sich neue Kunden vor, noch während die Saboteure nach dem letzten Misserfolg die Oberhand haben?

Anschließend erging an alle die Bitte zu messen, wie lange sie nach einem gescheiterten Angebot brauchten, um sich vollständig von dieser Zurückweisung zu erholen. Als Maßstab wählten wir den Zeitraum, nach dem bei der Erinnerung an den Misserfolg kein deutlicher Ärger, kein Bedauern und keine Enttäuschung mehr zu spüren waren.

Die gemeldeten Zeiträume waren sehr unterschiedlich. Manche Teilnehmer brauchten Tage, um größere Rückschläge zu verkraften. Im Verlauf der Diskussion einigten wir uns darauf, dass die Erholungszeit vom Ausmaß des Scheiterns und der Stärke des Weisen und des PQ-Zent- rums abhängig war, aber auch davon, was in den nachfolgenden Stunden und Tagen geschehen war. Einige berichteten, dass das Einschieben von PQ-Einheiten kurz nach der schlechten Nachricht ihre Erholungszeit beträchtlich verringern konnte.

Bestimmte Teilnehmer machten dabei ernüchternde Entdeckungen. Die Kundenberaterin Janet erzählte, ihr sei nie bewusst gewesen, wie stark eine vorherige Niederlage den Kontakt mit anderen Kunden beeinflusse. Ihr wurde klar, dass anhaltender Ärger über den letzten Verlust weitere Rückschläge umso wahrscheinlicher machte.

Empathie zeigen

Bis zu diesem Punkt hatten wir uns darauf konzentriert, die Saboteure zu schwächen und die PQ-Funktionen zu stärken. Um diesen Prozess noch besser voranzutreiben, führten wir nun das dritte Element ein: die Stärkung des Weisen. Wir hatten bereits damit begonnen, Rückschläge und Ablehnungen aus der Sicht des Weisen zu betrachten. Jetzt war es an der Zeit, aktiv seine Stärken einzusetzen - besonders die Macht der Empathie.

Einfühlsamer Umgang mit sich selbst

Verkaufen zählt zu den härtesten Aufgaben in der Arbeitswelt. Zwar ist letztlich jeder permanent damit beschäftigt, etwas zu verkaufen, andere zu überzeugen oder sie zu motivieren, doch die unvermeidlichen Rückschläge im Verkauf sind für jeden deutlich ersichtlich. Der Richter und die anderen Saboteure dürfen uns daher mit schöner Regelmäßigkeit unsere Fehler vorhalten. Der Weise hingegen erinnert uns daran, dass wir es wert sind, uns selbst Anerkennung und - auch wenn es klischeehaft klingt - Liebe entgegenzubringen, auch wenn gerade etwas schiefläuft. Der Weise kann sich bedingungslos in uns hineinversetzen.

Ich bat das ganze Team sich zu überlegen, wie viel Anerkennung und Liebe sie nach einem Tag, an dem sie vermeidbare und kostspielige Fehler begangen haben, normalerweise für sich selbst fühlten. Etliche von ihnen antworteten: »Überhaupt keine.« Die meisten sagten: »Sehr wenig.« Ein

Teilnehmer, der den Rastlosen in sich trug, sagte, er überspiele seinen Ärger und seine Enttäuschung, indem er sich sofort wieder etwas Neues zu tun suche. Die negativen Gefühle und Gedanken würden ihn dann allerdings nicht mehr ruhig schlafen lassen und ihn häufig nachts aufschrecken.

Alle waren damit einverstanden, das Spiel »Das Kind visualisieren« als Gegenmittel für die negativen Energien der Saboteure auszuprobieren, um mehr Empathie für sich empfinden zu können. Viele nutzten dafür echte Bilder aus ihrer Kindheit. In den Tagen nach diesem Webinar schickten einige Teilnehmer sich sogar gegenseitig ihre Kinderfotos, was zu vielen vergnüglichen Begegnungen führte.

Die Gruppenmitglieder nahmen sich vor, sich dieses Bild immer dann vor Augen zu halten, wenn sie unter ihrem eigenen Richter oder dem Richter anderer litten. Auf diese Weise wollten sie die Energie des Mitgefühls und der Liebe zu sich selbst im Fluss halten. Bei manchen stellte sich der Erfolg sofort ein, bei anderen dauerte es ein paar Wochen, bis sie Empathie für sich selbst entwickeln konnten.

Einfühlsamer Umgang mit dem Käufer

Der Weise weiß nicht nur, wie man sich selbst einfühlsam begegnet, sondern kann sich auch rückhaltlos ehrlich auf den Käufer einstellen. Die meisten Menschen reagieren tief gerührt darauf, wenn jemand uns wirklich zuhört und sich in uns einfühlt, weil es einfach so selten vorkommt. Wer uns gegenüber echte Empathie beweist, reagiert auf der PQ-Ebene, und das bedeutet, dass auch wir eher auf die PQ-Ebene übergehen. Deshalb ist diese Erfahrung so ergreifend. Die Empathie des Weisen ist ein Schlüsselfaktor, um uns und den Käufer in den PQ-Modus zu versetzen. Und dies wiederum ist für einen Verkaufsabschluss entscheidend.

Ich forderte alle Beteiligten auf, ehrlich zu prüfen, wie viel Empathie sie ihren möglichen Kunden tatsächlich entgegenbrachten. Dabei ging es vor allem um die Frage, worauf sie während eines Kundentermins normalerweise achteten und welche inneren Stimmen dabei laut wurden.

Die meisten kamen zu dem Ergebnis, dass sie bei einem Kundengespräch noch immer in erster Linie auf sich und die eigenen Anliegen achteten. Sie stellten sich Fragen wie: »Ob ich hier mit einem Abschluss rausgehe?«, »Wie schlage ich mich?«, »Schaffe ich meine Vorgaben noch, wenn das jetzt schiefgeht?«, »Kann der Typ mich leiden?«, »Kann ich noch irgendeine kluge Bemerkung anbringen, wenn er aufhört zu reden?«

Kennen Sie das? Echte Empathie für eine andere Person bedeutet, dass Sie dieser Person ungeteilte Aufmerksamkeit schenken. Sie versetzen sich in den anderen hinein und sehen die Welt durch seine Augen. Es ist deutlich einfacher, Ideen zu entwickeln, welche den Bedürfnissen des Kunden gerecht werden, wenn man das Problem aus seiner Warte betrachtet. Das ist der Dreh- und Angelpunkt für erfolgreiches Verkaufen.

Viele setzen im Verkauf Methoden wie aktives Zuhören ein; wir wiederholen, was wir gehört haben, geben uns betroffen, fragen nach und so weiter. Das Dumme ist nur, dass all diese Reaktionen normalerweise von unserem Überlebenshirn diktiert werden und unserem Erfolg dienen sollen, und eben nicht vom PQ-Hirn aus den Weisen agieren lassen, der sich ehrlich in die Bedürfnisse des Kunden einfühlt. Bei dieser Vorgehensweise verlassen sich sowohl der Verkäufer als auch der potenzielle Kunde ausschließlich auf das Überlebenshirn, anstatt zum PQ-Zentrum überzuwechseln.

Das PQ-Hirn ist in der Lage, Widersprüche zu begreifen und anzunehmen, und hier besteht tatsächlich ein Widerspruch: Für einen erfolgreichen Verkaufsabschluss müssen Sie sich von der Notwendigkeit lösen, diesen Abschluss zu machen. Um das Ergebnis zu erzielen, das Sie glücklich macht, müssen Sie aufhören, sich während des Verkaufsprozesses Sorgen um Ihr eigenes Glück zu machen. Sie müssen sich vollständig auf Ihr Gegenüber konzentrieren - nicht als bloße Verkaufstechnik, sondern von ganzem Herzen.

Das Team war sich einig, dass man anderen leichter mit echter Empathie begegnet, wenn man sie auch wirklich mag. Einige Vertreter klagten nun, ihre potenziellen Kunden seien nicht unbedingt alle besonders liebenswert und zeigten selbst starkes Saboteur Verhalten. Um mehr Empathie für die Käufer zu entwickeln, griffen wir also wieder auf das Visualisierungsspiel zurück; diesmal aber sollten sie in der Folgewoche einige Male das Kind im Käufer visualisieren. Dadurch sollten sie Zugang zum liebenswerteren Charakter des Weisen in schwierigen Kunden finden.

Nachdem wir sechs Wochen auf diese Weise trainiert hatten, war der durchschnittliche PQ des ganzen Teams von 59 auf 69 angestiegen. Damit lag er immer noch unter der kritischen Schwelle von 75, hatte sich jedoch schon stark verbessert. Ein bemerkenswerter Anstieg in den Verkäufen war nicht zu verzeichnen, doch angesichts der gegebenen Verkaufszyklen war dies auch nicht zu erwarten. Immerhin meldeten die Teilnehmer, sie hätten jetzt mehr Energie und fühlten sich weniger gestresst. Das würde sich über kurz oder lang auch in ihren Ergebnissen niederschlagen.

Forschergeist

Als wir den Forschergeist des Weisen besprachen, konzentrierten wir uns zunächst auf die Teilnehmer selbst. Ich fragte, wie viele von ihnen die eigenen Misserfolge einer »Fehlersuche ohne Schuldzuweisungen« unterzögen, um daraus zu lernen. Alle waren der Meinung, dass sie dies täten. Bei genauerem Hinsehen ergab sich jedoch ein anderes Bild. Bisher waren Ablehnungen für sie derart schmerzhaft, dass die nähere Untersuchung ziemlich oberflächlich ablief und damit auch kein größerer Lernerfolg eintreten konnte. Wir überlegten gemeinsam, um wie viel gründlicher und lehrreicher solch eine »Fehlersuche« doch sein könnte, wenn man sich ihr mit der Einstellung eines faszinierten Entdeckers zuwenden würde und nicht mit der negativen Einstellung des Richters. Danach nahmen sich alle vor, nach jedem wichtigen Termin mit der Neugier des Weisen zu untersuchen, was funktioniert hatte und was nicht. Außerdem wollten sie dabei auf die Schuldzuweisungen und Urteile des Richters achten und diese bei jedem Auftauchen als solche identifizieren.

Nach mehreren schuldzuweisungsfreien Fehleranalysen stellten die Teilnehmer fest, dass sie sich bisher nicht intensiv und unvoreingenommen genug mit ihren Kunden befasst hatten. So kamen sie beispielsweise zu voreiligen Schlüssen, ließen sich von Vermutungen beeinflussen, die aus Gesprächen mit anderen Kunden stammten, hörten beim Kunden selektiv zu, um ihre vorhandenen Hypothesen zu bestätigen, und nahmen dem Kunden sein eigenes oberflächliches Verständnis von den persönlichen Bedürfnissen ab, anstatt genauer nachzuhaken. Das alles war natürlich auf den Einfluss der Saboteure zurückzuführen.

Wir waren uns einig, dass echter Forschergeist sich dadurch auszeichnet, dass man tatsächlich nie weiß, wie der nächste Schritt aussieht. Deshalb besprachen wir das Spiel »Faszinierter Anthropologe«. Wenn eine Anthropologin ein Dorf betritt um sowohl zu forschen, als auch zu verkaufen, was sie in ihrem Rucksack hat, ist sie keine echte Forscherin mehr. Ihr Blick verengt sich darauf, wer ihr möglichst schnell ihre Ware abnimmt.

Damit ergab sich wieder derselbe Widerspruch: Um zu verkaufen, muss man darauf verzichten, verkaufen zu wollen, und sich ganz auf den faszinierenden Prozess des Entdeckens einlassen. Wenn die Kundenberater also nicht genauso fasziniert und angeregt vorgingen wie ein faszinierter Anthropologe bei einer Begegnung mit einem neuen Stamm, würden sie nicht in der Lage sein, die wahren Gewohnheiten und Bedürfnisse ihrer künftigen Kunden zu ergründen.

Die Aufgabe für die folgende Woche bestand darin, bei einigen Kunden »faszinierter Anthropologe« zu spielen und die Entdeckerfreude des Weisen anzukurbeln.

Kreativität

Nach einer gründlichen Beschäftigung mit den Hintergründen und Bedürfnissen des Kunden versetzt sich der Verkäufer im Idealfall in den Innovationsmodus des Weisen. Dabei kommt es letztlich darauf an, in Bezug auf ein Problem und seine Lösung jegliches Schubladendenken abzulegen. Wenn der Verkäufer nur in seinen eigenen Kategorien denkt, tappt der Käufer in die gleiche Falle, was beiden Beteiligten den offenen Blick vernebelt. Um eine solche Situation zu vermeiden, muss der Verkäufer vollständig in den Innovationsmodus übergehen und den Käufer dabei mitreißen. Erst dann kann das PQ-Zentrum des Verkäufers sich auf das PQ-Zentrum des Käufers einstellen.

Also stellte ich die Frage: »Was verhindert echte Innovation? Was steht ihr im Wege?« Sofort kam der Richter mit seinen vorzeitigen Urteilen zur Sprache. Paula, eine relativ neue Mitarbeiterin mit einer schnellen Auffassungsgabe, steuerte eine ehrliche Einsicht bei, die allen zunächst die Sprache verschlug: »Ich fürchte, dass ein uneingeschränkt kreatives Brainstorming beim potenziellen Kunden ergeben könnte, dass mein Produkt gar nicht die beste Lösung für ihn ist.«

Dieser Kommentar war so wichtig, dass ich Paula bat, ihn noch einmal zu wiederholen. Bei dieser Wiederholung vernahm ich zustimmendes Gemurmel. Paula hatte einen sehr wichtigen Grund dafür angesprochen, weshalb wir dem Weisen ungern gestatten, im Verkaufsprozess echte Kreativität wirken zu lassen.

»Was bedeutet es, wenn wir uns bemühen, nur solche Ideen zu produzieren, die das eigene Produkt in ein optimales Licht rücken, und andere ausblenden?«, fragte ich.

Die Antwort kam prompt: »Dann bleiben alle schön in ihren Schubladen hängen, sowohl der Käufer als auch der Verkäufer.«

»Und welcher Gehirnanteil ist bei Ihnen dafür zuständig?«, wollte ich wissen.

»Das Überlebenszentrum«, murmelten andere.

»Und welchen Gehirnanteil aktiviert das beim Käufer?«

Die Antwort lag auf der Hand - natürlich das Überlebenszentrum. Also den Teil des Gehirns, der Neues sicherheitshalber rundweg ablehnt.

Es zeigte sich also wieder derselbe Widerspruch: Eine Idee oder ein Produkt verkaufen sich viel leichter, wenn man nicht darauf angewiesen ist, sie zu verkaufen. Das ist natürlich nicht gleichbedeutend damit, dass man nicht engagiert wäre oder mit ganzem Herzen dahinterstände. Beides kann durchaus der Fall sein. Doch in dem Moment, in dem man gefühlsmäßig vom Verkaufsabschluss abhängig ist, zieht man sich ein Stück weit aus der ehrlichen Empathie mit dem Kunden, dem Forschergeist oder dem Innovationsmodus zurück. Das eigene emotionale Bedürfnis, das der Angst entspringt, lässt einen in den Überlebensmodus zurückschnellen.

Nun erzählte ich den Teilnehmern von einem Erlebnis zu Beginn meiner Laufbahn als Vorstandscoach. Damals wollte ich einige wichtige Kunden unbedingt zurückgewinnen. Zu diesem Zeitpunkt arbeitete ich mit zwei besonders schwierigen Persönlichkeiten, die nicht nur ihre Kollegen im Vorstand, sondern sogar den Aufsichtsrat einschüchterten - nennen wir sie Tony und Karen. Ihr aufbrausendes Wesen ließ andere davor zurückscheuen, ihnen zu sagen, wie problematisch der Umgang mit ihnen war. Auch ich hatte mich ins Bockshorn jagen lassen und fürchtete, bei einer ehrlichen Bestandsaufnahme vor die Tür gesetzt zu werden. Diesen persönlichen Vorbehalt rechtfertigte ich vor mir selbst damit, dass es ihnen schließlich mehr helfen würde, wenn ich als Coach trotzdem dranbliebe, als wenn ich gar nicht mehr da wäre. Eines Tages jedoch schrieb ich bei Tony alle Vorsicht in den Wind und konfrontierte ihn damit, wie er seinem Team und seiner Firma zusetzte. Wie befürchtet war ich auf der Stelle gefeuert. Daraufhin war ich bei Karen noch vorsichtiger und ging mit ihr immer nur so weit, wie ich es für sicher hielt, um sie nicht auch noch als Kundin zu verlieren.

Drei Monate später rief Tony mich an: Er habe gründlich nachgedacht und brauche mich an seiner Seite - ich schien der Einzige zu sein, der es wage, ihm die volle Wahrheit zu sagen. Interessanterweise brach Karen zu dieser Zeit ihre Zusammenarbeit mit mir ab, weil sie fand, sie brauche kein Coaching mehr. Tony ließ sich noch einige Jahre von mir beraten und dehnte die Arbeit mit mir auf viele Ebenen seiner Firma aus. Damals beschloss ich, keinen neuen Klienten mehr anzunehmen, bei dem ich es nicht riskieren wollte, ihn auch wieder zu verlieren.

Nach dieser Geschichte fragte ich die Gruppe: »Sind Sie bereit, Ihren Job zu verlieren oder abgelehnt zu werden, weil Sie alle persönlichen Bedürfnisse nach einem Verkaufsabschluss zurückstellen und sich voll auf die beste Lösung für Ihren Kunden konzentrieren wollen? Sind Sie bereit, mit dem Kunden wirklich innovative Lösungen zu entwickeln, selbst wenn dabei etwas herauskommen könnte, das nicht zu Ihrem Portfolio passt? Sind Sie bereit, sich auf die paradoxe Situation einzulassen, dass Sie deutlich mehr verkaufen werden, wenn Sie sich von Ihrem Wunsch nach einem Verkaufsabschluss lösen?«

Die ehrliche Antwort kam wieder von der mutigen Paula: »Ich verstehe durchaus, was dabei zu gewinnen wäre, aber in der Praxis wäre mir ziemlich mulmig dabei.« Ich bat sie, neugierig nachzusehen, welcher Teil ihres Gehirns und wessen Stimme in ihrem Kopf für dieses Gefühl zuständig seien.

Innerer Kompass

Der innere Kompass des Weisen hat beim Verkaufen Zugang zu tieferen Antriebskräften wie Werten, Zielen und Aufgaben. Meine Firma hat weltweit schon Tausende von Coachs ausgebildet, zertifiziert und für sie Supervision geleistet. Wir lehren sie etwas, das den Einfluss eines Coachs fast über Nacht dramatisch verbessern kann. Es hängt

damit zusammen, dass man sich zuallererst vergewissert, ob der Kunde für seine Vision »Feuer gefangen« hat. Ein weniger erfahrener Coach teilt seine Stunde zu einem bestimmten Thema etwa folgendermaßen ein:

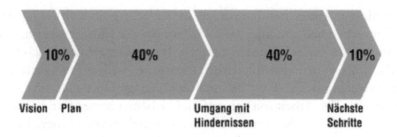

Zeiteinteilung eines weniger erfahrenen Coaches

Bei der abschließenden Zertifizierung unserer Coachs beobachten wir sie bei der tatsächlichen Arbeit mit Kunden und registrieren dabei insbesondere, wie sehr sie sich bemühen müssen. Es ist ein Warnzeichen für uns, wenn der Coach sich zu sehr anstrengt. Die Arbeit sollte ihm oder ihr leicht, ja, geradezu mühelos von der Hand gehen. Wenn ein Coach sich zu sehr anstrengt, bedeutet dies häufig, dass der Kunde für seine Vision noch nicht Feuer und Flamme ist. Das Gespräch ist zu schnell von der Vision zur Planung und zu den Hindernissen übergegangen, aber der Kunde »brennt« noch nicht dafür. Ohne dieses Feuer muss der Coach den Treibstoff für beide Beteiligten liefern.

Erfahrene Berater erreichen mit der Zeit ein ganz anderes Verhältnis, das etwa folgendermaßen aussieht:

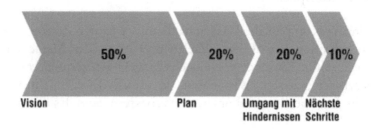

Zeiteinteilung eines erfahrenen Coaches

Ich fragte die Gruppe, warum der zweite Ansatz wohl besser funktioniere, und gab ihnen den Tipp, dass die Antwort mit dem PQ-Zentrum Zusammenhängen könnte. Tim, einer der Topverkäufer des Unternehmens, antwortete wie aus der Pistole geschossen: »Die Vision ist im PQ-Zentrum verankert. Wenn man lange genug bei der Vision bleibt, aktiviert man bei sich und beim Kunden das PQ-Hirn. Das ermöglicht mehr Kreativität bei der Planung und beim Überwinden von Hindernissen.« Jemand anders ergänzte: »Wenn man zu planen beginnt, solange man noch vom Überlebenshirn aus denkt, verliert man leichter den Mut, weil die Hindernisse dann größer und einschüchternder erscheinen.«

Sie hatten es perfekt zusammengefasst. Der große Unterschied besteht tatsächlich darin, sich und den Kunden in den PQ-Modus zu versetzen. Ab diesem Zeitpunkt kann man sich nämlich mit dem Weisen des Kunden verbünden, anstatt gegen dessen kritische Saboteure anzukämpfen. Ob Verkäufer, Berater, Leiter, Ehepartner oder Eltern - wir alle müssen uns viel mehr anstrengen, wenn wir nicht zulassen, dass unser Gegenüber Feuer fängt, bevor es um Pläne, Taktik oder das Überwinden von Hindernissen geht.

Viele Menschen begehen den Fehler, die Vision über den Datenkanal erfassen zu wollen anstatt über den PQ-Kanal. Ein bestehender oder potenzieller Kunde erwähnt seine Idee vielleicht tatsächlich bereits in den ersten drei Minuten des Gesprächs. Zu diesem Zeitpunkt verwendet er dafür jedoch Worte, Daten und Konzepte aus dem Datenkanal, ohne aktuell mit dem Herzen dabei zu sein oder gar das PQ-Zentrum einzuschalten. Es ist die Aufgabe des Coachs, des Verkäufers oder des Chefs, diese Vision so mit Leben zu erfüllen, dass der andere Feuer fängt. Nur dann wird aus einem Gedankenspiel ein wahres Bedürfnis.

Ich schlug der Gruppe nun vor, als ersten Schritt zum Erfolg ihr eigenes PQ-Zentrum zu aktivieren (das dritte PQ-Verkaufsprinzip). Ab diesem Zeitpunkt könnten sie die Idee unter Beteiligung möglichst vieler Sinne so konkret und greifbar wie möglich vermitteln und dem Kunden so helfen, sich das Ergebnis in allen Facetten auszumalen.

Eine Idee zündet schneller und nachhaltiger, wenn man dem anderen dazu verhilft, die einzelnen Aspekte mit ganz persönlichen Wertvorstellungen zu verbinden. Denn unsere Werte sind ein Hinweis auf den Ort, aus dem wir schier unerschöpfliche Energie beziehen. Wer diese Werte anspricht, erhält Zugang zur wahren Quelle der Begeisterung, zu dem, wofür wir brennen und wofür wir uns bereitwillig engagieren.

Eine besonders sinnvolle Technik dafür ist, wenn der Betreffende seine Idee beschreibt, als wäre sie bereits umgesetzt.[39] Also zum Beispiel: »Es ist zwei Jahre später. Heute vor einem Jahr wurde das neue System in Anwesenheit des gesamten Vorstands und aller Direktoren feierlich eingeführt. Zum einjährigen Jubiläum befinden wir uns auf einem exklusiven Bankett in Monte Carlo mit Blick auf das Mittelmeer. Ich bin in Begleitung meiner Frau und meiner zwei Kinder, weil mir ein Preis verliehen wird und weil ich mir wünsche, dass sie bei diesem besonderen Moment an meiner Seite sind. In einem Video berichten unsere Niederlassungsleiter, wie das neue System ihr Leben verändert hat. Eine Frau in dem Video räuspert sich gerührt, als sie berichtet, dass sie aufgrund der Zeitersparnis durch unser neues System jetzt zu den Aufführungen ihrer Töchter gehen könne. Ich selbst bin zufriedener mit meiner Arbeit, weil mich so viele andere Abteilungen der Firma darauf ansprechen, ob ich ihnen helfen könne, etwas Vergleichbares zu implementieren, und das macht mir wirklich Freude.«

Und so weiter. Vielleicht erfindet Ihr potenzieller Kunde eine ganz andere Vision, vielleicht spricht er auch nicht auf diese Weise von seinen Vorstellungen - es kommt nur darauf an, dass er mit Ihnen in einen Dialog eintritt, in dem derartige Gefühlselemente vor seinem geistigen Auge und insbesondere in seinem Herzen entstehen. Typische Fragen, die beim Kunden solche Vorstellungen in Gang bringen, wären: »Stellen Sie sich vor, diese Idee wäre bereits erfolgreich umgesetzt. Was würde sich anders anfühlen? Was hätte sich in Ihrem persönlichen Umfeld oder bei anderen verändert? Was würden Sie von sich selbst, Ihrer Rolle, Ihrem Beitrag oder Ihrem Leben allgemein halten? Was wäre an einem ganz normalen Tag anders als zuvor? Welchen Einfluss hätte diese Idee auf die Zeit, die Sie mit Ihrer Tochter verbringen? Wie würden sich die Fußstapfen verändern, die Sie einmal hinterlassen möchten? Und wenn Sie am Ende Ihres Lebens darauf zurückblicken: Was wäre dann noch wichtig?«

Solche Fragen tragen dazu bei, eine Vision mit Leben zu erfüllen. Je nach Situation und Gegenüber werden Sie eigene offene Fragen dieser Art formulieren müssen. Ob die Vision zündet, werden Sie auf dem PQ-Kanal bemerken. Wenn der Kunde sich darauf einlässt, verändert sich seine Körpersprache - er lehnt sich vor, bekommt glänzende Augen und wirkt plötzlich sehr angetan. Wenn Sie an diesem Punkt fragen, welche Hindernisse es noch gibt, hört er angstfrei und unbeschwert zu, denn das PQ-Zentrum signalisiert, dass alles möglich ist und dass auch Hindernisse sich in Chancen verwandeln lassen.

Werte und Sinnfragen einbeziehen

An diesem Punkt unserer Zusammenarbeit schlug ich den Kundenberatern vor, dieses Vorgehen zunächst einmal an sich selbst auszuprobieren, ehe sie es beim Kunden einsetzten. »Was ist mit Ihren beruflichen Zielen?«, fragte ich. »Haben Sie Blut geleckt? Gibt es Verbindungen zwischen Ihrer Arbeit und Ihren Vorstellungen darüber, wofür Sie sich in der Welt einsetzen wollen?«

Nach kurzem Schweigen preschte wieder die mutige

Paula vor, die offen aussprach, was die anderen vielleicht ebenfalls dachten, aber selten öffentlich zu sagen wagen: »Wenn wir lebensrettende Medizintechnik verkaufen würden, könnte ich diesen Ansatz nachvollziehen. Aber seien wir doch mal ehrlich! Wir verkaufen Software. Das ist nicht unbedingt das, worin ich den Sinn meines Lebens sehe. Ich mache meine Arbeit, um Geld zu verdienen. Wenn ich das nicht müsste, würde ich sie nicht tun.«

Ich dankte Paula für ihren Mut, die Wahrheit auszusprechen, denn mir war klar, dass sich viele gerade fragten: »Hat meine Arbeit wirklich einen Sinn?« Dann erzählte ich ihnen von der Umfrage beim Krankenhausreinigungspersonal und in der Verwaltung - ein Drittel der Befragten betrachtete die eigene Arbeit einfach als Job, ein Drittel als Teil der beruflichen Laufbahn und ein Drittel als Berufung. Ich legte nahe, dass es nur darauf ankomme, ob die Saboteure oder der Weise das Sagen hätten. »Wenn Reinigungskräfte und Sachbearbeiter ihrer Aufgabe aktiv einen Sinn und Zweck zuschreiben können, können Sie das auch«, erklärte ich provokativ.

Danach fragte ich, warum der Sinn des Ganzen überhaupt eine Rolle spiele. Die Antworten lagen auf der Hand: »Ich hätte mehr Spaß und weniger Stress bei der Arbeit.« - »Ich würde eher in meinem PQ-Zentrum bleiben, könnte mich an die PQ-Verkaufsprinzipien halten und hätte mehr Erfolg.« - »Ich könnte potenzielle Kunden mit meiner Begeisterung anstecken und bessere Ergebnisse erzielen.« Sie stiegen wirklich darauf ein.

Meine nächste Aufgabe lautete zu überlegen, welche Elemente ihrer Arbeit wohl einen tieferen Sinn haben könnten und zu ihren wahren Wertvorstellungen passen würden. Um ihnen diesen Schritt zu erleichtern, schlug ich als Weckruf für den inneren Kompass eine Zeitreise vor: »Wenn Sie am Ende Ihres Lebens zurückschauen - was für ein Verkäufer wären Sie dann gern gewesen? Wie hätten Sie sich verhalten sollen? Was hätte in der Rückschau noch Bedeutung?«

Nach einigem Nachdenken kamen die ersten Rückmeldungen. Besonders eindrucksvoll war die Überlegung von Bob, einem Vertreter mittleren Alters: »Aufgrund meines privaten Hintergrunds ist es mir wichtig, weniger privilegierten Kindern beizustehen. Ich habe mich gefragt, wie das zum Verkauf von Unternehmenssoftware passt, und nun sind mir mehrere Dinge eingefallen. Erstens werde ich ab einem bestimmten Einkommen einen festen Prozentsatz meiner Provision an ein entsprechendes Kinderhilfswerk spenden. Ab jetzt kommt also jedes Geschäft teilweise auch diesen Kindern zugute. Außerdem könnte ich für bestimmte Bereiche meiner Arbeit Praktika für Jugendliche anbieten und sie damit vielleicht ermuntern, etwas aus sich zu machen. Und drittens haben sich vielleicht auch manche meiner Kunden mühsam hochgestrampelt. Sie sind das erwachsene Gegenstück zu den Menschen, die mir am Herzen liegen, und wenn ich ihnen mit unserem Produkt helfen kann, ist das auch für mich ein Ansporn.«

Es ist erstaunlich, wie Menschen sich verändern, wenn sie einen Bezug zwischen ihrer Arbeit und dem herstellen, was dem Leben Bedeutung verleiht. Ich stellte mir Bob vor, 310

wie er gerade etwas aufrechter saß und nun richtig auflebte. Solange man keinen Bezug zu den persönlichen Hauptantriebsfedern hat, findet man auch keinen Zugang zur eigenen Kraft und Begeisterung.

Eine Zeitreise oder einfachere Varianten dieser Übung können Ihnen auch dazu verhelfen, mit den wahren Wünschen, Träumen und Zielen Ihrer Käufer in Kontakt zu kommen, damit es nicht bei einem Strohfeuer bleibt.

Tatkraft

Der letzte Verkaufsschritt ist die notwendige Tatkraft, wenn die Saboteure sich nicht mehr einmischen. Wenn der Verkäufer und der Käufer sich auf den PQ-Modus eingeschwungen haben, schreitet der Weise automatisch zur Tat, und der Verkaufsabschluss kommt ganz von selbst.

Eines der letzten Seminare widmeten wir der Frage, welche Saboteure dem Weisen im beruflichen Alltag immer wieder in die Quere kamen. Verkaufen ist schließlich eine sehr prozessorientierte Tätigkeit, die bei zahlreichen Aktivitäten viel Disziplin verlangt - von der Ermittlung möglicher Interessenten über die gründliche Vorbereitung bis hin zum Nachfassen. Um den Saboteuren das Wasser abzugraben, stellten wir uns genau vor, welche Saboteure sich an welchem Punkt auf welche Weise zu Wort melden könnten. Hierzu erstellte jeder Teilnehmer eine eigene Liste und ergänzte jeweils die passende Reaktion des Weisen.

Um den Schwung auch über die Webinar-Reihe hinaus zu erhalten, verständigte man sich auf einen wöchentlichen PQ-Report beim regionalen Teamtreffen. Damit sollten die Teilnehmer in die Lage versetzt werden, weiterhin aus den Erfolgen und Rückschlägen der anderen zu lernen. Außerdem sollte diese Maßnahme sie regelmäßig daran erinnern, immer weiter zu üben, auch wenn die PQ-Funktionen nach der Anfangsphase noch nicht so ausgeprägt in Erscheinung treten.

Das Abschiedsgeschenk

Einige Monate nach Abschluss unserer Webinare setzte ich eine Nachbesprechung an. Da der durchschnittliche PQ der Gruppe auf 79 angestiegen war und es allgemeine Hinweise darauf gab, dass ihr Verkaufsprozess sich deutlich verbessert hatte, rechnete ich mit weitgehend positiven Rückmeldungen. Tatsächlich hatten sie die Umsatzerwartungen für das Folgejahr um 28 Prozent nach oben korrigiert. Außerdem hieß es allgemein, sie hätten viel mehr Energie und würden sowohl individuell als auch als Gruppe bessere Arbeit leisten. Jack konstatierte, sie seien wirklich mit Begeisterung bei der Sache.

Kurz nach diesem Abschlussgespräch erhielt ich einen Anruf vom Geschäftsführer der Firma. Der Vorstand hatte dafür votiert, das Unternehmen lieber an eine bestehende Aktiengesellschaft zu verkaufen, als selbst an die

Börse zu gehen. Die Erfolge des Vertriebsteams hatten ihnen zu einem hohen Übernahmeangebot verhelfen.

Ein gutes Jahr später bekam ich eine zutiefst beglückende E-Mail von Paula, dieser eindrucksvollen und offenen Teilnehmerin. Paula hatte sich meinen Rat zu Herzen genommen, dass die PQ-Verkaufsprinzipien für jegliche Art von Motivation und Überzeugungsarbeit gelten. Als alleinerziehende Mutter eines 16-jährigen Sohnes war es ihr ein wichtiges Anliegen, ihn von seinem zunehmend selbstzerstörerischen Verhalten abzubringen. Das verlief keineswegs reibungslos, doch schließlich hatte sie ihn überzeugt, seine persönlichen Saboteure zu überprüfen. Seitdem tauschten sie sich jeden Abend beim Essen über ihre Erfolge und Misserfolge im Umgang mit ihren Richtern, dem Perfektionisten von Paula und dem Rastlosen ihres Sohnes aus. Und nun wollte Paula mir mitteilen, welche tiefgreifende Wirkung dies auf ihn und ihre Mutter-Sohn-Beziehung habe. Wir wissen nie, wann wir unsere verbesserten Verkaufs-, Überzeugungs- und Motivationsfähigkeiten einmal brauchen können.

Frage

Denken Sie an ein wichtiges Thema, an das Sie bisher übermäßig rational und faktenbezogen herangehen, wenn Sie jemanden überzeugen wollen. Welches unausgesprochene emotionale Bedürfnis des anderen haben Sie eventuell außer Acht gelassen?

Kapitel 13

Schlusswort: Sie sind großartig

In diesem Buch wollte ich Ihnen nahebringen, dass eine Erhöhung Ihrer Positiven Intelligenz der wirkungsvollste und nachhaltigste Weg ist, mehr zu erreichen und glücklicher zu leben. Das gilt auch für jede Gruppe, zu der Sie gehören.

Ein wenig dürfte Ihr PQ allein schon durch das Lesen angestiegen sein. Erstens sind Ihre Saboteure mittlerweile etwas schwächer und haben an Glaubwürdigkeit verloren. Diese Schwächung liegt daran, dass Sie inzwischen die Rechtfertigungen, die Lügen und das destruktive Vorgehen der Saboteure besser durchschauen. Daher können die Saboteure sich nicht mehr so gut verstecken oder sich nicht mehr so leicht als Ihr bester Freund ausgeben.

Zweitens ist Ihr PQ gestiegen, weil Sie sich nun der Kraft des Weisen bewusst sind. Wenn Sie beim nächsten Mal, wenn Sie sich über etwas aufregen, nur an die Geschichte vom Hengst denken, können Sie Ihren Saboteuren gleich einen stärkeren Weisen entgegensetzen.

Um Ihren PQ weiter deutlich zu erhöhen und eine entsprechende Wirkung zu erzielen, müssen Sie vor allem üben. PQ-Übungen erfordern keinen hohen Zeitaufwand. Durch Beobachtung und Identifizierung Ihrer Saboteure, Rückgriff auf die Stärken des Weisen und die Energie Ihrer PQ-Einheiten werden Sie schwierige Situationen künftig effektiver und erfreulicher meistern können. Die Entscheidung, Ihre Positive Intelligenz einzusetzen, ist dabei keine zusätzliche Belastung, sondern nimmt Ihnen einen Teil der vorhandenen Last von den Schultern.

Wenn Sie sich auf den Weg machen, ist es klug, die inneren Feinde ernst zu nehmen. Wer die Macht der eigenen Saboteure unterschätzt, tut dies auf eigene Gefahr. Denn den Saboteuren ist vor allen Dingen an ihrem eigenen Überleben gelegen - schließlich wurzeln sie im Überlebenszentrum. Also wird es ihnen nicht passen, wenn sie an Macht einbüßen müssen. Die Saboteure werden versuchen, Sie zu überzeugen, dass Ihr Überleben und Ihr Erfolg allein von ihnen abhängig sind. Außerdem werden sie Ihnen einreden, dass Sie sich einfach noch mehr auf äußere Leistung konzentrieren sollten, um glücklicher und erfolgreicher zu werden. Ich hoffe, dass Sie gegen derartige Einflüsterungen inzwischen besser gefeit sind.

Die Saboteure verschwinden nie vollständig. Auch ich vernehme nach wie vor sehr häufig die Stimmen meines Richters und des Rationalisten. Was sich jedoch verändert, ist die Lautstärke und die Macht dieser Stimmen im Vergleich zur erstarkten Stimme meines Weisen. Lassen Sie sich also bitte nicht entmutigen, wenn sich Ihre Saboteure weiterhin zu Wort melden. Mit der Zeit werden sie deutlich leiser und schwächer werden.

Ein paar Tage Krafttraining im Fitnessstudio ergeben noch keine Muskelpakete, mit denen man protzen könnte.

Doch nach drei Wochen konsequentem Training ist garantiert ein Unterschied sichtbar. Man fühlt sich anders, und das fällt auch anderen auf. Ich lasse mich mit meinen Klienten übrigens gern auf eine Wette ein: Wenn sie wirklich 21 Tage lang ihren PQ trainieren, wette ich, dass jemand aus ihrem Umfeld, der nichts von ihrem neuen Ansatz weiß, es bemerkt und erwähnt, dass sie sich irgendwie deutlich verändert haben. In der Regel gewinne ich diese Wette.

Sie sind großartig!

Kürzlich hatte ich einen Termin bei einer erstaunlichen Fotografin. Cynthia war sehr inspirierend, denn sie war vollständig auf den PQ-Kanal eingestimmt. Ich kam zu spät, hatte gerade einen Anruf mit einer sehr

»schlechten« Nachricht erhalten und brauchte ein wenig Zeit, um meinen Richter abzuschütteln und die Perspektive des Weisen anzunehmen. Cynthia konnte sich so gut in mich einfühlen, dass sie sofort registrierte, wenn ich nicht mehr bei der Sache war. Sie wusste, dass ich in solchen Momenten nicht mein wahres Wesen ausstrahlen würde. Sobald meine Gedanken also abschweiften, bat sie mich prompt, mit den Zehen zu wackeln und aufmerksam meine Finger zu massieren. Dadurch bekam ich wieder Zugang zu meinem PQ- Zentrum, sodass mein Weiser in den Vordergrund trat. Sie forderte mich zu PQ-Übungen auf!

Cynthia erklärte mir, dass sie es für die Dauer jedes Shootings stets zulasse, sich in die wahre Schönheit des Men- sehen zu verlieben, den sie gerade ablichte. So könne das eigentliche Wesen dieser Person hervortreten und von der Kamera eingefangen werden. Da dämmerte mir, dass ich immer etwas Ähnliches getan hatte: Ich erlaube mir, mich so lange in die Großartigkeit des Menschen vor mir zu verlieben, bis der- oder diejenige die eigene Großartigkeit wiederentdeckt. Mein Weiser lockt dabei den Weisen meines Gegenübers aus der Reserve. Und wie könnte man den Weisen und dessen Charakter in jedem von uns nicht lieben?

Ich hoffe, dieses Buch kann Ihnen dazu verhelfen, sich selbst mehr zu lieben - die Schönheit Ihres eigenen Wesens, des Menschen, der Sie von Geburt an waren. Sie brauchen niemandem etwas zu beweisen, keine Show abzuziehen und keinen Berg zu erklimmen. Ihr unveränderliches Wesen, Ihr Weiser, ist immer da. Er wartet nur darauf, dass Sie ihn sehen, auf seine enormen Kräfte zugreifen und ihn erstrahlen lassen.

Ich hoffe auch, dass Sie sich entscheiden, öfter innezuhalten und all die erstaunlichen Menschen zu Hause oder in der Arbeit mit Liebe zu betrachten. Ich hoffe, Sie werden in der Lage sein, über deren Saboteure hinauszusehen. Ich hoffe, Sie beschließen, dass Ihr Weiser den Weisen der anderen so weit begegnen darf, dass sie sich gemeinsam erheben und alles andere überstrahlen können. Das ist es, was große Führungspersönlichkeiten, Teamplayer, Eltern, Ausbilder oder Partner tun: Sie versetzen uns in die Lage, durch ihre Augen unseren eigenen Weisen zu sehen und so uns selbst wiederzufinden.

Und mein Weiser sagt: *Ich sehe dich!*

Anhang

Positive Intelligenz und das menschliche Gehirn

In Teil IV haben Sie eine sehr kurze Beschreibung des PQ- Zentrums erhalten. An dieser Stelle finden Sie nähere Informationen zu den Funktionen des PQ-Zentrums und des Überlebenszentrums im Gehirn.

Das Aufkommen der funktionellen Magnetresonanztomographie (fMRT), mit deren Hilfe gemessen werden kann, wie neuronale Aktivität die Durchblutung im Gehirn verändert, gestattete Neurowissenschaftlern und Psychologen erstmals die Beobachtung von Gehirnfunktionen in Echtzeit. Damit sind wir in der Lage, die Teile des Gehirns zu identifizieren, die an der Entstehung bestimmter Gedanken oder Gefühle beteiligt sind. Das heißt, wir können auch ermitteln, welche Gehirnareale für die Aktivierung der Saboteure beziehungsweise des Weisen benötigt werden.

Wie Sie wissen, wurzelt der Richter als Meistersaboteur in unserem Überlebenszentrum, dem Teil des Gehirns, der dafür zu sorgen hat, dass wir Gefahrensituationen aus dem Weg gehen oder diese bewältigen und somit weiterleben. An der Grundmotivation für das körperliche Überleben und die Entscheidung über die richtige Reaktion auf eine Gefahr - Kampf oder Flucht - ist der primitivste Bereich des Gehirns, der Hirnstamm, beteiligt. Gleich darüber sitzt das limbische System, das die Amygdala einschließt, in der unsere emotionalen Reaktionen moderiert werden, darunter die Furcht. Je nach Reaktion der Amygdala schütten Hypothalamus und Hirnanhangdrüse (Hypophyse) Hormone aus, zum Beispiel das Stresshormon Kortisol, das auf seinem Weg durch den Körper überall Alarmbereitschaft auslöst, um das Überleben zu gewährleisten. Solange wir ganz auf unser Überleben fixiert sind, ist in erster Linie das Linkshirn aktiv, das sich auf konkrete Daten und Einzelheiten konzentriert.

Wenn der Richter auf den Plan tritt, aktiviert er, wie bereits erklärt, seinerseits die mit ihm verbündeten Saboteure. Damit nährt das Überlebenszentrum die Saboteure, und diese wiederum füttern mit ihren Ein-
wänden und Befürchtungen das Überlebenszentrum. Die Sorgen und
Nöte, die wir alle so gut kennen, resultieren daraus, dass dieses System
wie ein Perpetuum mobile unterschwellig unablässig weiterläuft. Um
diesen Teufelskreis zu durchbrechen, brauchen wir das PQ-Zentrum,
dem es mehr um langfristiges Wohlergehen geht als um das unmittelbare
Überleben.

Das PQ-Zentrum lässt die Perspektive des Weisen zu und kann dessen
Stärken einsetzen. Es setzt sich aus drei Bereichen zusammen, dem mitt-
leren präfrontalen Cortex, dem Empathie-Schaltkreis und der rechten
Hirnhälfte.

**1. Der mittlere präfrontale Cortex (ein Teil des Frontallappens im
Stirnbereich des Großhirns)**

Diesem Hirnareal kommen bestimmte Schlüsselfunktionen für einen
hohen PQ zu, darunter die folgenden:

- **Selbstbeobachtung:** Sie gestattet uns, uns aus der aktuellen Situation auszuklinken und unsere eigenen Gedankengänge zu beobachten.

- **Pause vor dem Handeln:** An dieser Stelle besteht eine Puffer-
zone der Kontemplation, die es uns ermöglicht zu agieren, statt
zu reagieren.

- **Ängste besänftigen:** Der Neurotransmitter GABA (y-Ami-
nobuttersäure) wird dort erzeugt, um die Ängste zu lindern, die
das Überlebenszentrum generiert.

- **Empathie für sich und andere:** Im Empathie-Schaltkreis
kommt diesem Gehirnareal eine entscheidende Rolle zu, denn
es versetzt uns in die Lage, mit uns und anderen empathisch umzugehen.

- **Zentrierung:** Hier ist unser Gefühl für Ausgeglichenheit verankert, damit wir auch bei großen Schwierigkeiten nicht die Fassung verlieren. Dieser Bereich beruhigt uns, indem er im wörtli-
chen Sinn die Herrschaft über nervlich gesteuerte

Körperfunktionen wie Puls, Atmung und Verdauung übernimmt.

- **Zugang zur Intuition:** Von dieser Stelle aus haben wir Zugang zu allen Informationen aus den neuronalen Netzwerken außerhalb des Kopfes, die sich durch den ganzen Körper ziehen, also auch durch Herz und Eingeweide. Deshalb wird Intuition gern als »Bauchgefühl« bezeichnet.

2. Der Empathie-Schaltkreis

Als »Empathie-Schaltkreis« bezeichne ich bestimmte Hirnareale, deren Zusammenwirken Empathie ermöglicht, die eine der wichtigsten Stärken des Weisen ist. Zum Empathie-Schaltkreis gehören: (a) das System der Spiegelneuronen, (b) die Inselrinde im mittleren präfrontalen Cortex und (c) der anteriore cinguläre Cortex (ACC).

a) Spiegelneuronen

Die Entdeckung der Spiegelneuronen im Gehirn zählt zu den aufregendsten Entdeckungen der aktuelleren Neurowissenschaft. Kurz gefasst reagieren unsere Spiegelneuronen auf das körperliche und emotionale Befinden von anderen und lassen uns automatisch ähnlich empfinden. Dabei passen sich sogar Herzschlag, Blutdruck oder Atmung den Menschen in unserer Umgebung an. Solche Reaktionen erklären, wie wir von der Atmosphäre einer Versammlung beeinflusst werden, zu der wir hinzustoßen, und warum wir gähnen, wenn ein anderer gähnt. Es entsteht eine unsichtbare, »ansteckende« Wirkung, die auch für viele Anwendungsbeispiele der Positiven Intelligenz wichtig ist, etwa für einen guten Führungsstil oder für Situationen, in denen wir etwas verkaufen, jemanden überzeugen, einen Konflikt lösen oder jemanden erziehen wollen und vieles mehr.

Das System der Spiegelneuronen kann als »Stimmgabel« des Gehirns betrachtet werden. Wer auf der Frequenz der Saboteure schwingt, wird bei der Person, mit der er es zu tun hat, eher deren Saboteure auslösen. Wenn Sie hingegen auf die Frequenz des Weisen eingestimmt sind, verhelfen Sie anderen eher dazu, ebenfalls ihren Weisen einzuschalten. Erfolgreiche Verkäufer und Führungskräfte verstehen intuitiv, wie sie auf diese Art Einfluss nehmen können.

Die Ansteckung, die durch die Spiegelneuronen erfolgt, ist von großer Bedeutung. In einer Langzeitstudie mit 4739 Teilnehmern wurden 20 Jahre lang Beziehungsfähigkeit und Glück ermittelt.[40] Dabei zeigte sich, dass, wenn ein Menschen dabei ist, glücklich zu werden, ein Freund im Umkreis von einer Meile eine um 25 Prozent erhöhte Chance hat, ebenfalls glücklich zu werden. Überraschenderweise wuchs aber auch die Wahrscheinlichkeit für den Freund eines Freundes (zweiter Bekanntheitsgrad) um zehn Prozent, und selbst ein Freund dieses Freundes war noch zu sechs Prozent häufiger glücklich als der Durchschnitt. Wenn eine positive Ausstrahlung jemanden also über drei Ecken beeinflussen kann, wie stark ist dann erst unser direkter Einfluss auf die Menschen unserer unmittelbaren Umgebung? Diese Frage stellt sich besonders Führungskräften oder denen, die viel Einfluss auf andere ausüben..

b) Die Inselrinde

Ein weiterer Bestandteil des Empathie-Schaltkreises ist die Inselrinde, die in erster Linie eine Direktverbindung der Signale aus dem Spiegelneuronensystem zum limbischen System und zum Hirnstamm darstellt, damit unser Körper auf andere empathisch reagieren kann. Die Inselrinde transportiert Signale auch an die obere Seite des mittleren präfrontalen Cortex, was es uns ermöglicht, unsere Empathie bewusst wahrzunehmen.

c) Der anteriore cinguläre Cortex (ACC)

Dieser Bereich befindet sich zwischen dem denkenden Bereich der Hirnrinde und dem fühlenden und wahrnehmenden limbischen Bereich. Er reguliert, worauf wir unsere Aufmerksamkeit richten. ACC, Inselrinde und Spiegelneuronen bilden zusammen den Empathie-Schaltkreis.

Um bei meinem persönlichen Beispiel zu bleiben: Irgendwann im Laufe meiner Kindheit fing mein Gehirn an, die Signale des Empathie-Schaltkreises zu verwässern, denn die Signale aus meiner Umgebung, die dieser spiegelte, waren nicht angenehm. Warum sollte ich über meine Empathie Fähigkeit noch mehr schmerzhafte Erfahrungen in mich aufnehmen, wenn es nicht unbedingt sein musste? Und wozu sollte ich meinen eigenen Schmerz überhaupt wahrnehmen? Was half das schon?

Interessanterweise befähigt uns genau der Schaltkreis, mit dem wir den eigenen Körper und die eigenen Empfindungen wahrnehmen, umgekehrt auch zur Empathie mit anderen. Wenn wir diese Leitung in die eine Richtung verschließen, verschließt sie sich auch andersherum. Diese doppelte Abkopplung von unserem Rechtshirn und unserem Empathie-Schaltkreis ist eine sehr verbreitete Überlebensstrategie. Wir bezahlen damit, indem wir für uns selbst, für andere und für die vielfältigen Erfahrungen des Lebens »gefühlstaub« werden.

3. Das Rechtshirn

Wer ein Gehirn betrachtet, hat meist den Eindruck, es handele sich um ein Gesamtorgan, das man nur von verschiedenen Seiten sieht. Dabei ist nämlich nicht zu erkennen, dass die linke und die rechte Hirnhemisphäre streng voneinander getrennt arbeiten und nur über die Nervenfasern im Corpus callosum miteinander verbunden sind. Beide Gehirnhälften sind völlig unterschiedlich verdrahtet und haben ganz unterschiedliche Funktionen, entsprechen also den zwei Seelen in unserer Brust.

Das Rechtshirn ist ein beliebtes Gesprächsthema, es ist aber auch Gegenstand vieler Missverständnisse. Es befasst sich mit dem Gesamteindruck, mit bildhaften Vorstellungen, nonverbaler Sprache und mit dem Aufspüren unsichtbarer Dinge wie Energie und Stimmungslage. Es hat eine direktere Anbindung an die Informationen, die aus dem Körper zum Hirnstamm und zum limbischen System weitergegeben werden, welches wiederum das Bewusstsein für unser Körpergefühl und unsere Emotionen prägt. Hier ist der Sitz des emotionalen und sozialen Selbst.

Im Gegensatz dazu ist das Linkshirn für das lineare, logische Denken zuständig, für die gesprochene und geschriebene Sprache und ganz allgemein für Einzelheiten. Es umfasst den Hirnbereich, der es uns ermöglicht, uns vollständig von Emotionen und körperlichen Empfindungen zu lösen, bis wir theoretisch in einer abgegrenzten Welt der Logik und der Daten leben. Das Linkshirn ist der Ort, an dem die Dinge ordentlicher und kontrollierbarer sein können. Hier regiert der rationale Verstand, und hier lassen sich Schmerz und Befürchtungen rechtfertigen und rational verarbeiten.

Für die Schlüsselfunktionen des Weisen - Empathie zeigen, eine Situation unvoreingenommen ausloten, mit etwas Abstand kreative Lösungen entwickeln und aus dem tief empfundenen Wissen um das, was wirklich zählt, die passende Richtung einschlagen - ist das Rechtshirn eindeutig geeigneter. Die Funktionen des Linkshirns sind unerlässlich, um den Alltag zu meistern, während die Funktionen des Rechtshirns uns zu einem sinnvollen Leben mit tragfähigen Beziehungen verhelfen.

Kinder sind in den ersten Lebensjahren stärker auf das Rechtshim orientiert als auf das Linkshirn, sodass die beiden Gehirnhälften ausgeglichener sind. Die Erziehungsideale der westlichen Welt ermuntern und stärken dann leider nur das Linkshirn, während sie die Funktionen des Rechtshirns ignorieren oder abstrafen. Mit der Zeit führt dies zu einer sehr einseitigen Sichtweise.

Unser Bildungssystem ist fast ausschließlich darauf ausgerichtet, die sprachlichen und logischen Fähigkeiten des Linkshirns auszubauen. Dieses Phänomen ist so verbreitet, dass ich den Teilnehmern meiner Seminare gern erkläre, dass sie in ihrem Leben in der Regel auf das halbe Gehirn verzichten. Wenn wir uns dann die entsprechenden Forschungsergebnisse ansehen, bestreitet das auch kaum jemand mehr. Frauen und eher künstlerisch orientierte Menschen haben im Durchschnitt zwar etwas mehr Zugang zu ihrer rechten Gehirnhälfte, doch selbst sie sind noch übermäßig am Linkshirn ausgerichtet.

Der Einfluss der Saboteure verschärft diese Schieflage zwischen linker und rechter Hirnhemisphäre. Um wieder mein eigenes Beispiel anzuführen: Als Kind war bei mir - wie bei allen Kindern - die rechte Gehirnhälfte dominanter. Irgendwann jedoch muss ich beschlossen haben, dass ich zwar keine Kontrolle über meine schwierigen Lebensumstände hätte, aber doch wenigstens den etwas geordneteren Bereich meines logischen Denkens beherrschen könne. Fakten, Zahlen, Listen und Details schienen mir eine gewisse Sicherheit zu bieten. Das wiederum stärkte die Fähigkeiten meines Linkshirns. Parallel dazu muss ich auf die Idee gekommen sein, meine Empfindungen weniger wichtig zu nehmen und zu betäuben, denn diese Empfindungen waren nicht angenehm.

Damit ging der Einfluss des Rechtshirns, das an derartigen Wahrnehmungen stärker beteiligt ist, noch weiter zurück. Ich wählte also die Strategie des Rationalisten, um mein körperliches und emotionales Überleben zu gewährleisten. Das Ergebnis war die

wachsende Taubheit des Rechtshirns und somit ein Leben, das die eine Gehirnhälfte praktisch ausblendete, wie es die meisten Menschen tun.

Lebenslanges Lernen

Bisher haben wir uns in erster Linie mit der schlechten Nachricht befasst, nämlich dass die meisten Leute ihre PQ-Fähigkeiten über Jahrzehnte schleifen lassen. Die gute Nachricht lautet, dass dieser Bereich sich mit der entsprechenden Lernbereitschaft jederzeit neu aktivieren lässt. Um diesen Prozess zu verstehen, sollten wir kurz überlegen, was einen »Gehirnmuskel« ausmacht. Das Gehirn setzt sich aus rund 100 Milliarden Nervenzellen (Neuronen) zusammen. Jede dieser Nervenzellen wiederum besitzt durchschnittlich unglaubliche 5 000 Synapsen, die sie mit vielen anderen Nervenzellen verbinden. Ein elektrischer Impuls, der durch eine Nervenzelle läuft, gelangt daher am Ende zu einer Weggabelung mit vielen möglichen Richtungen. Welche Richtung das Signal ab diesem Punkt einschlägt, hängt teilweise davon ab, welche Nervenzelle bisher mit der ersten Zelle »assoziiert« war. Die Verbindung ist also keineswegs »fest verdrahtet«, sondern beruht auf Assoziationen und Häufigkeiten. Je öfter zwei Nervenzellen gemeinsam aktiviert werden, desto öfter besteht eine Assoziation. Nervenzellen, die gemeinsam agieren, werden also mit der Zeit sozusagen zu einem eingespielten Team. Auf diese Weise lernt das Gehirn, erinnert sich und baut bewusste oder unbewusste Gewohnheiten und Schlussfolgerungen auf. Zum Aufbau solcher neuen Signalpfade und Verknüpfungen greift das Gehirn auf bestimmte Mechanismen zurück, die insgesamt für die so genannte Neuroplastizität verantwortlich sind. Neue Synapsen Verbindungen entstehen, wenn eine neue Verhaltensweise von alten Gewohnheiten abweicht. Dann verdickt sich die schützende Myelinschicht um die beteiligten Nervenzellen und ermöglicht eine 100-mal schnellere Signalübertragung über diese Nerven. Das wiederum bedeutet, dass der Impuls mit größerer Wahrscheinlichkeit über diese neue »Schnellstraße« geleitet wird. Gleichzeitig verblasst der alte Weg. Genau das geschieht, wenn wir eine alte Gewohnheit ablegen. Konzentrierte Aufmerksamkeit wie bei den PQ-Übungen aus Teil IV setzt Neurotransmitter frei, die an der Stärkung neuer Synapsen Verbindungen und der Anlage neuer Impulsbahnen beteiligt sind.

Das Faszinierende an der Neuroplastizität ist, dass das Gehirn jüngsten Erkenntnissen zufolge bei entsprechender Stimulierung in jedem Alter noch neue Pfade anlegen, neue Synapsen bilden und sogar ganz neue Nervenzellen wachsen lassen kann, selbst bei 90-Jährigen. Davon zeugt auch die erstaunliche Genesungsfähigkeit von Schlaganfallpatienten, deren Gehirn sich zügig neu organisiert, um den Verlust bestimmter Nervenzellen auszugleichen und verlorene Funktionen wiederzuerlangen. Meine persönlichen Erfahrungen und die meiner Klienten belegen, dass sich das Gehirn ausgesprochen bereitwillig auf PQ-Übungen einlässt.

PQ und das Unterbewusstsein

Viele Saboteure, zum Beispiel der Richter, der Kontrolleur und der Rationalist, machen uns gern weis, dass wir mehr wissen, als tatsächlich der Fall ist. Wir müssen sie daran erinnern, dass ein Großteil dessen, was in unserem Gehirn gespeichert ist und unsere Gefühle und Entscheidungen beeinflusst, uns überhaupt nicht bewusst ist.

Unser Erinnerungsvermögen speist sich aus zwei Quellen. Das explizite Gedächtnis ist das, was wir normalerweise unter »Gedächtnis« verstehen, nämlich etwas, auf das wir bewusst zugreifen können. Das Gehirn speichert aber auch implizite Erinnerungen, die uns nicht bewusst sind. Interessanterweise beeinflussen ausgerechnet diese impliziten Erinnerungen, wie wir denken, etwas interpretieren oder auf etwas reagieren. Sie haben damit erheblichen Anteil an den Nervenbahnen unserer Saboteure.

Ob eine Erfahrung im bewussten oder im unbewussten Bereich des Gedächtnisses abgespeichert wird, beruht darauf, ob bei der Entstehung und Speicherung dieser Erinnerung der Hippocampus beteiligt war, der das explizite Gedächtnis organisiert. Insbesondere in stressbeladenen Situationen, zum Beispiel bei einem Trauma, steigt der Hippocampus aus dem Geschehen aus. Auch an der Entstehung frühester

Kindheitserinnerungen hat er keinen Anteil. Deshalb bleiben gewisse entscheidende Lebenserfahrungen, die unser Denken und unsere Reaktionen dauerhaft prägen, dem bewussten Zugriff verborgen.

Die Forschung hat inzwischen gezeigt, dass implizite Erinnerungen Emotionen hervorrufen und unsere Entscheidungsfindung unbewusst beeinflussen. Wir können rationale Erklärungen für unsere Handlungen anführen, ohne unsere wahre Motivation zu kennen, die aus Erinnerungen, Gefühlen und Grundannahmen aus unserem impliziten Gedächtnisspeicher herrührt. Jeder Saboteur hat diverse Ausreden parat, warum er in Wahrheit Ihr Freund ist. Diese Rechtfertigungen beruhen allerdings häufig auf impliziten Überzeugungen, die man nie bewusst unter die Lupe genommen hat. Zum Beispiel könnte Ihr Richter Glaubenssätze vertreten wie »Ohne Fleiß kein Preis«, oder »Etwas Strenge hat noch keinem geschadet«, die auf frühen Erlebnissen und Assoziationen beruhen, an die Sie sich nicht mehr bewusst erinnern. Solche Grundsätze werden später nicht mehr in Frage gestellt.

Viele psychotherapeutische Ansätze zielen darauf ab, den Menschen die Inhalte des Unterbewusstseins bewusst zu machen, damit es seine Macht über uns verliert. Vor allem nach traumatischen Situationen kann dieses Vorgehen sehr hilfreich sein. Bei sehr tief verankerten, impliziten Erinnerungen - insbesondere solchen aus frühester Kindheit — stößt dieses Verfahren allerdings an seine Grenzen.

Der Ansatz der Positiven Intelligenz ist ein Bypass, der einem die Aufdeckung der unbewussten Gründe für die Entstehung der Saboteure oder ihrer heimlichen, impliziten Glaubenssätze erspart. Wir brauchen lediglich ihre aktuellen Gedanken- und Gefühlsmuster zu erkennen und diese zu benennen, sobald sie auftauchen. Ein Feind lässt sich auch bekämpfen, ohne dass wir wissen, was er gefrühstückt hat oder wie er aufgewachsen ist. Ausnahmen sind natürlich ernste Traumata, bei denen eine tiefgreifendere therapeutische Arbeit angezeigt sein kann.

Interessanterweise geht eine Stärkung des PQ-Zentrums automatisch mit einem besseren Einblick in die unbewusste Dynamik der Saboteure einher, auch wenn man sich gar nicht darum bemüht. Die Aktivierung der PQ-Muskeln verschafft uns ganz von selbst Zugang zu den vielschichtigen Bereichen des Gehirns, die Zusammenhänge begreifen, nicht nur zum oberflächlicheren Linkshirn, das normalerweise anspringt, wenn wir gründlich darüber nachdenken, was mit uns los ist. Sie werden solche Einsichten erleben, ohne wirklich zu wissen, woher diese plötzlich stammen. Vielleicht hatten Sie auch bereits entsprechende Eingebungen, ob in der Natur oder beim Sport, unter der Dusche oder einfach beim Aufwachen: Plötzlich lichtet sich der Nebel, und alles fügt sich zu einem klaren Bild. Solche Erlebnisse finden statt, wenn gefühlsintensive Erfahrungen das Linkshirn zur Ruhe bringen und die PQ-Regionen aktivieren. Mit der entsprechenden Übung können Sie lernen, wie man sich gezielt und dauerhaft in einen Zustand versetzt, der solche Einsichten ermöglicht.

Eine gründliche Einführung in die Neurowissenschaften würde den Umfang dieses Buches sprengen. Um die wichtigsten Unterschiede zwischen dem Überlebenszentrum und dem PQ-Zentrum im Gehirn hervorzuheben, habe ich bewusst Verallgemeinerungen vorgenommen. Bei genauerer Betrachtung ist das Gehirn weniger säuberlich differenziert, und bei fast allem, was wir tun, bestehen Überlappungen zwischen rechter und linker Hirnhemisphäre. Falls Sie mehr zum Thema Hirnforschung wissen wollen, möchte ich auf das breite, in den letzten Jahren explosionsartig gewachsene Angebot an Büchern und Forschungsarbeiten verweisen. Für besonders empfehlenswert halte ich die Titel Mindsight: Die neue Wissenschaft der persönlichen Transformation von Dan Siegel (übersetzt von Franchita Mirella Cattani; Goldmann, München 2012) und The Mind and the Brain: Neuroplasticity and the Power of Mental Force von Jeffrey M. Schwartz und Sharon Begley (Harper Perennial 2003).

Ich hoffe, dieses Buch konnte Sie inspirieren, für Ihr Gehirn mindestens genauso viel Verständnis zu entwickeln wie für Ihren Körper. Denn schließlich ist es unser Gehirn, das unsere gesamte Lebenserfahrung in Szene setzt.

Danksagung

Ein Manager und Coach sollte meiner Ansicht nach stets mit gutem Beispiel vorangehen. Das Konzept und die Methoden der Positiven Intelligenz wurzeln in meiner jahrzehntelangen Arbeit an mir selbst. Darum danke ich all denen, die mir auf dieser Reise zu Entdeckungen und Wachstum verhülfen haben.

Meinen Klienten: Ihr Mut, über die eigenen Grenzen hinauszuwachsen, hat mich all die Jahre immer wieder ermuntert, es Ihnen gleichzutun. Danke, dass ich Ihre Geschichten in diesem Buch erzählen durfte.

Professor David Bradford aus Stanford: Ihr Kurs hat mein Leben verändert und mir gezeigt, dass eine höhere Rentabilität und mehr Authentizität Hand in Hand gehen können. Mein Weg mit Ihnen, vom Studenten bis hin zum Kollegen und Mitarbeiter, zählt zu den aufregendsten Reisen meines Lebens.

Der Stanford Graduate School of Business: Es ist mir eine Ehre, einer Institution anzugehören, die sich nie auf ihren Lorbeeren ausruht und weiß, wie man sich permanent neu erfindet. Danke für die Plattform, von der aus ich etwas verändern konnte.

Henry Kimsey-House war mein Vorbild für eine unverfälschte, intakte Vision. Von ihm habe ich gelernt, der unablässigen Versuchung billiger Kompromisse konsequent zu widerstehen. Er ist der beeindruckendste Mensch, den ich kenne.

Karen Kimsey-House lehrte mich, was Führung wirklich bedeutet. Sie hat mir gezeigt, was ernsthafte menschliche Beziehungen bedeuten und wie man ehrlich und mutig dafür kämpft. Danke, dass Du um unsere Beziehung gekämpft hast, die ich ganz besonders zu schätzen weiß.

In memoriam danke ich Laura Whitford, einer unerschrockenen Kämpferin für die »co-aktive« Vorgehensweise. Ich vermisse, wie sie unablässig kühn den Status quo hinterfragte. Ich hoffe, Du hast die Ruhe gefunden, die Du so sehr verdient hast.

Für die Fakultät und alle Mitarbeiter des CTI: Danke, dass Ihr den »co-aktiven« Weg mitgegangen seid. Es inspiriert, wenn man erlebt, was dabei herauskommen kann, wenn man sich in einer großen, weltweit verstreuten Gemeinschaft aufeinander verlassen kann.

Ich danke der Young Presidents' Organization (YPO) und der World Presidents' Organisation (WPO). Wie kann ein Netzwerk aus 20 000 Unternehmern und Vorständen sich nur derart persönlich anfühlen? Die Beschäftigung mit dieser Frage hat mich unglaublich viel über Führung und Vertrauen gelehrt. Ihr wart die perfekte Medizin, als ich mich ganz oben plötzlich so einsam fühlte - danke!

Meinen Kollegen vom YPO-Forum: Ihr wisst, wer Ihr seid und was Ihr mir bedeutet. Ohne Eure beständige Unterstützung und den unerlässlichen Tritt in den Hintern, der mich aus meiner Komfortzone trieb, hätte ich dieses Buch nie beendet.

Chris Brookes: Wir wurden miteinander bekannt gemacht, nachdem ich erwähnt hatte, dass ich gern einen »Yoda« hätte. Du verkörperst diese alterslose Weisheit, die mir den Weg erhellt hat.

WhiteEagle: Es war mir eine Ehre, von Dir lernen zu dürfen und bis ins Innerste gefordert zu werden. Die alten Lehren, in denen Du mich unterwiesen hast, haben entscheidend dazu beigetragen, dass ich der wurde, der ich bin. Du hast mir zu Ganzheit verholfen.

Judy und Bob Waterman sind faszinierende Vorbilder; ob als Paar, als Eltern, als Manager, als Kollegen oder als Weltbürger. Die Begegnung mit Judy änderte meine Laufbahn und machte MindSteps erst möglich. Danke, Partnerin, für Deinen Weitblick.

Mit meinen Kollegen und zusammen mit den Investoren und Aufsichtsräten von MindSteps wollte ich die Welt verändern. Wir hatten keine Ahnung, dass wir zuvor uns selbst und unser Leben verändern würden.

Was für eine Reise! Die Zusammenarbeit mit Euch war und ist mir eine Ehre.

Ich danke all den Autoren, die meine Arbeit inspirierten. Jim Collins, Stephen Covey, Malcolm Gladwell, Daniel Pink und Patrick Lencioni haben mir gezeigt, dass tiefe Einsichten in unserer Branche sich verständlich und spannend vermitteln lassen und wirklich etwas bewegen. Daniel Goleman danke ich für den Weckruf, mit dem er Wirtschaft und Wissenschaft auf die Wichtigkeit der emotionalen Intelligenz aufmerksam machte und mir und vielen anderen den Weg für unsere Arbeit ebnete. Don Riso und Russ Hudson haben mir mit ihren aufschlussreichen Arbeiten zu mehr Empathie für unterschiedliche Persönlichkeiten verholfen. Eckhart Tolle danke ich, dass er uralte Weisheiten in Worte gefasst hat, die ich annehmen konnte.

Ich danke allen, die im Bereich der Positiven Psychologie Pionierarbeit vollbracht haben, namentlich Barbara Fredrickson, Marcial Losada, Marty Seligman und Dan Siegel. Ohne Euch hätte ich diese Arbeit nie leisten können. Eure präzisen Untersuchungen waren das fehlende Glied zwischen dem intuitiven Verständnis für den Einfluss dieser Vorgehensweise und einer glaubhaften Erklärung, warum sie funktioniert. Eure Arbeit hat das Leben vieler Menschen verändert.

Shawn Achor kenne ich erst seit wenigen Monaten, und doch habe ich das Gefühl, wir wären schon ewig Freunde. Du bist wie ich der dienenden Führung verschrieben und ein Suchender, und Deine geistige Brillanz wird durch Dein warmes Herz ergänzt. Du inspirierst mich, und ich bin froh, in Dir einen Kollegen und Freund gefunden zu haben.

Mein Agent Jim Levin wird für seine intellektuelle Unbestechlichkeit und als echter Partner seiner Autoren gerühmt. Dennoch überraschte es mich, dass er der Erste war, der meinen Traum von diesem Buch vollauf und aus jeder Perspektive verstanden hat: die Idee, den wissenschaftlichen Hintergrund, die »Kunst«, den Inhalt, die integrierte Plattform und die Entwicklungsmöglichkeiten. Bis dahin sah jeder nur einen Teil des Elefanten und zeigte sich beeindruckt - er war der Erste, der den ganzen Elefanten wahrnahm. Es tut so gut, vollständig begriffen und als Partner gesehen zu werden. Vielen Dank für dieses Geschenk.

Ich danke dem großartigen Team der Greenleaf Book Group. Clint Greenleaf schuf ein Vertriebsmodell für das digitale Zeitalter, das den Autor als echten Partner und das Buch als Teil einer komplexen, integrierten Kommunikationsplattform betrachtet. Bill Crawford, mein erster und überaus hilfsbereiter Lektor, zeigte mir, wie man durch Unmengen an Inhalt watet, ihn vereinfacht und zusammenstellt, bis die gewünschte Botschaft verständlich vermittelt wird. Ihre Beiträge waren von unschätzbarem Wert, und ich bin Ihnen zu unendlichem Dank verpflichtet. Jay Hodges und Aaron Hierholzer danke ich für ein wunderbares Anschlusslektorat. Heather Jones danke ich für ihren scharfen Blick fürs Detail und Bryan Carroll dafür, dass er Zeitplan und Produktion ständig umsichtig im Blick behielt. Danke, Sheila Parr, für das elegante, ansprechende Design, das so viel von Ihrer Persönlichkeit reflektiert. David Hathaway danke ich für seine Erfahrung in der Vermarktung von Business-Ratgebern und Jenn McMurray für das Versandmanagement. Und Justin Branch gebührt mein Dank für die permanente Beziehungspflege. Eine Spitzenleistung von allen bei Greenleaf - ich bin Euch so dankbar.

Meinen wunderbaren Partnern - David Hahn, Lori Ames, Andrwi Palladino und Alexandra Kirsch von MEDIA CONNECT, Steve Bennett und Deb Beaudoin von Author Bytes sowie Carolyn Monaco - danke ich, dass Ihr die Botschaft von der Positiven Intelligenz und vom PQ unter die Leute gebracht habt. Es ist absolut spannend, mit den Klassenbesten zusammenzuarbeiten. Danke.

Und natürlich danke ich Ladan Chamine: Du bist ein wahrer Segen, ein lebendes Kunstwerk. Danke für Deine Geduld, Deine Unterstützung und Deine Opferbereitschaft beim endlosen Sichten des Materials sowie beim Schreiben und Umschreiben. Das ist unser Werk.

Ich erhoffe mir, dass Positive Intelligenz unzählige Leben verändern wird, ob persönlich oder durch eine Veränderung der Art und Weise, wie Organisationen und Institutionen Menschen sehen und ausbilden. Ohne die vielen anderen wäre mein Werk nicht möglich gewesen, und letztlich ist es Teil des großen Gewebes all der Menschen, die direkt oder indirekt dazu beigetragen haben. Was dieses Buch in der Welt bewirkt, ist unser aller Werk. Wir haben Anteil an dem wunderbaren Geheimnis, wie sich das menschliche Potenzial entfaltet. Ich glaube fest daran, dass uns Menschen die besten Zeiten auf diesem Planeten noch bevorstehen. Wir können unser wahres Potenzial gerade erst erahnen.

Ich fühle mich beglückt und geehrt, an diesem größten aller Geheimnisse teilhaben zu dürfen.

Quellenangaben

1. Sonya Lyubomirsky, Laura King, and Ed Diener, »The Benefits of Frequent Positive Affect: Does Happiness Lead to Success?« *Psychological Bulletin* 131, no. 6 (2005): 803-55.
2. Martin Seligman, *Learned Optimism: How to Change Your Mind and Your Life (New York:* Vintage, 2006). Dieses Buch, das bisher nicht ins Deutsche übersetzt wurde, erwuchs aus Martin Seligmans Pionierarbeit mit Versicherungsvertretern von MetLife. Seligman ermittelte, wie stark der optimistische oder pessimistische »Erklärungsstil« der einzelnen Vertreter ausgeprägt war, was wiederum einen Bezug dazu hat, wie sie Widrigkeiten interpretierten. Er konnte belegen, dass Vertreter mit einem optimistischeren Ansatz 37 Prozent mehr verkauften als pessimistischere Kollegen. Das PQ-Konzept schreibt pessimistische Sichtweisen den Saboteuren zu und Optimismus dem Weisen. Das heißt, Vertreter mit einem optimistischeren Erklärungsstil demonstrierten einen höheren PQ. Diese Untersuchungen beschreibt Seligman in seinem hochinteressanten Buch *Learned Optimism.*
3. Shirli Kopelman, Ashleigh Shelby Rosette, and Leigh Thompson, »The Three Faces of Eve: Strategic Displays of Positive, Negative, and Neutral Emotions in Negotiations,« *Organizational Behavior and Human Decision Processes* 99 (2006): 81-101.
4. Gallup-Healthways Well-Being Index (2008). Eine Untersuchung zu Gesundheit und Wohlbefinden von Amerikanern, die auf täglichen Befragungen von 1000 Erwachsenen beruht. Übertragen auf das PQ- Modell ist ein »unglücklicher« Beschäftigter unabhängig von den Umständen auch ein Beschäftigter mit niedrigem PQ.
5. Carlos A. Estrada, Alice M. Isen, and Mark J. Young, »Positive Affeet Facilitates Integration of Information and Decreases Anchoring in Reasoning Among Physicians,« *Organizational Behavior and Human Decision Processes* 72 (1997): 117-135.

6. Tanis Bryan and James Bryan, »Positive Mood and Math Performance,« *journal of Learning Disabilities* 24, no. 8 (October 1991): 490-94.

7. Shawn Achor, *The Happiness Advantage: The Seven Principles of Positive Psychology That Fuel Success and Performance at Work* (New York: Crown Business, 2010), Achor nennt Daten zum Einfluss glücklicher Geschäftsführer auf deren Teams. Das lässt sich direkt auf Führungspersönlichkeiten mit hohem PQ übertragen.

8. Achor, *Happiness Advantage,* Hier kommentiert Achor eine Studie über ermutigende Führungskräfte im Gegensatz zu solchen, die weniger positiv auftreten und weniger loben. Das entspricht Führungskräften mit hohem oder niedrigem PQ.

9. Barry M. Staw and Sigal G. Barsade. »Affect and Managerial Performance: A Test of the Sadder-but-Wiser vs. Happier-and-Smarter Hypotheses,« *Administrative Science Quarterly* 38, no. 2 (1993): 304-31. Thomas Sy, Stephane Côté, and Richard Saavedra, »The Contagious Leader: Impact of the Leader's Mood on the Mood of Group Members, Group Affective Tone, and Group Processes,« *Journal of Applied Psychology* 90, no.2 (2005): 295-305.

10. Michael A. Campion, Ellen M. Papper, and Gina J. Medsker, »Relations Between Work Team Characteristics and Effectiveness: A Replication and Extension,« *Personnel Psychology* 49 (1996): 429—452 Für diese Studie wurden 357 Angestellte, 93 Manager und 60 Teams unter die Lupe genommen. Der aussagekräftigste Faktor, um die relative Leistung eines Teams vorherzusagen, war die Einstellung der Mitglieder zueinander was der Berechnung der Team-PQs entspricht.

11. Marcial Losada, (1999). »The Complex Dynamics of High Performance Teams,« *Mathematical and Computer Modeling* 30, no. 9-10 (1999): 179-192.
    Marcial Losada, and Emily Heaphy, »The Role of Positivity and Connectivity in the Performance of Business Teams: A Nonlinear Dynamics Model,« *American Behavioral Scientist* 47, no. 6 (2004): 740-765 Das untersuchte Merkmal für einen hohen PQ war offene Ermunterung im Vergleich zu Merkmalen wie kontrollierendem, überheblichem oder negativem Verhalten, die für einen geringen PQ stehen.

12. Sarah D. Pressman and Sheldon Cohen, »Does Positive Affect Influence Health?« *Psychological Bulletin* 131, no. 6 (2005): 925-71.

Michael F. Scheier, et al. »Dispositional Optimism and Recovery from Coronary Artery Bypass Surgery: The Beneficial Effects on Physical and Psychological Wellbeing,« *Journal of Personality and Social Psychology* 57, no. 6 (1989): 1024-1040.

Glenn V. Ostir et al., »The Association Between Emotional Well-being and the Incidence of Stroke in Older Adults,« *Psychosomatic Medicine* 63, no. 2 (2001): 210-15.

Laura Smart Richman et al., »Positive Emotion and Health: Going Beyond the Negative,« *Health Psychology* 24, no. 4 (2005): 422-29. Sheldon Cohen et al., »Emotional Style and Susceptibility to the Common Cold,« *Psychosomatic Medicine* 65, no.4 (2003): 652-57. Andrew Steptoe et al., »Positive Affect and Health-related Neuroendocrine, Cardiovascular, and Inflammatory Responses,« *Proceedings of the National Academy of Sciences* 102, no. 18 (2005): 6508-12.

13. Deborah D. Danner, David A. Snowdon, and Wallace V. Friesen, »Positive Emotions in Early Life and Longevity: Findings from the Nun Study,« *Journal of Personality and Social Psychology* 80, no. 5 (2001): 804-13.

Judith Rodin and Ellen J. Langer, »Long-term Effects of a Control-relevant Intervention with the Institutionalized Aged,« *Journal of Personality and Social Psychology* 35, no. 12 (1977): 897-902.

14. Barbara Fredrickson, *Die Macht der guten Gefühle: Wie eine positive Haltung Ihr Leben dauerhaft verändert*. Aus dem Englischen übersetzt von Nicole Hölsken, mit einem Vorwort von Ursula Nüber. New York/Frankfurt a.M.: Campus-Verlag, 2011.

Achor, *Happiness Advantage*.

Martin Seligman, *Flourish: Wie Menschen aufblühen*. Aus dem Englischen übersetzt von Stephan Schuhmacher. München: Kösel, 2012. Tal Ben-Shahar, *The Pursuit of Perfect: How to Stop Chasing Perfection and Start Living a Richer, Happier Life* (New York: McGraw-Hill, 2009).

15. Dieses bahnbrechende Konzept stammt von Professor David L. Bradford (mit Jerry Portas), der gegenwärtig als Eugene O'Kelly II Senior Lecturer Emeritus in Leadership an der Stanford Graduate School of Business lehrt. Sein Seminar zählt seit 40 Jahren zu den gefragtesten Kursen des Stanford Curriculums und hat nicht nur mein Leben von Grund auf verändert. Viele Teilnehmer betrachten es im Rückblick als eine der nachhaltigsten und wertvollsten positiven Erfahrungen ihres MBA-Studiums. Professor Bradford hat zahlreiche Bücher verfasst, zwei davon zusammen mit Allan

Cohen: *Influence Without Authority* (John Wiley & Sons, 2005) und *Power Up: Transforming Organizations Through Shared Leadership* (John Wiley & Sons, 1998).

16. Hier besteht ein Zusammenhang zur PQ-Dynamik, die in Teil V erläutert wird. Nur 20 Prozent aller Teams und Individuen erreichen ein Ergebnis oberhalb des PQ-Schwellenwerts, ab dem positive Veränderungen eher Unterstützung als Widerstand erfahren.

17. Dieses Phänomen erläutert Jonathan Haidt eingehend in seinem fundierten Buch *Die Glückshypothese: Was uns wirklich glücklich macht. Die Quintessenz aus altem Wissen und moderner Glücksforschung.* Aus dem Englischen übersetzt von Isolde Seidel. Kirchzarten bei Freiburg: VAK-Verlag 2007.

18. Eckhart Tolle, *Eine neue Erde. Bewusstseinssprung anstelle von Selbstzerstörung.* München: Goldmann 2003.

19. Daniel Todd Gilbert, *Ins Glück stolpern. Suche dein Glück nicht, dann findet es dich von selbst.* Aus dem Englischen übersetzt von Burkhard Hickisch. München: Goldmann 2008 Gilbert lehrt Psychologie an der Universität Harvard und hat in seiner faszinierenden Untersuchung das Glücksempfinden von Lottogewinnern im Vergleich zu querschnittsgelähmten Unfallopfern unter die Lupe genommen.

20. Informationen gemäß der Website von *Mothers Against Drunk Driving (MADD):* www.madd.org.

21. John Milton, *Das verlorene Paradies.* Aus dem Englischen übersetzt von Hans H. Meier. Ditzingen: Reclam, 1986 (Weitere Übersetzungen in anderen Verlagen erhältlich)

22. Die Google-Recherche ergab, dass ich mit meiner Aussage, dass das Glück in uns selbst beginnt, keineswegs allein dastehe. Weitere Bücher zu diesem Thema stammen zum Beispiel von Sylvia Boorstein und John Powell.

23. Jill Bolte Taylor, *Mit einem Schlag: Wie eine Hirnforscherin durch ihren Schlaganfall neue Dimensionen des Bewusstseins entdeckt.* Aus dem Englischen von Theda Krohm-Linke. Knaur MensSana, München 2008 Um Dr. Taylors inspirierenden Vortrag auf der TED-Konferenz in der Originalfassung anzusehen, geben Sie ihren Namen bitte auf der TED-Website www.ted.com als Suchbegriff ein. Auf YouTube finden Sie den Vortrag auch mit deutschen Untertiteln: *»Wie cool! Ich habe einen Schlaganfall...!«*

24. Diese Aussagen lassen sich durch viele Untersuchungen aus ganz

unterschiedlichen Blickwinkeln untermauern. Der folgende Auszug kann bei Interesse als Ausgangsbasis dienen:

Sara W. Lazar et al., »Functional Brain Mapping of the Relaxation Response and Meditation,« *Neuroreport* 11, no. 7 (2000): 1581-5. Bruce R. Dunn et al., »Concentration and Mindfulness Meditations: Unique Forms of Consciousness?« *Applied Psychophysiology and Biofeedback* 24, no. 3 (1999): 147-165.

Ulrich Kirk, Jonathan Downar, and P. Read Montague (2011). »Interoception Drives Increased Rational Decision-making in Meditators Playing the Ultimatum Game,« *Frontiers in Decision Neuroscience* 5:49 (April 2011): doi: 10.3389/fnins.2011.00049.

H.C. Lou, et al., »A 15O-H2O PET Study of Meditation and the Resting State of Normal Consciousness,« *Human Brain Mapping* 7, no. 2 (1999): 98-105.

J.R. Binder et al., »Conceptual Processing During the Conscious Resting State: A Functional MRI Study,« *Journal of Cognitive Neuroscience* 11, no. 1 (1999): 80-93.

Jason P. Mitchell, et al., »Distinct Neural Systems Subserve Person and Object Knowledge,« *Proceedings of the National Academy of Science* 99, no. 23 (2003): 15,23—43.

Debra A. Gusnard and Marcus E. Raichle. »Searching for a Baseline: Functional Imaging and the Resting Human Brain,« *Nature Reviews Neuroscience* 2, no. 10 (2001):685-94.

John Kounios et al., »The Prepared Mind: Neural Activity Prior to Problem Presentation Predicts Subsequent Solution by Sudden Insight,« *Psychological Science* 17, no. 10 (October 2006): 882-90.

James H. Austin, *Zen and the Brain: Toward an Understanding of Meditation and Consciousness* (Cambridge, MA: MIT Press, 1998).

25. Maxwell Maltz, *The New Psycho-Cybernetics* (New York: Penguin Putnam, 2001).

26. Philip Brickman, Dan Coates, and Ronnie Janoff-Bulman, »Lottery Winners and Accident Victims: Is Happiness Relative?« *Journal of Personality and Social Psychology* 36, no. 8 (August 1978): 917-27.

27. Sonya Lyubomirsky, Kennon M. Sheldon, and David Schkade, »Pursuing Happiness: The Architecture of Sustainable Change,« *Review of General Psychology* 9, no. 2 (2005): 111-131.

28. Losada, »The Complex Dynamics of High Performance Teams,« 179-192.

Losada, »The Role of Positivity and Connectivity in the Performance of Business Teams: A Nonlinear Dynamics Model,« 740-765.

29. Barbara Fredrickson and Marcial Losada, »Positive Affect and the Complex Dynamics of Human Flourishing,« *American Psychologist* 60, no. 7 (2005): 678-86 Fredrickson und Losada ermittelten in einer Stichprobe ein Positiv-Negativ-Verhältnis (Positivitätsverhältnis) von 3,2 für erfolgreiche Personen gegenüber 2,3 für Leute, die vor sich hin dümpelten. In einer zweiten Stichprobe erreichte die erfolgreiche Gruppe den Wert 3,4, die weniger erfolgreiche 2,1.

30. Malcolm Gladwell, *Blink: Die Macht des Moments*. Aus dem Englischen übersetzt von Jürgen Neubauer. Piper, München/Zürich 2007.

31. John M. Gottman and Robert W. Levenson, »The Timing of Divorce: Predicting When a Couple Will Divorce Over a 14-Year Period,« *Journal of Marriage and the Family*, 62 (2000): 737-^45.

32. Robert M. Schwartz et al., »Optimal and Normal Affect Balance in Psychotherapy of Major Depression: Evaluation of the Balanced States of Mind Model,« *Behavioural and Cognitive Psychotherapy* 30 (2002): 439^450 Schwartz ist klinischer Psychologe und teilt Menschen in drei Gruppen ein: Pathologisch, normal und optimal. Sein mathematisches Modell, das durch seine Untersuchungen bestätigt wurde, setzte die entsprechenden PQ-Ergebnisse bei 38,72 und 81 an.

33. Eyal Ophir, Clifford Nass, and Anthony D. Wagner, »Cognitive Control in Media Multi taskers,« *Proceedings of the National Academy of Sciences* 106, no. 37 (August 2009): 15,583-15,587.

34. Adam Gorlick, »Media Multitaskers Pay Mental Price, Stanford Study Shows,« *Stanford Report*, Stanford University, August 24,2009.

35. »Interview: Clifford Nass,« *Frontline: Digital Nation*, Zugriff am Januar 2012 über http://www.pbs.org/wgbh/pages/frontline/digitalnation/interviews/nass.html#2.

36. Jim Collins: *Der Weg zu den Besten: Die 7 Management-Prinzipien für dauerhaften 'Unternehmenserfolg*. Aus dem Englischen übersetzt von Fritz Böhler und Martin Baltes. Deutsche Verlags-Anstalt, Stuttgart/München 2001.

37. Arbinger Institute, *Raus aus der Box! Leben ohne Selbstbetrug*. Aus dem Amerikanischen übersetzt von Günther D. Franke. GABAL, Offenbach 2007.

38. Robert Zajonc et al., »Feeling and Facial Efference: Implications of the Vascular Theory of Emotion,« *Psychological Review* 96, no. 3 (July

1989): 395^116.

39. Die Inspiration für das Format der Vision verdanke ich meinem Freund George Johnson. Später entwickelte er daraus die Idee für TEL.A.VISION (www.telavision.tv), ein ehrenamtliches Online-Portal, das ein Sprachrohr für junge Menschen sein will, indem es Videos mit ihren persönlichen Visionen bereitstellt.

40. James H. Fowler and Nicholas A. Christakis, »Dynamic Spread of Happiness in a Large Social Network: Longitudinal Analysis Over 20 Years in the Framingham Heart Study,« *British Medical Journal* 337, no. a2338 (2008): 1-9.

Personen:

Achor Shawn
Ben-Shahar, Tal
Edison, Thomas
Fox, Michael J.
Fredrickson, Barbara
Gottman, John
Lightner, Candy
Losada, Marcial
Nass, Clifford
Ophin Eyal
Reeve, Christopher
Schwartz, Robert
Seligman, Martin
Taylog Jill
Tolle, Eckhart
Wrzesniewski, Amy

Made in United States
Troutdale, OR
12/20/2024

27010730R00146